DIE FRAU IN DER GESELLSCHAFT
TEXTE UND LEBENSGESCHICHTEN

Herausgegeben von Gisela Brinker-Gabler

Die Reihe »Texte und Lebensgeschichten« veröffentlicht Materialien und Erfahrungsberichte zum Thema Frauenalltag und Frauenbewegung im 19. und 20. Jahrhundert. Sie stellt diese Aussagen über weibliches Leben, Arbeiten und Denken in den Zusammenhang mit den aktuellen Diskussionen in der Frauenbewegung heute.

FISCHER TASCHENBUCH VERLAG

RUTH-ELLEN BOETCHER JOERES

DIE ANFÄNGE DER DEUTSCHEN FRAUENBEWEGUNG: LOUISE OTTO-PETERS

FISCHER TASCHENBUCH VERLAG

Lektorat: Ingeborg Mues

Originalausgabe
Fischer Taschenbuch Verlag
August 1983
Fischer Taschenbuch Verlag GmbH, Frankfurt am Main

Umschlaggestaltung: Susanne Berner
Gesamtherstellung: Hanseatische Druckanstalt GmbH, Hamburg
Printed in Germany
1280-ISBN-3-596-23729-7

ZU DIESEM BUCH

Louise Otto-Peters (1819–1895), die »rote Demokratin«, wie sie Ernst Bloch nannte, war Schriftstellerin, leidenschaftliche Republikanerin, begeisterte Anhängerin der frühen Arbeiterbewegung und »Mutter der deutschen Frauenbewegung«, an deren Spitze sie dreißig Jahre lang als unermüdliche Organisatorin und Führerin stand. Liest man die bisher vorliegende Sekundärliteratur über Louise Otto-Peters, so fällt auf, daß immer dieselben Fakten und Anekdoten wiedererzählt werden. Im Gegensatz zu diesen Teilbildern Louise Ottos mit ihren oft ärgerlichen Vereinfachungen und Verallgemeinerungen wird hier der Versuch unternommen, ein Gesamtporträt der bedeutenden und interessanten Frau zu vermitteln, das alle Aspekte – auch die unbequemen – in Betracht zieht. Dieses Buch, das die Lebensgeschichte Louise Ottos vorwiegend mit ihren eigenen Worten erzählt und dabei z. T. unveröffentlichte Schriften heranzieht, wird hoffentlich Anstoß zu weiteren umfassenden und kritischen Studien geben.

DIE AUTORIN

Ruth-Ellen Boetcher Joeres ist Associate Professor of German am Deutschen Institut der University of Minnesota, Minneapolis, USA. Sie promovierte 1971 an der Johns Hopkins University, Baltimore (Maryland), und hat mehrere Arbeiten über die deutsche Literatur des 19. Jahrhunderts und zur Sozialgeschichte der deutschen Literatur veröffentlicht.

In der Reihe
TEXTE UND LEBENSGESCHICHTEN
sind als weitere Bände bisher erschienen:

»Zur Psychologie der Frau«, hrsg. von Gisela Brinker-Gabler (Band 2045); »Frauenarbeit und Beruf«, hrsg. von Gisela Brinker-Gabler (Band 2046); »Frau und Sport«, hrsg. von Gertrud Pfister (Band 2052); »Frau und Musik«, hrsg. von Eva Rieger (Band 2257); »Frauen gegen den Krieg«, hrsg. von Gisela Brinker-Gabler (Band 2048); »Frauenemanzipation und Sozialdemokratie«, hrsg. von Heinz Niggemann (Band 2261); »Frau und Gewerkschaft«, hrsg. von Gisela Losseff-Tillmanns (Band 2260); »Frau und Religion: Gotteserfahrungen im Patriarchat«, hrsg. von Elisabeth Moltmann-Wendel (Band 3738); »Fanny Lewald, Meine Lebensgeschichte«, hrsg. von Gisela Brinker-Gabler (Band 2047); »Mathilde Franziska Anneke in Selbstzeugnissen und Dokumenten«, von Maria Wagner (Band 2051); »Toni Sender, Autobiographie einer deutschen Rebellin«, hrsg. von Gisela Brinker-Gabler (Band 2044); »Rahel Sanzara. Eine Biographie«, von Diana Orendi-Hinze (Band 2258); »Eine stumme Generation berichtet: Frauen der dreißiger und vierziger Jahre«, hrsg. von Gisela Dischner (Band 3727); »Kämpferin für

den Frieden: Bertha von Suttner«, hrsg. von Gisela Brinker-Gabler (Band 2053); »Frauen leisten Widerstand: 1933–1945. Lebensgeschichten nach Interviews und Dokumenten«, von Gerda Szepansky (Band 3741).
In Vorbereitung: »Frau und Sexualität«, hrsg. von Marie-Louise Janssen-Jurreit; »Für die Selbstverwirklichung der Frau: Louise Aston«, von Germaine Goetzinger (Band 3743); »Nicht mehr lieblich schweigen: Rahel Varnhagen«, hrsg. von Renate Neumann.

INHALT

EINLEITUNG 11

VORWORT 27

DIE KINDHEITSJAHRE: 1819–1839

Lebenstafel 33
Einleitung 34
Texte 37

DIE REVOLUTIONSJAHRE: 1840–1852

Lebenstafel 53
Einleitung 56
Texte 61

DIE REAKTIONSJAHRE: 1853–1864

Lebenstafel 141
Einleitung 142
Texte 146

DIE VEREINSJAHRE: 1865–1890

Lebenstafel 171
Einleitung 175
Texte 179

DIE LETZTEN JAHRE: 1891–1895

Lebenstafel 251
Einleitung 252
Texte 256

NACHWORT 265

ANHANG

Zwanzig Ansichten 273

QUELLENVERZEICHNIS

Gedruckte Quellen 279
Quellen für Handschriften 282

BIBLIOGRAPHIE

Schriften von Louise Otto 283
Auswahl der Sekundärliteratur 286

NAMENREGISTER 291

»Wir wollen lieber fliegen als kriechen.«
Louise Otto

EINLEITUNG

»Aus einzelnen Bildern, die wir da herausgreifen, wird auch die jüngere Generation sich eine Vorstellung machen können, wie es im deutschen Vaterland aussah, als eben erst die Webstühle das Spinnrad verdrängten, aber noch keine Nähmaschinen der Handarbeit Konkurrenz machten, als das Handwerk und die Industrie noch nicht auf der Stufe waren, die weibliche Hausarbeit auf allen Gebieten zu überflügeln, als es noch keine Zündhölzchen gab und kein Gas, keine Eisenbahnen und Telegraphen, als das meiste von dem, was wir heute in unsern Wirtschaften noch nicht einmal Luxus, sondern nur Bedürfnis nennen, noch gar nicht oder nur in sehr unvollkommenem Grade, in unbequemer Weise oder nur für die Paläste der Vornehmen vorhanden war; als es noch viele Frauen im Volke gab, die nicht schreiben und nur Gedrucktes oder gar nichts lesen konnten, – und Damen, bei denen man es noch liebenswürdig fand, wenn sie nicht orthographisch schrieben, – als die Lernzeit der Mädchen durch die Konfirmation im Alter von vierzehn Jahren beendet ward, und auch die ältesten Frauen vor Gericht gleich den Kindern eines Vormundes bedurften, und wo es schon ein Wagnis war, wenn eine Frau unter ihrem eignen Namen zur Feder griff.«[1]

Im Jahr 1819, als Louise Otto-Peters geboren wurde, war die deutsche Frau uneingeschränkter Untertan in einer ausschließlich von Männern regierten Welt. Wie sie selber in einem später geschriebenen Rückblick hervorhebt, war das Los der Frau zu dieser Zeit das der völligen Hilflosigkeit: Da sie stets von einem männlichen Vormund abhing und unter der Obhut eines Vaters, Ehemannes, Bruders oder Onkels blieb, wurde sie vorwiegend als Besitz betrachtet. Sie durfte niemals selbst Eigentum haben, ein Geschäft führen oder selbständig über Geld verfügen. Der Ausdruck *Frauen und Jugendliche* war im deutschen Gesetz als ein zusammengehöriger Begriff verankert: Frauen wurden also, völlig unabhängig von ihrem Alter, in der Tat den Kindern gleichgestellt. Wenn sie das Glück hatten, dem Mittelstand anzugehören, wurden ihnen zwar Lesen, Schreiben und Rechnen beigebracht, aber die Ausbildung blieb dürftig.[2] Frühzeitig wurde die Frau auf ihren eigentlichen *Beruf* vorbereitet, nämlich so bald wie möglich eine gute Ehe einzugehen, einen ordentlichen Haushalt führen zu können, Ehemann und Kinder vorbildlich zu versorgen. Dennoch hatte in Fragen der Kindererziehung der Vater als Familienoberhaupt stets das entscheidende Wort. Die Wahl des Ehemannes trafen meist die Eltern der Braut; im Gegensatz dazu konnte der Mann in aller Regel seine Ehepartnerin selbst aussuchen. Zu den als angemessen betrachteten weiblichen Betätigungen zählten Stricken, Nähen und Stopfen. Andere Tätigkeiten, wie ein wenig Französisch, etwas Klavierspielen und Liedersingen, wurden ihr ebenso beigebracht, damit sie sich in der besseren Gesellschaft bewegen konnte. Um die Finanzen der Familie sollte sie sich jedoch auf keinen Fall kümmern, ebensowenig wie um die Politik, die eine Domäne von Männern blieb.

Falls das Allerschlimmste eintraf und kein Mann um sie freite, blieb die Frau so lange wie möglich im Elternhaus wohnen. Nach dem Tod der Eltern zog sie vorzugsweise zu den verheirateten Geschwistern, in deren Haushalt sie sich meist mit einer untergeordneten Stellung als Gehilfin begnügen mußte. Gab es eine Möglichkeit, durch Geschwister versorgt zu werden, nicht, dann mußte sie selbst für ihren Unterhalt sorgen. Die beruflichen Möglichkeiten dazu waren beschränkt, denn ihr blieb wenig mehr übrig, als die Stelle einer Gouvernante anzunehmen oder als sogenannte Hausdame zu arbeiten, also als Begleiterin für reiche, alte Damen ihr Geld zu verdienen. Nur in seltenen Fällen, wenn eine große Begabung oder außergewöhnliches Glück eine Rolle spielte, stand ihr eine Karriere als Schauspielerin, Schriftstellerin oder Übersetzerin offen. Andere Berufe blieben ihr verschlossen. Abgesehen davon, war sie aufgrund nicht vorhandener Ausbildungsmöglichkeiten gar nicht darauf vorbereitet, in die Arbeitswelt einzutreten. Ob sie in eine Familie integriert war oder allein lebte, ihr Leben blieb auf eine kleine, enge Welt, eine Innenwelt begrenzt: auf ein Haus, in dem sie ihren eigenen Gedanken und Sorgen überlassen blieb. Diese beschränkte Welt des Hauses bildete eine Art von Subkultur, eine vorwiegend von Frauen und Kindern bevölkerte Umgebung, die scharf abgegrenzt blieb von dem geselligen und öffentlichen Leben der Männer.

Völlig anders dagegen war das Leben der deutschen Frau im Jahr 1895, im Todesjahr von Louise Otto-Peters.[3] Das Vormundsrecht der Männer über unverheiratete Frauen wurde 1838 in Sachsen, später auch in anderen deutschen Staaten abgeschafft. Obwohl verheiratete Frauen auch später wirtschaftlich und rechtlich ziemlich machtlos ihren Ehemännern ausgeliefert blieben, signalisierten diese Veränderungen doch einen allmählichen Wandel in der gesellschaftlichen Stellung der Frau. Seit der Jahrhundertmitte vergrößerten sich für Mädchen die Bildungs- und Ausbildungschancen, zunächst durch die sogenannten höheren Töchter- oder Mädchenschulen, dann durch Gymnasialkurse, die sie auf das ersehnte Universitätsstudium vorbereiten halfen. Der Ehestand wurde zunehmend nicht mehr als einzig passender Beruf für eine Frau angesehen: Immer mehr Frauen erschienen auf dem Arbeitsmarkt als gelernte Kräfte, als Verkäuferinnen, Setzerinnen, als Angestellte bei Post und Eisenbahn, als Telegraphistinnen, Musterzeichnerinnen, Schneiderinnen, Lehrerinnen, als Krankenpflegerinnen und sogar als – vorerst noch im Ausland ausgebildete – Ärztinnen. Anfang der neunziger Jahre berichten die *Neuen Bahnen*, das Organ des Allgemeinen deutschen Frauenvereins, daß nur ein Viertel der Frauen, die damals in Berlin die Ehe eingingen, ohne Beruf gewesen sei.[4] Dank der technischen Entwicklung, die die industrielle Revolution mit sich brachte, änderte sich die Rolle der Frau auch innerhalb des Hauses. So wurden ihre täglichen Hausfrauenpflichten erheblich erleichtert. Die so gewonnene Freizeit, für deren sinnvolle Ausnutzung die Frauen nicht vorbereitet waren, führte allerdings häufig zu Untätigkeit und Langeweile. Infolge davon wuchs sowohl das Verlangen nach besseren Ausbildungsmöglichkeiten als auch die Suche nach geeigneten Arbeitsplätzen außerhalb des Hauses. Die Welt der Frau war Ende des Jahrhunderts bei weitem nicht mehr so geschlossen wie ehedem. Hinzu kam, daß durch den Bau der Eisenbahnen die Entfernungen schrumpften, menschliche Beziehungen nicht mehr auf die Familie und die Heimatstadt beschränkt blieben. Die technischen Veränderungen weiteten den Blick und intensivierten das Erlebnis der sozialen Umwelt.

Allerdings hätte die Industrialisierung die tiefgreifenden Veränderungen in der Situation der Frau nicht allein bewirken können: Wichtiger noch ist die politische Organisation der Frauen. Mitte der sechziger Jahre wurde ein nationaler Frauenverein gegründet, der sich für bessere Ausbildungs- und erweiterte Erwerbsmöglichkeiten einsetzte. Schon seit 1848 existierten mehrere Zeitungen und Zeitschriften, deren Anteil an der Organisation der Frauen und der Entwicklung ihres Problembewußtseins nicht unterschätzt werden darf. Jenes zu Anfang des Jahrhunderts noch vollauf gültige Bild der Frau, demzufolge sie nur im Haus schaltete und waltete, war gegen Ende des Jahrhunderts immer noch bedingt gültig.

Louise Ottos Leben umfaßte diese Zeit der Umwälzungen. Wenn die Welt bei ihrem Tode eine andere war als zu ihrer Geburt, war es zu einem nicht geringen Teil dank ihrer Bemühungen. Daß sie, die auch die *Mutter der deutschen Frauenbewegung* genannt worden ist, das Leben aller deutschen Frauen stark beeinflußt hat, daß sie, beinahe nur auf sich gestellt, eine Bewegung begründete und mit geringer Unterstützung anderer am Leben hielt, das wird dieses Buch, wie ich hoffe, zur Genüge dokumentieren. Daß ihr Lebensbeitrag bis heute unterschätzt wurde, sei es aus Mangel an Quellen, sei es aufgrund historiographischer Vereinfachungen oder schierer Unkenntnis unserer Kulturhistoriker, sollte als Kommentar über die Lücken in unserer Geschichtsauffassung, sofern sie eine Geschichte von Frauen ist, aufgefaßt werden.[5]

Selbstverständlich geschah in den sechsundsiebzig Jahren ihres Lebens einiges, was die Welt spürbarer erschüttert hat als die Kämpfe deutscher Frauen für Gleichberechtigung. Historische Ereignisse wie die Industrialisierung Deutschlands, die Gründung des deutschen Reiches, die Entwicklung und politische Brisanz nationalistischer Gefühle, die wenn auch verpfuschte, aber keineswegs unbedeutende 1848er Revolution sind allesamt für Louise Otto selbstverständlich von großer Bedeutung. Aber um ihre Ideen und Taten zu verstehen, muß man wissen, daß sie die wesentlichen Begebenheiten und Streitfragen ihrer Tage fast ausschließlich aus dem Blickwinkel einer Frau bewertete, die das Dasein von Frauen zum Zentrum ihres Denkens und Handelns gemacht hatte, ob es sich nun um die Auswirkungen der Industrialisierung auf das bis dahin aufs Haus eingeschränkte Leben der Frauen oder um die Unterwerfung der Frau unter das Diktat der Mode oder um den Einfluß der von Männern erlassenen Gesetze des Staates auf die Tätigkeitsbereiche von Frauen handelte.

Dieses Buch erzählt die Lebensgeschichte von Louise Otto, vorwiegend mit ihren eigenen Worten, nicht oder nur gelegentlich im Spiegel der Interpretationen anderer. Louise Otto äußerte ihre Meinung zu allen möglichen Themen: Sie war leidenschaftliche Republikanerin, eine begeisterte Anhängerin der frühen Arbeiterbewegung, und sie war Nationalistin, mitunter auch auf eine recht chauvinistisch anmutende Art, was heute stärker auffällt (oder gar stört) als damals, als sich ihr Eifer im Kontext nationalistischer Exzesse wohl nicht so extrem und unbequem anhörte wie heute. Selbstverständlich sollten wir alle Aspekte der Biographie dieser außergewöhnlichen Frau – auch die unbequemen – bei einer historischen Bewertung dieses Lebens mit in Betracht ziehen. Von einer objektiven historischen Beurteilung sind wir noch weit entfernt. Durchforscht man nämlich die Sekundärliteratur über Louise Otto, so fällt schnell eine gewisse Eintönigkeit in der Beurteilung auf; immer wieder werden dieselben Fakten, dieselben Anekdoten wiederholt. So wird stereotyp die bürgerliche Herkunft dieser Frau betont, ohne daß diese Hinweise, die hauptsächlich als Hintergrundkolorit dienen, zu einer Diskussion der möglichen sozialen Ursachen ihres Erfolgs herangezogen würden. Ähnlich perspektivelos bleiben Hinweise auf den frühen Tod der Eltern oder die Darstellungen einer idealisiert schönen Jugendzeit. Daß Historiographie an Unterhaltungswert gewinnt, wenn ergänzend zu Daten und Analysen auch Anekdotisches und Chronikartiges integriert werden, ist sicher richtig. Aber die Gefahr der perspektivischen Verfälschung und Verniedlichung ist allzu groß, wenn nicht gleichzeitig nach neuen Fakten und Begebenheiten gesucht wird, die sich in eine aussagekräftige Beziehung zur Sozialgeschichte der Zeit setzen lassen. Bis jetzt liegen nur Teilbilder von Louise Otto vor, manche sehr schön und aufschlußreich, andere aber ärgerlich in ihren Vereinfachungen und Verallgemeinerungen. Was wir brauchen, ist eine synthetisierende Betrachtung des gesamten Lebenswerks. Trotz der Schwierigkeiten, denen sich die Erforschung der Quellen zu Louise Ottos Leben gegenübersieht, ist das leichter möglich, als man bisher vermutet hat.[6] Ziel dieses Bandes ist deshalb ein Zurückgehen auf die Quellen, vor allem aber will er Louise Otto selber zu Wort kommen lassen. Auch wenn dadurch immer noch kein vollständiges Gesamtbild zustande kommen wird, kann der Band doch dazu beitragen, das Bild dieser bedeutenden und interessanten Frau zu korrigieren und mit historisch exakteren Konturen zu zeichnen, als das bisher geschehen ist.

Versucht man, Louise Otto innerhalb ihrer eigenen Zeit und Welt zu verstehen, so beginnt man am besten mit denjenigen Frauen, die innerhalb ihrer Biographie eine Rolle gespielt und eventuell Einfluß auf sie genommen haben.

Da gab es natürlich zunächst die Mutter, die – wenn sie überhaupt erwähnt wird – als schöne, wenn auch unbemittelte Tochter eines Meißener Porzellanmalers vorgestellt wird. Die

Mutter las dem schwächlichen, zarten Töchterchen Louise schon zu einem sehr frühen Zeitpunkt u. a. Schiller vor, weil das Kind erst mit vier zu laufen begann und vorher offensichtlich unterhalten werden wollte. Abgesehen von einigen allgemeinen Hinweisen und kurzen poetischen Erwähnungen spricht die sonst so schreibfreudige Tochter nur selten über ihre Mutter. Auch über den Vater wissen wir nicht viel mehr, als daß er ein Mann *vom alten Schrot und Korn* war, der seiner patriarchalischen Gesinnung und Traditionsgebundenheit zum Trotz seine Töchter zu selbständigen und unabhängigen Frauen erziehen wollte.[7] Unter den anderen Frauen aus Louises Kindheit muß man wohl Amalie Matthäi, eine Tante, erwähnen, die in den biographischen Quellen stereotyp *engherzig* genannt wird. Sie sorgte für die siebzehnjährige Nichte, nachdem die Eltern gestorben waren. Die Bezeichnung »engherzig« wurde ihr wohl deshalb konstant angehängt, weil sie offensichtlich von erzkonservativer Gesinnung war und für Louises fortschrittliche Ideen nicht das Geringste übrig hatte. Die Tante war unverheiratet und lebte allein; ihren Alltag füllte sie anscheinend allein damit aus, daß sie für die Tochter ihrer Schwester sorgte. Louise Otto hat später derartige Frauen ausführlich und treffend beschrieben; es mag manches von ihrer Erfahrung mit dieser Tante da hineingeflossen sein. Im übrigen aber bleibt diese Frau ein Schemen für uns.

Einige Auskünfte mehr dagegen gibt es über die drei Schwestern. Die Älteste, die nicht sehr alt wurde, war Clementine, begabt und bei allen beliebt. Louise hing sehr an ihr und verehrte sie; in einem inzwischen verlorengegangenen Tagebuch beschrieb sie ihren Schwur am Grab der Schwester, »nur nach dem Guten und Schönen zu streben wie sie«.[8] Von den beiden anderen, ebenfalls älteren Schwestern wissen wir, daß sie früh geheiratet haben, daß Franziska einen Apotheker als Ehemann hatte und ebenfalls ziemlich früh starb, wohl wie Clementine an der häufiger in der Familie Otto auftauchenden »Schwindsucht«, also an Lungentuberkulose. Antonie, die dritte Schwester, heiratete einen Gerichtsdirektor und zog nach Oederan im Erzgebirge. Dort besuchte Louise sie im Jahr 1840, bei welcher Gelegenheit sie zum ersten Mal die verheerenden Lebensbedingungen der Fabrikarbeiter beobachten konnte. Sie hat später selbst betont, daß dieses Erlebnis ihr ganzes Leben beeinflußt habe. Als Antonie Witwe wurde, zog sie nach Leipzig zu Louise, wo sie mit Begeisterung an den Aktivitäten des von ihrer Schwester begründeten Frauenvereins teilnahm. Hedda Zinner hat 1954 in einem

Roman Antonie als halbe Rebellin dargestellt; aber das ist nur Fiktion. Exakte biographische Hinweise gibt es nicht; was wir haben ist dürftig und unbefriedigend.

Zwei Frauen, die im Leben der erwachsenen Louise Otto eine Rolle gespielt haben, können an dieser Stelle nur im Vorübergehen erwähnt werden; sie werden uns später noch begegnen. Die eine, Auguste Scheibe, eine langjährige Dresdner Freundin, war Schriftstellerin und Übersetzerin. Sie blieb unverheiratet und wohnte mit einer Schriftstellerkollegin zusammen. Obwohl auch sie sich für die organisierte Frauenbewegung engagierte, so trat sie doch selten in den Vordergrund; ihr Name taucht hin und wieder in den *Neuen Bahnen* auf. Auguste Schmidt, vierzehn Jahre jünger als Louise Otto, steht ab 1865 mit ihr in so enger Verbindung, daß die beiden in den Augen vieler Zeitgenossen als unzertrennliches Paar galten. Beide ergänzten sich: Louise Otto war die Denkerin, die eher schüchtern auftrat und lieber schrieb als redete; Auguste Schmidt, die Lehrerin, die Anhängerin, war die begabte Rednerin, die die Ideen und Gedanken ihres bewunderten Vorbildes wenn nicht in die Tat umsetzte, so doch wenigstens im gesprochenen Wort weitergab. Während sich in den Quellen zu Auguste Scheibe wenig Hinweise finden, so sind unsere Kenntnisse über Auguste Schmidt relativ umfassend; über sie sind ein paar Bändchen erschienen, die allerdings genausoviel über Louise Otto wie über Auguste Schmidt enthalten.

Erwähnt man in einem biographischen Abriß zu Louise Otto nur diese beiden Frauen, so gerät das Bild schon falsch, denn wenig scheint in ihrem Leben eine so große Rolle gespielt zu haben wie ein stets wachsender Kreis von Freundinnen und Bekannten, der ihre Arbeit in der Frauenbewegung offensichtlich beeinflußt hat. Die meisten Freundschaften bleiben uns verschlossen; es fehlen Briefe, Tagebücher oder sonstige Hinweise, und man kann nur vermuten, wie groß ihre Zahl tatsächlich war. Aus den vielen persönlichen Mitteilungen in den *Neuen Bahnen* aber läßt sich ablesen, wie umfassend ihr Freundinnenkreis gewesen sein muß. Sie war eine großartige Korrespondentin. Trotz ihrer Behauptung, mit der Erfindung des Telegraphen sei das Briefeschreiben aus der Mode gekommen, war sie selbst zunehmend damit beschäftigt, einmal hergestellte Briefkontakte aufrechtzuerhalten.

Abgesehen von den Frauen ihres persönlichen Bekanntenkreises gab es eine Reihe von Frauen, die auf Louise Otto durch ihr öffentliches Wirken einen großen Einfluß ausgeübt haben. Es handelte sich dabei um Frauen sowohl der Gegenwart wie der Vergangenheit, denen sie Gedichte widmete oder über die sie Artikel und Bücher schrieb, in denen sie die Erinnerung an ihr Wirken wieder zu beleben suchte. Als Beispiel mag hier der späte Aufsatz über Agnes Franz dienen, eine heute und wohl auch schon damals völlig vergessene Schriftstellerin, die 1843 starb und deren Schriften Louise Otto als Kind anscheinend verschlungen hatte. Aus diesem Aufsatz der Louise Otto läßt sich die Vermutung ableiten, daß sie bereits neun Jahre, bevor sie ihre eigene erste Frauenzeitung gründete, sehr genau wußte, welche Zeitschriften sich der Frauenfrage widmeten. Dazu zählte der *Frauenspiegel*, in dem Agnes Franz häufig veröffentlichte und der sich dadurch auszeichnete, daß seine Beiträge bei weitem progressiver waren als die, die in den meisten der Anfang der vierziger Jahre erscheinenden Frauenzeitschriften publiziert wurden. Louise Otto schrieb zudem Gedichte und Artikel über George Sand sowie über jene Frauen, die die Jungdeutschen so beeinflußt hatten, wie Bettina von Arnim, Rahel Levin Varnhagen von Ense und Charlotte Stieglitz. Sie war noch zu jung, um an den Aktivitäten der Jungdeutschen zwischen 1830 und 1835 selbst teilzunehmen, aber ihr später dokumentiertes Interesse an dieser Bewegung deutet an, daß sie schon damals mit großer Begeisterung literarische Tagesdebatten verfolgte.

Andere Zeitgenossinnen, wie Louise Aston, Luise Dittmar, Fanny Lewald, Kathinka Zitz, lobte sie mitunter zögernd und mit Vorbehalten, zu anderen Zeiten aber verdammte sie sie donnernd; in den meisten Fällen kannte sie jene Frauen kaum persönlich. Ihr Verhältnis zu ihnen ist vor allem wichtig, wenn man einen historisch präzisen Eindruck von Louise Ottos Einstellung zu den anderen progressiven Frauen ihrer Zeit gewinnen will – denn, wenn ihre Gedankenwelt derjenigen anderer Frauen ähnelte, dann waren es die Überzeugungen dieser Frauen, die wie sie selbst schriftstellerisch und journalistisch tätig waren. Die in Louise Ottos Äußerungen dokumentierten Animositäten zwischen diesen Frauen machen deutlich, wie uneinig und verschieden die frühen feministischen Denkerinnen waren. Wenn je Louise Otto eine andere Frau verachtet hat, dann war es Louise Aston, gegen die sie während ihres ganzen Lebens opponierte und anschrieb. Daß Louise Aston George Sand nachzueifern suchte, änderte nichts daran, möglicherweise weil Louise Otto an der Begabung der Aston überhaupt zweifelte. Man erhält einige wertvolle Hinweise über Louise Otto, wenn man diese wunderliche Feindschaft weiter untersucht: In den Augen der Otto war Louise Aston diejenige, die das Wort *Emanzipation*, indem sie es mehr im jungdeutschen Sinne als *Emanzipation des Fleisches* interpretierte, besudelte. Den frauenfeindlichen Gehalt einer solchen Reduktion von Emanzipation auf Sinnlichkeit erkannte Louise Otto wohl als erste. Ernst Keil, einer ihrer ersten Verleger, den sie Freund nannte, sprang ihr in diesem Streit bei: Er liebte es, die Aston mit ironisierenden Bemerkungen in seinen vielen Zeitschriften abzufertigen. Louise Otto, die für ihn meist unter einem Pseudonym schrieb, fühlte sich Keil gegenüber in doppelter Hinsicht verpflichtet: Denn ein Mann, der es ihr ermöglichte, über die Frauenfrage zu schreiben, bedeutete für sie einen großen Schritt vorwärts. Allerdings hatte dies auch einen negativen Effekt: Sie schien allzusehr darauf bedacht zu sein, ihn nicht zu brüskieren oder zu kränken. Den Publikationsmöglichkeiten zuliebe, die Keil ihr bot, scheint sie sogar in der Argumentation ihrer Schriften zu Kompromissen zu neigen. Über die anderen oben genannten Frauen hat Louise Otto vor allem in ihren eigenen Zeitschriften geschrieben: Aufsätze, auch Nekrologe; eine meist vorsichtig ausgedrückte Zurückhaltung ist vorhanden, eine mehr oder weniger versteckte Kritik, und es wird klar, daß Louise Otto die Taten und Ideen dieser Frauen genau verfolgt hat.

Daß der Freundinnenkreis im Leben Louise Ottos groß war und sich laufend erweiterte, läßt sich wohl am besten an ihren beiden Frauenzeitschriften illustrieren. Die frühe *Frauenzeitung*, die von 1849 bis 1852 wöchentlich erschien, erweckt den Eindruck, als ob hier zunächst vereinzelte, meist anonyme Stimmen zu Worte kamen, Stimmen von Frauen, die in den meisten Fällen wohl zum ersten Mal den Mut faßten, miteinander schriftlich zu reden und ihre Erfahrungen auszutauschen. Diese Frauen konnten bis dahin im besten Falle innerhalb ihrer Städte und Städtchen Gleichgesinnte treffen und während der erregt-reformfreudigen Tage der Revolutionszeit sogar ein paar zögernde Versuche starten, sich zu organisieren und zusammenzuschließen. Erst in der späteren Zeitschrift, also seit 1866, in den Tagen nach der tatsächlichen Gründung des Vereins, wird die Anzahl der Stimmen wirklich bemerkenswert: Hier gibt es nicht nur immer mehr Korrespondentinnen, immer mehr Ideen, Vorschläge und Meinungen, sondern nun kann man auch den Eindruck gewinnen, daß die Anonymität der Schreiberinnen nicht mehr nötig war, ja daß Schreiben selbst zum Teil in den Hintergrund rückte, weil an seine Stelle das bekennende Wort in Form von öffentlichen Vorträgen treten konnte. Die Erfahrungen der Gruppe erzeugten ein neues Selbstbewußtsein, das nicht nur Folge der wachsenden Zahl war, sondern auch der euphorisierenden Rückwirkungen der nunmehr klar ausgesprochenen, direkten und konkreten Forderungen.

Ein historiographisches Porträt der Louise Otto, das diese innerhalb einer ausschließlich weiblichen Umwelt situierte, wäre genauso unsinnig wie jene Schilderungen, die Frauen ausschließlich in einer rein männlichen Welt darstellen. Louise Ottos Leben läßt sich nicht angemessen beschreiben, ohne ihre frühen journalistischen Mentoren Robert Blum und Ernst Keil zu erwähnen, ohne auch auf den Dichterfreund Alfred Meißner, den Ehemann August Peters und ihren Förderer in der Frauenbewegung Ludwig Eckhardt einzugehen. Dennoch gilt es festzuhalten, daß man, um Louise Ottos Welt zu begreifen, sich vorstellen muß, daß sie sich beinahe ständig innerhalb irgendeines Frauenkreises bewegte, und dies von ihren Kindheitstagen an, in denen sie hauptsächlich mit Mutter und Schwestern verkehrte, bis hin zu ihren letzten Tagen, als sie von einer Ärztin behandelt wurde, die die erste ihres Geschlechts in Leipzig war. Der Anschein einer beinahe ausschließlich von Frauen bewohnten Welt trifft also für diese Frauen selbst sowohl am Anfang wie am Ende des vorigen Jahrhunderts durchaus die Wahrheit: Es scheint, als ob die subkulturelle Isolation der Frauen überdauerte, als ob die Einschränkung der Frauen auf sich selbst noch weiter existierte, wenn auch in veränderter Form. Die Tatsache, daß Frauen so lange von der ihnen gegenüberstehenden Welt, der Welt der Männer, mißverstanden und falsch eingeschätzt wurden, zwang sie wohl noch enger zusammen, und Louise Otto war ein Faden, der viele von ihnen verknüpfte und zusammenhielt.

Der erste Band des *Handbuchs der Frauenbewegung* enthält einen längeren Aufsatz von Gertrud Bäumer über die Geschichte und Bedeutung der deutschen Frauenbewegung.[9] Es ist durchaus angemessen, daß Louise Otto hier als Herausgeberin der ersten bedeutenden Frauenzeitung, als Hauptbegründerin des Allgemeinen deutschen Frauenvereins und als weithin anerkannte Initiatorin und Organisatorin der frühen deutschen bürgerlichen Frauenbewegung vorgestellt wird und daß das Handbuch der Bedeutung von Louise Otto durch den Umfang des ihr gewidmeten Beitrags Rechnung trägt. Wie wichtig ihre Aktivitäten für den Aufschwung der noch jungen und unsicheren Bewegung sein mögen, mag man an der Tatsache ablesen, daß die bürgerliche Frauenbewegung Anfang der neunziger Jahre abebbte, daß möglicherweise also die ganze Frauenbewegung ohne die Otto kaum vorstellbar war – oder präziser gesagt, daß sie sich ohne sie ganz anders entwickelt hätte. Die Otto beeinflußte alles, was mit der Bewegung zusammenhing, selbst ihre Sprache: Sie gab Begriffen wie Selbsthilfe, Pflichten und Rechte, Freiheit, Selbständigkeit jene Bedeutung, die aus der historischen Retrospektive für die ganze bürgerliche Frauenbewegung des 19. Jahrhunderts so charakteristisch ist. Sie beeinflußte mit ihren Gedanken sogar die wachsende proletarische Frauenbewegung. Ihre Beharrlichkeit initiierte nicht nur die Bewegung, sie hielt sie auch zusammen bis zum unvermeidlichen Bruch von 1894, als bei der Gründung des Bundes deutscher Frauenvereine die politischen (in diesem Falle die Arbeiterinnen –) Vereine ausgeschlossen wurden und der gemäßigte Flügel der Bewegung unter Ottos Nachfolgerin Auguste Schmidt immer mehr einem sterilen Konservatismus verfiel. Louise Ottos Propagierung von Reformen statt Revolutionen war in den Augen mancher ein Fehler – Clara Zetkin zum Beispiel nannte sie eine *Gefangene ihrer Klasse*[10] –, denn nach der Meinung der proletarischen Gruppe hätte sie besser daran getan, nicht ständig Petitionen in die Welt zu schicken, sondern revolutionäre Veränderungen zu initiieren. Auch wurde Louise Otto von allen Seiten angegriffen, als sie schon sehr früh behauptete, die Frauenbewegung könne nur vorwärtsschreiten, wenn sie zunächst einmal für sich versuche Fuß zu fassen, also unter Ausschluß von Männern. Die konservativen Denkerinnen der Bewegung formierten sich in bezug auf diesen Punkt als Gegnerinnen, denn ihnen schien diese Haltung zu radikal. Mitunter mußte Louise Otto sich in Flügelkämpfen zwischen den ihr gleich fernen konservativen und proletarischen Frauen aufreibend behaupten: Letztere betrachteten die Welt als ökonomisch determiniert, wobei in ihren Augen Frauen und Männer derselben Klasse gleichermaßen ausgebeutet wurden und folglich in einem gemeinsamen Kampfe zusammenstehen sollten.

Der lange Weg der Louise Otto von 1819 bis 1895 war also kaum so leicht, kaum so hindernislos, ganz und gar nicht so ordentlich wie die Abfolge der Kapitel und Abschnitte anzudeuten scheint. Was in den Kapiteln beschrieben wird, ist ein bewegtes, volles Leben, ein Leben, das nicht nur in einer aufregenden Zeit geführt wurde, sondern auch diese Zeit selbst beeinflußte, vielleicht mehr, als man bisher vermutet hat. Dies gilt auch für die allgemeine Geschichte Deutschlands. Denn da das Leben von Frauen und von Männern natürlich ein Ganzes ausmacht, kann der eine Teil dieses Ganzen nicht unberührt bleiben, wenn der andere sich verändert.

Die Quellenauswahl, die ich hier vorlege, will Antworten auf Fragen versuchen, die nicht nur biographischer Art sind. In jüngster Zeit wurde wiederholt überlegt, warum Frauen so erfolglos bleiben: Als Antwort wird uns häufig angeboten, Frauen hätten eben Angst vor dem Erfolg. Deshalb scheint es an der Zeit, Frauen wie Louise Otto vorzustellen, die trotz aller Schwierigkeiten doch erfolgreich waren, und aufgrund dieser Darstellung die gar nicht so einfach zu beantwortende Frage zu stellen, welches die Gründe für diese Erfolge waren. In bezug auf Louise Otto heißt das: Warum wurde sie und nicht Louise Aston mit ihrem temperamentvoll geäußerten Glauben an den Fortschritt der Frau die Führerin der entstehenden Frauenbewegung? Warum nicht eine Fanny Lewald mit ihren pointierten Darstellungen der Lage der Frau, mit ihrer immensen Sprachbegabung und nicht zu bezweifelnden Intelligenz? Warum nicht eine Luise Dittmar mit ihrem genauen Verständnis für Politik und für die Situation der Frauen? Warum kann gerade Louise Otto mit Recht als Begründerin der deutschen bürgerlichen Frauenbewegung, ja eigentlich *der* deutschen Frauenbewegung schlechthin angesehen werden?

Die hier vorgelegten Texte können helfen, auf all diese Fragen eine Antwort zu geben, dies vor allem deshalb, weil uns Louise Otto keine Autobiographie im üblichen Sinne hinterlassen hat. Das Fehlen einer solchen Autobiographie hat neben Zeitmangel wohl mehrere Gründe: Erstens war Louise Otto sehr bescheiden und hatte es, wenn man ihren eigenen Beteuerungen folgt, nicht gern, als herausragende Figur der Bewegung angesehen zu werden. Zweitens – und dies ist der wichtigere Grund: Sie ist in all ihren Werken ständig und überall als Person anwesend, so daß man ihre Werke durchaus als Fragmente einer großen Autobiographie lesen kann. Manchmal liegt der autobiographische Gehalt ihrer Werke sehr offen vor uns, manchmal ist er versteckter – auf jeden Fall ist er immer präsent. Betrachtet man zum Beispiel die sogenannten *Genius*-Bücher aus der Zeit von 1869 bis 1871, so findet man zwar auf den ersten Blick lediglich pietistische, schwärmerische, idealistische Moralpredigten, aber auch diese sind sehr persönlich gehalten; jedes Buch ist mit privaten Erinnerungen und Bekenntnissen durchtränkt, handele es sich um ihren Somnambulismus oder ihre Haustierliebe. Zwar präsentiert sie auch nüchterne Fakten, die für die historische Rückschau interessant sind, so zum Beispiel objektive Informationen über die Frau in der damaligen Gesellschaft oder innerhalb und außerhalb des Hauses; das Subjektive aber überwiegt und ist zu einem nicht geringen Teil das einzige, was heute noch interessant ist. Im allgemeinen scheint Louise Ottos Einstellung die zu sein, daß persönliches und autobiographisches Material als Vehikel für Information und Belehrung zu dienen habe. Das heißt konkret, daß in beinahe jeder ihrer Schriften gleichzeitig eine Teilautobiographie dargeboten wird; da sich Louise Otto offensichtlich dieser Schreibstrategien zumindest zum Teil bewußt war, konnte das Schreiben einer Lebensgeschichte im üblichen Sinne für sie keine Priorität haben.

Man muß also nur hinschauen und aufpassen: Wenn auch nicht alle Details ihrer Lebensgeschichte, die in ihren Werken versteckt sind, sich als solche präsentieren, so können sie doch als solche entdeckt werden. Sie können sich bei aufmerksamem Lesen durchaus zu einer interessanten Autobiographie runden.

ANMERKUNGEN

1 Louise Otto, *Frauenleben im deutschen Reich. Erinnerungen aus der Vergangenheit mit Hinweis auf Gegenwart und Zukunft* (Leipzig: Moritz Schäfer, 1876), S. V–VI.

2 Da Louise Otto-Peters aus dem Mittelstand stammte, und da die von ihr begründeten Vereine vor allem Frauen aus dem Bürgertum ansprachen, befaßt sich dieser Band vorwiegend mit dieser sozialen Klasse. Wohl die heikelste Frage zu ihrer Lebensgeschichte bezieht sich auf ihre kontroverse Haltung gegenüber der Arbeiterklasse: Einige ihrer Geschlechtsgenossinnen, die sich in der aufkeimenden proletarischen Frauenbewegung engagierten, haben sie gleichzeitig verhöhnt und gelobt. Die Otto war in der Revolutionsumbruchszeit der vierziger Jahre unter Arbeiterinnen und Arbeitern sehr aktiv, sie blieb aber 1894 stumm, als der neugegründete Bund deutscher Frauenvereine alle politischen Vereine ausschloß. Die Ambivalenz ihrer Position hat möglicherweise damit zu tun, daß sie, als die Unruhen der vierziger Jahre vorbei waren, ihre Energie bewußt hauptsächlich für die weiblichen Mitglieder ihrer eigenen Klasse einsetzte; wenigstens wird es oft so behauptet. Bei der Lektüre des vorliegenden Bandes wird man aber immer wieder auf Dokumente stoßen, die eine anhaltende Beschäftigung mit der Lage der Arbeite-

rinnen auch für die spätere Zeit nachweisen. Die Frage dürfte also kaum eindeutig oder leicht zu beantworten sein.
Innerhalb dieses Buches ist, wenn von der Frauenbewegung die Rede ist, meistens die *bürgerliche* gemeint. Für Leserinnen oder Leser, die an dieser Frage interessiert sind, empfehle ich zur Anregung die Lektüre von Margrit Twellmanns *Die deutsche Frauenbewegung*, I. Bd., S. 172–177.

3 Da Louise Otto in den meisten ihrer Schriften den Ehenamen Peters wegließ, wird im folgenden diese Kurzfassung benutzt.

4 *Neue Bahnen* XXIX, 5 (1. März 1894), S. 35.

5 Man bekommt eine Ahnung, wie sehr sich die historiographische Perspektive von Frauen und Männern unterscheidet, wenn man die Literatur über Robert Blum durchsieht. Louise Otto selbst hat ausführlich über ihre wichtige berufliche und persönliche Verbindung mit ihm geschrieben: Sie war auch mit seiner Familie sehr gut bekannt und blieb lange nach seinem Tod in engem Kontakt mit seiner Witwe. Wenn man sich jedoch drei der bekanntesten, von Männern verfaßten Bücher anschaut, die über Blum geschrieben wurden – einen der frühesten Bände, der kurz nach seiner Erschießung im November 1848 verfaßt wurde, die längere Biographie seines Sohnes Hans aus dem Jahr 1879 und schließlich die 1888 erschienene kürzere, aber höchst bedeutende Biographie von Wilhelm Liebknecht –, dann findet sich dort erstaunlicherweise kein einziges Wort über Louise Otto, weder in Verbindung mit den *Sächsischen Vaterlandsblättern* noch mit dem *Vorwärts* (sie schrieb viel für beide) noch im Zusammenhang mit der Familie. Um nur einen Hinweis auf die enge Verbindung zwischen beiden zu geben: Louise Otto hat mehrfach erwähnt, wie Blum ihr posthum eine Tasche überbringen ließ, die er bis zu seinem Ende getragen hatte und deren Inhalt u. a. lobende Kritiken von ihr enthielt.
In bezug auf das weibliche Geschlecht findet sich bei seinem Sohn Hans Blum folgende anekdotische Bemerkung, die möglicherweise mehr über den Sohn als den Vater aussagt: »Als ihm ein Jahr nach diesem schmerzlichen Verluste [eines Sohnes] seine Gattin das einzige Töchterchen schenkte, freute er sich des Glückes nicht in dem Grade wie früher [bei der Geburt des Sohnes]. Er hatte auf Ersatz für den toten Knaben gehofft.« (S. 168–169)
(Benutzte Quellen: 1. *Selbstbiographie von Robert Blum und dessen Ermordung in Wien am 9. Novbr. 1848.* Herausgegeben von einem seiner Freunde [Leipzig, Meißen: F. W. Goedsche, 1848?]; 2. Hans Blum, *Robert Blum. Ein Zeit- und Charakterbild für das deutsche Volk* [Leipzig: Ernst Keil, 1879]; 3. W. Liebknecht, *Robert Blum und seine Zeit* [Nürnberg: Wörlein und Comp., 1888].

6 Die Sekundärliteratur über Louise Otto ist spärlich. Die wichtigsten Quellen sind im bibliographischen Anhang zu finden. Die Qualität ist höchst unterschiedlich, zum Teil wohl wegen der Schwierigkeit, an die Primärquellen, gedruckte sowie ungedruckte, heranzukommen. In neuerer Zeit wird Louise Otto häufiger besprochen und diskutiert, aber die bis jetzt beste Quelle bleibt die von Margrit Twellmann aus dem Jahre 1972: Ihre Pionierarbeit wird zwar in jeder beliebigen

Bibliographie angeführt, man bekommt aber oft den Eindruck, daß sie nicht gelesen wird, obwohl sie viele Anregungen zu weiteren Studien gibt.

7 siehe S. 232f. unter den Dokumenten zur Beschreibung des Vaters.

8 Alfred Leicht, *Lebensläufe verdienter Meißner. 6. Louise Otto-Peters.* Mitteilungen des Vereins für Geschichte der Stadt Meißen, IV, 2 (1896), S. 248. Leicht war der erste Biograph Louise Ottos und brachte etliche Auszüge aus jetzt verschollenen Tagebuchblättern.

9 Helene Lange und Gertrud Bäumer (Hrsg.), *Handbuch der Frauenbewegung*: Teil I: Die Geschichte der Frauenbewegung in den Kulturländern (Berlin: W. Moeser, 1901), s. besonders S. 34–38.

10 Clara Zetkin, *Zur Geschichte der proletarischen Frauenbewegung Deutschlands* (Frankfurt: Roter Stern Verlag, 1971 [Neudruck]), S. 159.

VORWORT

Die Reihenfolge der Dokumente ist das Resultat langer Überlegungen und schließt nur den Bruchteil einer Unmenge verschiedenartigster Materialien und Quellen ein, die ich im Laufe der Jahre gesammelt habe. Louise Otto-Peters war keine gesprächige Frau, d. h., sie benutzte das Medium der öffentlichen Rede so wenig wie möglich und wurde als äußerst ruhig und zurückhaltend beschrieben. Die zahlreichen und durchaus komplexen Ideen, die sie offensichtlich ein Leben lang beschäftigten, verlangten aber nach Ausdruck. Als Ausgleich für ihre schweigende Zurückhaltung, ja Schüchternheit investierte sie um so mehr Lebensenergie in das geschriebene Wort. Nicht nur ist sie die Verfasserin von sechsundzwanzig meist mehrbändigen Romanen, sondern auch von vier Gedichtbänden, zwei Opernlibretti, zwei theoretischen Schriften über die Kunst, neun Erzählbänden sowie polemischen, auf die Frauenfrage bezogenen Schriften und von zahlreichen Zeitungsaufsätzen und Artikeln für ihre eigenen und andere Zeitungen und Zeitschriften. Außerdem liegt uns ein größerer Textkorpus von Briefen vor, der höchstwahrscheinlich nur einen kleinen Bruchteil des wirklichen Umfangs ihrer Korrespondenz ausmacht.

Diesem Überfluß an Quellen zum Trotz wird die archivarische Suche nach Lebensdokumenten der Louise Otto-Peters heutzutage durch etliche Faktoren erschwert. Zwei Weltkriege sowie die Neigung der frühen deutschen Frauenbewegung zur Desorganisation haben leider zur Verstreuung oder gar Vernichtung der Quellen geführt. Außerdem ist der Nachlaß von Louise Otto-Peters, der nach Aussagen von Alfred Leicht und Helene Lange am Anfang unseres Jahrhunderts zumindest teilweise noch existierte, verschwunden. Da man auch während des letzten Krieges der Sicherstellung der Quellen zur Frauenliteratur nicht gerade Priorität einräumte, ist es heute sehr schwierig geworden, selbst die gedruckten Materialien aufzufinden. Es hat etwa sieben Jahre gedauert, bis ich das hier Abgedruckte beisammen hatte: Es fand sich vor allem in Bibliotheken und Archiven der Bundesrepublik, der DDR, Englands und Amerikas. Die Vorstellung, daß irgendwo, auf einem staubigen Speicher, Tau-

sende von Briefen und Papieren vermodern, bedrückt mich immer wieder. Dieser Band stellt also kaum ein Ende dar in der Sicherung des Quellenmaterials, sondern erst einen Ansatz, die erste Frucht von einem wohl lebenslangen Suchen meinerseits.
Ich habe alle möglichen Prinzipien der Anordnung für das Gesammelte überlegt, mich aber dann doch für das einfachste und klarste Konzept entschieden, nämlich für eine chronologische Reihenfolge. In den Fällen, in denen biographische oder andere Informationen für das Verständnis der abgedruckten Quellen wichtig sind, habe ich Anmerkungen beigefügt. Um den Lesefluß nicht zu unterbrechen, wurden sie jedoch auf ein Mindestmaß reduziert. Außerdem habe ich versucht, die uns bekannten biographischen Daten so in den Text zu integrieren, daß der chronologische bzw. biographische Hintergrund der Quellen nicht verlorengeht. Mein Arrangement der Quellen wie meine eigenen überleitenden Texte sollen Louise Otto-Peters nicht nur als Schriftstellerin und ebensowenig nur als Frauenrechtlerin präsentieren. Ich habe versucht, das umfassende Bild des Lebens einer bedeutenden deutschen Frau im 19. Jahrhundert zu umreißen, und deshalb alle Aspekte ihres Lebens berücksichtigt. Sofern ich Passagen aus ihren Romanen zitiert habe, so nicht aus künstlerischen Gründen, sondern um die dort vertretenen und für Louise Otto typischen Konzepte und Ideen zu dokumentieren. Um die Lektüre der Texte zu erleichtern, sind sie, und dies schließt auch die Briefe ein, in der Orthographie weitgehend modernisiert worden. Dem Band habe ich eine Bibliographie beigefügt, die nicht nur Louise Ottos eigene Schriften einschließt, sondern auch die wichtigsten Sekundärschriften über sie und ihre Zeit. Meines Erachtens liegen wirklich umfassende und kritische Studien über sie noch nicht vor, weshalb dieser Band sich auch als ein Quellenbeitrag versteht, auf dem solche Studien aufgebaut werden können.
Die Darstellung und quellenmäßige Dokumentation des Lebens einer Frau aus einem früheren Jahrhundert ist ein schwieriges Unternehmen. Man braucht nicht nur Ausdauer und archivarischen Spürsinn, um die nötigen Materialien zu finden, sondern manchmal auch eine besondere Phantasie, um den Schleier von der Vergangenheit zu ziehen. Bei der Suche in Archiven und der Rekonstruktion der Zusammenhänge wurde ich von vielen hilfsbereiten Menschen unterstützt. Für die Genehmigung, ungedruckte Otto-Peters Briefe abzudrucken, bin ich mehreren Bibliotheken und Archiven dankbar: Eine Liste dieser Institutio-

nen befindet sich auf Seite 282 des Bandes. Zu ganz besonderem Dank verpflichtet bin ich Herrn Roland Jäger, Universitätsbibliothek Leipzig, der mir fast seit Beginn des Projektes mit manchen Ratschlägen und Auskünften geholfen hat. Auch Herr Helmut Reibig, Direktor des Stadtarchivs Meißen, war höchst entgegenkommend; seine Begeisterung nicht nur für Louise Otto, sondern auch für die Geschichte ihrer und seiner Stadt, war ansteckend. Die Mitarbeiter der Staatsbibliothek München, vor allem Frau John und ihre Kollegen in der Fernleihe, haben mir während zwei längerer Forschungsaufenthalte oft geholfen. Ebenso schulde ich dem SPD-Archiv in Amsterdam Dank: Nach jahrelanger vergeblicher Suche hat es mir das Archiv ermöglicht, ein Teilexemplar der *Mitteldeutschen Volkszeitung* einzusehen. Ganz besonders verbunden bin ich der Alexander-von-Humboldt-Stiftung, deren finanzielle Unterstützung meiner zwei Münchener Forschungsaufenthalte den Band zweifellos erst ermöglicht hat; ich danke vor allem Dr. Heinrich Pfeiffer, Dr. Dietrich Papenfuß und Dr. Thomas Berberich für ihr aufmunterndes Interesse an meiner Arbeit.
Weitere finanzielle Hilfe habe ich von der Microfilming Corporation of America erhalten, für die ich einen Katalog der deutschen Bestandteile der wertvollen Gerritsen Collection of Women's History verfaßte; ich danke ihr und besonders Herrn Edward Reno. Während des Sommers 1980 hat es mir ein Forschungsstipendium der Graduate School an der University of Minnesota erlaubt, ohne Lehrbelastungen mich ganz meinem Projekt zu widmen und das Material zusammenzustellen. Schließlich schulde ich noch einen besonderen Dank dem Institute for Research in the Humanities, University of Wisconsin-Madison, an dem diese Arbeit vor sieben Jahren begonnen wurde und wo ich seitdem meine Sommer forschend verbringe. Die kaum beschreibliche Ruhe und Schönheit eines solchen idyllischen Arbeitsplatzes bedeuten mir sehr viel.
Meine Schwiegermutter Hildegard Joeres hat mir bei der Entzifferung von Louise Ottos oft kaum leslicher Handschrift wertvolle Hilfe geleistet. Jutta Assel und Georg Jäger möchte ich für anregende Gespräche danken; wertvolle Ratschläge kamen auch von Jochen Schulte-Sasse, Günther Seus und Walter Tschacher. Gisela Brinker-Gabler, die diese Textreihe ins Leben rief, gab mir Rat und Hilfe. Das Verständnis und die Hilfsbereitschaft von meinen Kindern Melissa und Timothy verdienen besondere Erwähnung sowie die großartige Ermutigung und Unterstützung

meines Mannes Erhard. Ihm und unseren Kindern widme ich diesen Band.

University of Minnesota, Minneapolis
Institute for Research in the Humanities, University of Wisconsin-Madison, Spätsommer 1980

ANMERKUNG

Aus verlagstechnischen Gründen mußte der Umfang meines ursprünglichen Manuskripts um die Hälfte gekürzt werden. Es fiel mir sehr schwer, meine Entscheidungen für diese Kürzungen vor mir selbst zu legitimieren: So zum Beispiel ist es besonders bedauerlich, daß ich den langen, 1847 erschienenen Aufsatz *Die Teilnahme der weiblichen Welt am Staatsleben*, der in Robert Blums Zeitschrift *Vorwärts* erschien, herausnehmen mußte; denn als prägnante Zusammenfassung von Louise Ottos Gedanken und Zielen während der Revolutionszeit ist er unersetzlich. Da aber bereits größere Teile des Aufsatzes in anderen Quellensammlungen (beispielsweise in den Studien von Möhrmann und Twellmann) nachzulesen sind, da außerdem Louise Otto Teile des Aufsatzes in die hier abgedruckten Artikel aus den *Sächsischen Vaterlandsblättern* aufgenommen hat, habe ich ihn schließlich, wenn auch mit Bedauern, nicht abgedruckt. Völlig streichen mußte ich leider sämtliche Publikationen von Louise Otto in Ernst Keils Zeitschrift *Der Leuchtturm*; Aufsätze aus anderen zeitgenössischen Zeitschriften habe ich jedoch beibehalten. Was für den Aufsatz aus Blums *Vorwärts* gilt, trifft auch für einen interessanten und bedeutenden Aufsatz zu, der in Luise Dittmars 1849 erschienenem Sammelband *Das Wesen der Ehe* abgedruckt war und der eine gute Übersicht über die Ideen der Louise Otto während der vierziger Jahre gibt. Da Renate Möhrmann größere Teile dieses Textes in ihren Dokumentarband über die Frauen der 48er Revolution aufgenommen hat, habe ich ihn für die vorliegende Sammlung schließlich nicht berücksichtigt. Am schwersten ist mir mein Entschluß gefallen, fast alle noch ungedruckten Briefe Louise Ottos, die meine Sammlung ursprünglich enthielt, herauszunehmen. Da dieser Band als *Einführung* in das Leben und Werk von Louise Otto-Peters konzipiert ist, habe ich schließlich auch diesem Kompromiß zugestimmt. Die fallengelassenen Briefe sind nicht leicht zugänglich und werden zu einem späteren Zeitpunkt in einer Fachzeitschrift erscheinen. Sollte dieser Band auf Interesse stoßen, so liegen noch genug Materialien vor, um auf diesen einen zweiten Band folgen zu lassen.
Minneapolis, Sommer 1982

DIE KINDHEITSJAHRE: 1819–1839

Geburtshaus von Louise Otto, Baderberg, Meißen
(Foto: Erhard F. Joeres)

Gedenktafel am Geburtshaus von Louise Otto
(Foto: Erhard F. Joeres)

LEBENSTAFEL

1819	Karlsbader Beschlüsse gegen Liberalismus 26. März: Louise Otto in Meißen geboren, das letzte Kind von sechs (davon zwei als Säuglinge gestorben); die Eltern: Fürchtegott Wilhelm Otto, Gerichtsdirektor; Charlotte, geb. Matthäi, Tochter eines Porzellanmalers; Schwestern: Clementine (geb. 1811), Antonie, Franziska
1830	Juli-Revolution, Paris
1831	das erste Gedicht geschrieben, nachdem Louise den Prinzen Friedrich, Mitregenten von Sachsen, bei einem Empfang in Meißen gesehen hat 31. Dezember: Tod von Clementine (Schwindsucht)
1835	Bundestagsbeschluß und Verbot des Jungen Deutschland 15. Oktober: Tod der 54jährigen Mutter (Schwindsucht)
1836	13. Februar: Tod des 60jährigen Vaters Vormund für die Otto-Töchter: Advokat Otto Lindner
1838	Vormundsrecht der Männer in Sachsen aufgehoben
1839	erste Eisenbahn, Leipzig–Dresden (1835: Pferdeeisenbahn zwischen Nürnberg und Fürth) November: Heirat der Schwester Antonie mit dem Gerichtsdirektor Dennhardt, Oederan, Erzgebirge

EINLEITUNG

Jede Kindheitsschilderung Louise Ottos läuft Gefahr, vom Anekdotischen erstickt zu werden. Nicht zuletzt wohl, weil die ersten Lebensjahre dieser Frau beinahe so idyllisch waren, wie Gertrud Bäumer sie geschildert hat, beherrscht von Gäßchen und Treppchen und Sträßchen, von Kindern, Tieren, vom Großvater mit der Pfeife und der Großmutter mit dem Strickstrumpf. Louise Otto selbst konnte, besonders aus der Perspektive ihrer reifen Jahre und ihres Alters, auch nicht anders, als das Elternhaus zu preisen und sich nach den frühen Jahren zurückzusehnen. Sie wurde in den begüterten, gebildeten Mittelstand hineingeboren, es fehlte weder an materieller noch an geistiger Kost, und als jüngstes, schwächstes, und daher auch verwöhntestes Kind empfing sie nur Liebe und Aufmerksamkeit. Daß die Ehe ihrer Eltern allem Anschein nach glücklich war, daß in dieser Mittelstadt Meißen, in der sie aufwuchs, von der zunehmenden Verarmung der Fabrikarbeiter nichts zu spüren war, daß sie die große Welt der Politik nur im Spiegel der idealisierenden Ansichten ihrer Eltern kennenlernte, all das bedeutete zweifelsohne, daß ihre Kindheit und Jugend in der Tat sorgenfrei waren.
Aber in ihren eigenen, zur Verschönerung neigenden Darstellungen drängt auch etwas anderes zum Ausdruck; dies vor allem in dem wesentlich später geschriebenen und sehr nüchternen Aufsatz über die damalige Schulbildung der Mädchen. In diesem Aufsatz wird ein thematisches Motiv eingeführt, dem wir im ganzen Leben Louise Ottos immer wieder begegnen: Mädchen wurden zu Beginn ihres Lebens in ihrer freien Entwicklung effektiv gehemmt und gerade zu einer Zeit, in der Lernen außerhalb der Familie und des Hauses Bedeutung gewinnt, zurück ins Haus geschickt, in dem sie eine durch eine lange Tradition vorbestimmte Rolle zu übernehmen hatten. Die Folgen traditioneller Rollenverteilung haben Louise Otto sehr belastet und ihre offensichtlich bemerkenswerte Lernbegierde beschnitten. Lediglich aufgrund der Tatsache, daß sie ein Mädchen war, wurde ihre Schulausbildung nach der Konfirmation, also nach ihrem vierzehnten Lebensjahr etwa, unvermittelt abgebrochen. Dies widerfuhr ihr und allen Kindern ihres Geschlechts, ob

reich, ob arm: eine soziale Tatsache mit lebenslangen Folgen. Trotz der familiären Geborgenheit also, trotz der Liebe der Eltern und Schwestern, trotz der vielen Vorteile, die eine wohlhabende Familie zu bieten hat, war die Situation kaum so ungetrübt, wie man eigentlich hätte erwarten können. Dies, obwohl die gesellschaftliche und politische Isolierung, die das Leben in einer Kleinstadt bis dahin notwendigerweise mit sich brachte, in diesen frühen Jahren des 19. Jahrhunderts nicht mehr so ausgeprägt war wie in früheren Zeiten. Die Wellen der Pariser Julirevolution von 1830 und eine wachsende Aufgeschlossenheit und Fortschrittsgläubigkeit hatten auch Meißen und die Familie Otto erreicht. Louises Interesse an Politik, womöglich von dem politischen Eifer des sonst so steifen, konservativen Vaters angeregt, stammt sicherlich aus dieser Zeit, ebenso ihre starke Vorliebe für Zeitungen und Zeitschriften; denn im Hause Otto wurde viel vorgelesen und diskutiert, selbst die Politik war für Ehefrau und Töchter nicht tabu. Ein Besuch des sächsischen Mitregenten Friedrich im Jahr 1831 veranlaßte ein erstes politisches Gedicht der zwölfjährigen Louise; wenn man auch darüber gelacht haben mag, so duldete man es doch, und die günstige Atmosphäre erleichterte solche gar nicht unwichtigen literarischen Versuche.

Daß ihre Kindheit nicht so idyllisch blieb, daß Louise Otto mit siebzehn bereits verwaist war, nachdem sie zuvor mit zwölf Jahren schon ihre Lieblingsschwester verloren hatte, hat den Lebensweg dieser Frau jedoch ebenso beeinflußt. Die persönlichen Verluste brachten ihr eine für Mädchen ihres Alters ziemlich ungewöhnliche Freiheit ein, eine Freiheit, die ihr Streben nach Selbständigkeit unterstützte und so zum Vorteil geriet. Geldsorgen bedrückten sie nicht. Sie war, ebenso wie ihre Schwestern, durch eine hinreichende Erbschaft versorgt; die Schwestern heirateten bald, so daß Louise das Meißener Haus sogar für eine Weile für sich allein hatte. Im Tagebuch dieser Zeit, das leider verschollen ist, sinnt sie zunehmend über den Beruf der Dichterin nach; im gleichen Atemzug behauptet sie mit Trotz, eine Frau könne auch andere Lebenswege einschlagen als den der Hausfrau und Mutter: »Ist es denn nicht auch eine Pflicht, dieser Bestimmung [der Dichterin], die uns Gott ebenso gab wie jene, zu folgen?« (Leicht, S. 250) Irgendwann zu dieser Zeit fand auch der Besuch bei dem alten Dichter Tiedge statt, ein Besuch, der sie nicht nur zu einem Gedicht veranlaßte, sondern auch den Entschluß in ihr festigte, denselben Beruf anzustreben.

Tod der Eltern und Wegzug der Schwestern bedeuteten für sie nicht, daß sie sich nunmehr von der Welt abschloß. Ihre begeisterte Beschreibung der ersten Eisenbahn im Jahr 1839 mag als Beweis gelten, daß sie den neuen technischen Entwicklungen aufgeschlossen gegenüberstand und sie als Zeichen einer besseren Zukunft betrachtete. Der schwärmerische und unreife Idealismus ihrer Kindheit, in der sie Schiller und Byron mit größter Begeisterung las, Webers *Freischütz* sogar auswendig lernte, formte sich allmählich zu einem zähen und realistischeren Realismus um, der den Fortschritt, wo er sichtbar wurde, willkommenhieß und darauf hoffte, daß die technischen Entwicklungen auch eine Verbesserung der weiblichen Lage mit sich bringen würden.

Die diese Zeit dokumentierenden Zeugnisse sind spärlich und auf die Ergänzung durch später gemachte Äußerungen angewiesen. Ich behandele in diesem Abschnitt nur die ersten zwanzig Lebensjahre, da die vierziger Jahre größere Änderungen mit sich bringen sollten und zwar nicht nur im persönlichen, sondern auch im öffentlichen Leben der Louise Otto. Bis 1839 lebte sie ein verhältnismäßig privates und zurückgezogenes Leben, nicht zuletzt deshalb, weil sie nach dem Tod der Eltern einen Vormund erhielt und legal unselbständig blieb. Daß sie erst später über das von ihr ererbte Geld verfügen konnte, paßt auch zu diesem Bild.

TEXTE

Ein Gedicht und mehrere Prosaauszüge, die Louise Ottos Kindheit beschreiben, mögen den Idealismus dokumentieren, der ihr ganzes Leben prägen sollte. Die sehr interessante Darstellung des Unterrichtswesens der Zeit, die hier abgedruckt wird, findet sich in einer später erschienenen Schrift.
Aus dem Werk Frauenleben im deutschen Reich *wird in diesem Band häufig zitiert: Es kommt einer Autobiographie am nächsten und kommentiert ausführlich die wichtigen Episoden des Ottoschen Lebens.*

1

Elternhaus

O, ich werde Dich nie vergessen, teures Elternhaus und alle die trauliche Zeit, die ich da drinnen verlebt! So oft ich Dich wiedergesehen und wieder betreten, rufe ich Segen über Deine Schwelle, denn ich habe den Segen von Dir mit hinaus genommen in allen Kampf und Sturm des Lebens, in dem ich vielleicht erlegen wäre, wenn nicht etwas von der Weihe mit auf mich übergegangen, die in Deinen Räumen waltete!
Es war ein großes steinernes Haus, massiv aus Sandsteinquader erbaut, die Treppe so breit und hochgewölbt, wie man sie nur in Palästen zu finden gewohnt. Und immer noch ist es mir, als hörte ich von diesen Wölbungen den Hall der Stimme meines Vaters widerklingen! Ich höre noch den Ruf der Mutter vom Fenster herab, heraufzukommen aus dem Hof, wo wir mit Kaninchen, Hühnern und Tauben spielen, nein mehr! sie zu erziehen pflegten. Ich denke noch des Gartens zwischen alten verwitterten Klostermauern, wo ich meine ersten selbstgepflanzten Blumen blühen und verwelken sah, ich denke noch des Weinberges am freundlichen Elbgestade, wo fröhliche Menschen zwischen den Rebengeländern wandelten und ein in sich befriedigtes Familienleben auch Fernstehende mit hineinzog in seinen traulichen Kreis.
Ihr sonnigen Tage der Kindheit – o seid mir tausendmal gesegnet! Einen Vater gehabt zu haben, der vom Morgen bis zum Abend

für die Seinen arbeitete, geradeaus, niemandes Herr und niemandes Knecht, durchs Leben ging, die Achtung all' seiner Mitbürger ungesucht findend – eine Mutter, die unausgesetzt nur darauf bedacht war, wie sie ihr Haus zu einem Tempel des Friedens und der Freude gestalte, die für den Gatten, für die Kinder lebend, doch ein Herz in der Brust trug, welches gern die ganze Menschheit in den Kreis des Segenspendens gezogen hätte und da dies nicht möglich war, wenigstens alle, die sich der Schwelle dieses Hauses näherten, mit teilnehmen ließ an dem Segen, der da wohnte – einer Familie angehört zu haben, in der es kein anderes Gesetz gab, als das der Liebe, aus dessen ganz unwillkürlicher Erfüllung sich all' das schöne, reine Leben gestaltete, das in ihr wohnte; ein solches Glück genossen zu haben, muß wohl mit dem Wunsche erfüllen, daß ein solches Familienleben nicht zu den Ausnahmen, daß es zu den Regeln in Deutschland gehöre.
Aufgewachsen in einem solchen Glücke, das mir freilich zerstört ward, da der Tod mir beide Eltern raubte, als ich noch im zartesten Jungfrauenalter stand, habe ich an mir selbst alle die Segnungen erkannt, die der Genius des Hauses zu geben vermag und fühlte mich darum gedrängt, ja berufen, in Wort und Schrift an diesen Genius des Hauses zu mahnen, damit ihm überall eine Stätte bereitet werde und keine entweiht, an der ihm ein Altar errichtet werden soll.

2
Kindheitserinnerungen

Mein Vater besaß ein eignes Haus in Meißen und einen Weinberg in der Nähe, war [...] »Senator« und Gerichtsdirektor, später, nach neueren Einrichtungen, allein das letztere, da es eben in Sachsen noch Patrimonialgerichte gab. – Die Eltern, vier Töchter, eine Schwester der Mutter, zwei Schreiber und ein Dienstmädchen, bildeten einen Durchschnittshausstand von neun Personen, der bei einer großen Wohnung Parterre und erste Etage eines Eckhauses von 14 Fenstern und ein paar Zimmern des dritten Stockes schon ein ziemlich respektabler und eben dadurch noch mehr, als er selten *ohne* auswärtigen Besuch war. Eine Kammer des Erdgeschosses hieß gar nicht anders als die »Studentenkammer«, weil sie nur für junge Leute bestimmt war, da gab es Neffen usw., die sich darin niederließen, wenn sie Ferien oder in anderen Verhältnissen keine Stelle hatten; dann gab es wieder Nichten, die zu halben oder ganzen Jahren in

unserer Familie sich vervollkommnen oder unterhalten sollten und die unser Mädchenzimmer mit teilten, dann wieder Freundinnen von Mutter oder Tante, die gern einmal einige Wochen sorgenfrei zubringen wollten – Verwandte und Freunde, die aus wahrer Freundschaft kamen und aufgenommen wurden oder um die schöne Gegend zu genießen, für welche dann besondere Gastzimmer bereitet waren. Natürlich vermehrte dies die Hausarbeit nicht wenig – aber alle weiblichen Hände mußten mit zugreifen und es ging, da eben die Mutter selbst das allerbeste Beispiel gab. [...]
Da freute man sich der Arbeit selbst und dann ihres Resultates, ja, es war ordentlich belustigend, mehr zu tun, als selbst von der Mutter angeordnet war, ohne fremde Beihilfe und ohne daß jemand anders eine Ahnung davon hatte. Man spielte gern Heinzelmännchen und Aschenbrödel und zwar im vollsten Sinne des Wortes – denn man träumte sich aus so realistischen Geschäften gern in das Reich der Feen und der Romantik hinüber – man atmete im Küchenbrodem geduldig, weil man wußte, daß es draußen im Garten, auf dem Weinberg balsamische, reine Luft gab – die eigentliche Lebensluft, die man auch dann wieder frei und ganz genießen durfte, man hatte ja das ganze Köpfchen angefüllt von Romantik und Idealismus, voll Schiller und Jean Paul, und höher klopfte das Herz vor der Fülle von Poesie, die es in sich aufgenommen.
Ja, die Welt der Poesie war nie und nirgend über der Handarbeit vergessen! Wenn man beisammen saß im Vorsaal oder in der »Kinderstube«, die später, wo es keine Kinder mehr gab, sondern nur ich, als sieben Jahre jüngeres »Nesthäkchen«, als die vorgehende Schwester noch eine Zeit lang Schulkind war, zur Stube für häusliche Arbeit geworden – wenn man Gemüse zuputzte oder Obst zum Einsetzen vorbereitete – es war eben nicht die hübscheste Arbeit, Johannisbeeren abzubeeren, Bohnen zu schneiden, Schoten aufzubrechen, Pilze zu putzen usw. – aber da wurde dabei vorgelesen, das mußten sich die englischen wie deutschen Romanschriftsteller gefallen lassen: Walter Scott, Cooper und Bulwer, Wilhelm Hauff, Ernst Wagner, Henriette Hanke, Caroline Pichler, Rellstab, Sealsfield u. a., sie verloren nichts von ihrer Würde. Ihre Charaktere prägten sich uns nur um so lebendiger aus und ein, als man gleichsam zusammen mit ihnen lebte, von ihnen sprach in Ernst und Scherz. [...] Da war die Frau in der Tat eines der nützlichsten Mitglieder in der Gesellschaft, in der Volkswirtschaft – es war allerdings fast

immer ein empirisches Wissen, was sie sich angeeignet durch Erfahrung, Beobachtung, durch eignes Nachdenken – Pflicht, Liebe und Ehrgefühl leiteten sie dabei –, die gute Hausfrau und Wirtin war mit Recht als solche hoch geschätzt, die schlechte verachtet und verspottet. [...]
Ich habe diese Zeit [vor der Erfindung des Steichholzes] nur als Kind, das noch nicht einmal in die Schule ging, erlebt – und sie währte in meiner Vaterstadt vielleicht nur darum noch etwas länger, weil die ersten Schnellfeuerzeuge, da sie als gefährlich galten, nicht gleich eingeführt wurden, – aber ich habe die Erinnerung daran so treu behalten, weil ich eben noch an zu viele Momente zurückdenken kann, in welchen man in der Küche vergeblich picken und pinken hörte, wo bald der Stahl, bald der Schwefel, bald der Zunder, bald der Feuerstein, bald das Ungeschick verwünscht wurden, und wo dann im Winter die Mutter oft selbst von einem Ofen zum andern lief oder uns Kinder schickte, nachzusehen, ob nicht irgendwo noch ein Fünkchen in der Asche glimme, das angeblasen werden konnte, daran noch einen Schwefelfaden zu entzünden. Und auch jenes großen Moments erinnere ich mich noch, wo es meinen fünfjährigen Kinderhändchen gelang, selbst Licht anzuschlagen – ich bildete mir so viel darauf ein, jubelte und hatte eine so schöne Empfindung wie von einem Wagnis und einem Triumph zugleich, wie etwa später bei dem Anblick meines ersten gedruckten Gedichtes. – [...] Etwa Mitte der zwanziger Jahre wurden die Schnellfeuerzeuge erfunden [...] Aber auch sie waren vom Wetter abhängig, sie kamen alle Augenblicke einmal ins Stocken, kamen bald in den Ruf der Launenhaftigkeit und fingen auch gern im Tauwetter nicht, weil sie Feuchtigkeit anzogen. [...] Da auf einmal ward das Phosphorhölzchen erfunden – es ist nicht viel über zwanzig Jahre her – und alle Not hatte ein Ende. Es war eine Tat, so weltbewegend, so befreiend, so symbolisch, wie die Anlegung der Eisenbahnen. »Die große Rennbahn der Freiheit« nannte ein österreichischer Dichter, Karl Beck, damals die Eisenbahn – das Streichhölzchen aber, der Lichtbringer, ließ nun eben keinen Winkel mehr unbeleuchtet, ermächtigte jede Hand, selbst die jedes Kindes, nun Licht zu machen. Es drang in das Haus, es half die Wirtschaft, die Küche reformieren – es erlöste Tausende, Millionen von Frauen von der Sorge um Licht. Sie konnten fortan ruhig schlafen – sie wußten, daß sie beim Erwachen am frühen Morgen nicht gleich mit einer schweren, problematischen

Arbeit zu beginnen hatten, sie konnten gleich wohlgemut an ihr Tagewerk gehen. [...]
Da es weder Kindergärten noch solche Arbeiten gab, wie sie jetzt durch Fröbels System schon den kleinsten Kindern geboten werden, so waren die Stricknadeln und der Strickstrumpf schon für vierjährige Mädchen die erste ernste Arbeit. [...]
Ich weiß, daß ich mich sehr ungeschickt zum Stricken anstellte, daß die älteren Schwestern, die es erst mich lehren sollten, ihre liebe Not mit mir hatten und daß ich deshalb in ihrem Geleit mit zu ihrer Handarbeitslehrerin ging: sie hatten gleichzeitig Näh- und Strickstunde. Da saß ich dann mit etwa noch fünf bis sechs Altersgenossinnen von fünf bis sieben Jahren auf einem hölzernen Fußbänkchen und wirkte an dem Strickstrumpf, dabei aber sehr wenig an die Maschen denkend, sondern auf die leise geflüsterten Gespräche der größeren Mädchen hörend [...]
Dabei war es seltsam, daß, während andere Kinder anfänglich so fest strickten, daß die Nadeln kaum zu verschieben waren, meine Maschen viel zu locker ausfielen und die Lehrerin zu der geistreichen Bemerkung veranlaßten: man sähe, wie gern ich das Stricken an den Nagel hinge, denn meine Maschen wären groß genug dazu. [...]
Wird jetzt von manchen Seiten das Stricken ganz für überflüssig erklärt, so möchten wir dennoch dem nicht beistimmen. Es gibt im Frauenleben immer Stunden, wo ein Strickstrumpf nicht zu verachten. Man kann so gut dabei lesen, vorlesen im häuslichen Kreis, im Garten spazieren gehen, plaudern. Der Strickstrumpf läßt stets unsern Gedanken den freiesten Spielraum und es wird doch etwas Nützliches dabei fertig – [...] Da in den früheren Zeiten das weibliche Lesen immer als Zeitverschwendung galt, so war es doch gestattet, wenn man dabei strickte und so geistige Nahrung und realistisches Schaffen miteinander Hand in Hand gingen. Was wäre in früherer Zeit aus so mancher weiblichen Bildung geworden, wenn nicht die strengen Mütter, sobald sie das Strickzeug in der Hand der Töchter dabei sahen, ihnen das Lesen gestattet hätten! Auch wir Schwestern saßen an allen Abenden, wo kein Besuch da war, um die Mutter am Tisch herum und strickten, wobei jede entweder für sich in einem Buch las und es mäuschenstill im Zimmer war, oder nur eine strickte und vorlas, indes sich die andern auch mit andern Handarbeiten beschäftigten. [...]
Die erste deutsche Eisenbahn war die *Leipzig-Dresdner*, eine sächsische also, von einer Aktiengesellschaft unternommen – sie

ward 1839 eröffnet – die schon früher datierende von Nürnberg-Fürth war nur eine Pferdeeisenbahn. [...] »Frei *sein* ist nichts – frei *werden* ist der Himmel!« Es war dies eine von den Sentenzen, welche im Jahre 1848 von Mund zu Mund gingen – ich betrachte mich denn in diesem Sinne als ein Glückskind, daß ich in nächster Nähe diese *erste deutsche Eisenbahneröffnung* miterlebt habe, daß ich durch die Lage meiner Heimat dabei mit wesentlich interessiert war, daß ich diesen welthistorischen Moment sozusagen mit Bewußtsein genoß – und ich umschrieb das obige geflügelte Wort: auf der *Eisenbahn zu fahren ist nichts – aber diesen Sieg des Menschengeistes zu erleben, der die Lokomotive hinführte* – das war ein Gefühl beseligenden Triumphes! [...] [Über die früheren Postwagen heißt es:] [...] so war dennoch der Wagen niemals erleuchtet. Höchstens daß beim Einsteigen ein Schaffner, mehr im Interesse des Gepäcks als der Personen, einmal flüchtig mit einer Stallaterne in den Wagen leuchtete! Wie oft bin ich da nicht im Finstern eingestiegen, ohne zu wissen, ob schon jemand im Wagen saß oder nicht, habe mich bescheiden in eine Ecke gedrückt mit einer Art Herzklopfen der Nachbarschaft harrend! Wie oft ward da erst gefragt! »Sitzt hier jemand?« oder auch ungefragt eingestiegen und ein Gepäck auf Füße und Schoß geworfen! Einmal kam eine Dame, die sich mit aller Gewalt bemühte, den mich umgebenden Mantel und endlich mich selbst an die Wagenwand anzudrücken, bis ich endlich schüchtern stöhnte: »O bitte!« und dann die Dame ganz erschrocken rief: »Mein Gott, ich denke Sie sind ein Paket!« und nun tausendmal um Entschuldigung bat. Natürlich hallte nun der ganze Postwagen vom Gelächter der Mitreisenden auf unsere Kosten wider.

3
Mädchenunterricht in früherer Zeit (Selbsterlebtes)

Als ich 6 Jahr alt war, gab es in meiner Vaterstadt Meißen nur eine städtische, sehr untergeordnete Schule für Mädchen, welche nicht besser als jede damalige Dorfschule, nur mit dem einzigen Unterschied, daß sie eben nur für Mädchen bestimmt war. Etwa 50–80 mochten sie besuchen und wurden in 2 Klassen von einem einzigen Lehrer unterrichtet, der auch in dem sehr kleinen Schulhaus mit niedern Zimmern und kleinen Fenstern wohnte. Außerdem gab es eine Armenschule in einem ganz alten, dumpfen, kleinen, ungesunden Klostergebäude, in welchem Mädchen und Knaben gemeinsam unterrichtet wurden. Die wohlhabenden Familien hielten sich einen »Informator«, wie man es damals nannte, einen Kandidaten der Theologie, der als Hauslehrer mit zur Familie gerechnet ward, die Kinder auch außerhalb der Schulstunden beaufsichtigte, mit ihnen spazieren ging usw. Seine Stellung war je nach den Persönlichkeiten – der eignen wie der der Familienglieder – bald eine ehrenvolle, angenehme, bald eine gedrückte und ungemütliche. Wurden die Töchter größer, so ward wohl auch noch eine »Gouvernante« ins Haus genommen – wenn man »fein« sein wollte und konnte, eine Französin, welche die Mädchen beaufsichtigte, spazieren führte, mit ihnen französisch »parlierte«, wie der Ausdruck lautete, auch etwas Grammatik und Literatur mit ihnen vornahm und vor allem über ihren »Anstand« wachte. Auch deren Stellungen waren wie die der Hauslehrer vom Zufall abhängig, nur mit dem Unterschied, daß diese doch immer auf ein geistliches Amt hoffen konnten, indessen die Gouvernanten, wenn sie sich nicht noch verheirateten – was im Leben wie in Romanen oft mit ihren in derselben Familie lehrenden Genossen geschah – im Alter meist nichts übrig blieb, als sich durch Erteilung französischen Privatunterrichts zu erhalten. – Manche Familien vertrauten auch ihre Kinder einem Privatlehrer gemeinsam unter gewissen gegenseitigen Bedingungen an. So hatte ein solcher Kandidat der Theologie eine ganz separate Wohnung im Haus meiner Eltern, 3 Treppen frei – wir wohnten Parterre und ersten Stock – sie bestand in seinem Schlafzimmer, 2 Nebenräumen und einem großen Schulzimmer, worin er etwa 12–16 Knaben und Mädchen von 8–12 Uhr früh und Nachmittag von 2–4 unterrichtete. Sonntag und Mittwoch, – wo Nachmittag die Schule ausfiel, speiste er mit bei uns. Sonst sorgte er in allem für sich selbst und das Schulgeld ward für jedes Kind bezahlt. Ehe ich selbst schulpflichtig war, besuchten meine 3 ältesten Schwestern und noch 4–6 Mädchen den Unterricht, die Mehrzahl waren aber immer Knaben – weil eben die Ansicht galt: die Mädchen brauchen ja »kein so hohes Ziel«, wie in dieser Sammelschule geplant war. Dies Ziel für die Knaben war: am Gymnasium die Aufnahmeprüfung zu bestehen – die Mädchen hatten keines! Das Merkwürdige bei der Sache aber war, daß nicht nur Knaben und Mädchen, sondern auch gleichzeitig *alle Schulkinder* vom 6.–14. Jahre zusammen im gleichen Zimmer anwesend waren und von dem *einen* Lehrer gleichzeitig, wenn nicht unterrichtet, doch beschäftigt wurden. [...] Es sollten uns [Anfängern] die Anfangsgründe des Lesens,

Schreibens und Rechnens auf der Schiefertafel beigebracht werden und wir uns darin weiter üben während der Unterrichtsstunden der größeren Klasse. Nun waren mir aber diese viel interessanter als Buchstaben und Zahlen. Ich hörte viel lieber zu, wenn da aus der Weltgeschichte, ja auch aus der Mythologie (die mit ein Hauptstoff des Unterrichts war) vorgetragen ward oder deklamiert ward von Schiller, Klopstock, Gleim, Mahlmann, Tiedge, Matthison u. a. Hatte ich vom ersteren durch Vorsagen meiner Schwestern schon vieles auswendig gelernt, wie auch Kinds ganzen Text zum »Freischütz« (zu dem ich ein Theater besaß) *ehe ich lesen konnte* – was sollte ich mich nun so mit Buchstabieren langweilen [...] Als aber eines Tages mein Vater einmal die Entdeckung machte, daß ich nach Jahresfrist noch immer alle Buchstaben und Zahlen verwechselte und nicht lesen konnte, ward er sehr böse und schalt erst mich, dann den Lehrer – natürlich nicht in meiner Gegenwart, aber ich erfuhr es doch – er sagte ihm, daß ich zwar körperlich sehr schwach – (ich hatte erst mit 4 Jahren laufen lernen) – aber geistig es nicht sei und er *verlange*, daß ich nun endlich lesen und das »Einmaleins« in Monatsfrist könne. Der Machtspruch wirkte, ich ward etwas länger vorgenommen und erreichte bald das erstere – aber mit letzterem hat es immer gehapert. – Von meinen Schwestern war die älteste, Clementine, besonders begabt – sie lernte lateinisch und griechisch mit den Knaben – und als sie abgingen und ihr Examen bestanden, sagte der Lehrer zu ihnen: wäre Clementine dabei gewesen, – sie würde es noch besser als ihr bestanden haben. »Schade, daß sie kein *Knabe* ist!« [...] Clementine lernte nach der Schule weiter, was damals gestattet war: Französisch, Piano, Gesang, Zeichnen und Sticken, Tanz – vorher *exerzieren*, weil das Turnen damals noch nicht eingeführt und bildete sich durch gewählte Lektüre weiter – war aber ebenso tüchtig in der Wirtschaft, schrieb fleißig Tagebücher und Briefe mit einer Handschrift, wie in Kupfer gestochen – wäre sie nicht im 21sten Jahr gestorben, sie würde wohl auch Schriftstellerin geworden sein. [...] *Ihr* dankte ich auch hauptsächlich, daß ich als Kind, schon bevor ich lesen konnte, so viel auswendig wußte, wie denn wir 4 Schwestern es fast täglich als Hauptgenuß betrachteten, im Zimmer oder Garten Schiller zu lesen und aufzuführen. Meine idealistische Richtung stammt schon von daher. Nachdem ich 9 Jahre geworden und meine Schwestern konfirmiert waren, hörte die geschilderte Sammelschule auf: es war kein Bedürfnis mehr dafür vorhanden. Ein an der Stadtknabenschule neu angestellter Rektor hatte schon 2 Jahre vorher eine 5klassige Selekta für Knaben und Mädchen gegründet, der nun die Gebildeten gern die Ihrigen übergaben. In der ersten Klasse wurden die Geschlechter getrennt, bis dahin gemeinsam unterrichtet. Bei meiner Aufnahmeprüfung war die Verlegenheit des Lehrers groß. Im Rechnen, Schreiben und Deutsch war ich kaum für die dritte reif, in allen andern Fächern paßte ich für die zweite. Man nahm mich also in diese auf. Es waren etwa 10 Mädchen – von denen ich schon einige kannte – und bei weitem mehr Knaben darin. Der Unterricht war auch hier von 8–12 Uhr früh [...], nachmittags von 2–5 Uhr an 4 Tagen. Ich hatte Mühe, mich in alle neuen Methoden zu finden – in den zuerst erwähnten Disziplinen war und blieb ich zurück – in den anderen überraschte ich die Lehrer. An der ganzen Schule waren außer dem Rektor noch 5 Kandidaten, alte und junge, angestellt und ein Schreiblehrer. Vor den Mitschülern empfand ich Scheu und Furcht, in die Mitschülerinnen mußte ich mich auch erst finden – in dem, was in der Schule, die sie schon seit ihrer Entstehung besucht, verlangt ward, waren sie mir voraus, in andern Dingen erschienen sie mir beschränkt: sie hatten, weder mit Schiller noch Walter Scott, sich noch mit den olympischen Göttern so vertraut gemacht wie ich. Aber alles glich sich aus, als ich 1830 in die erste Klasse kam, wo wir nur Mädchen waren, durchschnittlich 15, nie unter 12, nie über 18. [...] Die Unterrichtsgegenstände waren: *Schreiben* – nach den sogenannten englischen Vorschriften – *Gesang*, der Lehrer war selbst im Besitze einer wundervollen Baßstimme und spielte die Violine trefflich, er gab die Stunden sehr anregend, wenn auch streng – wir freuten uns alle darauf, – ebenso auf den von demselben erteilten *Geschichtsunterricht*, worin speziell bei den *ausgezeichneten Frauen* verweilt wurde und mit gleicher Begeisterung bei allen fortschrittlichen Epochen des Völkerlebens. *Religion* erteilte ein anderer Kandidat theol. ohne jede Spur von Orthodoxie, vielmehr Aufklärung und Begeisterung vereinigend im Geist der reinsten Christenlehre und Liebe und des damals herrschenden Nationalismus – diesem Unterricht habe ich's mein ganzes Leben gedankt, daß mir nie religiöse Zweifel gekommen sind. – *Deutsche Sprache* und *Literatur* gab derselbe gleich schwungvoll, für die auswendig zu lernenden Gedichte hatten wir freie Wahl, Gesangbuchlieder wurden nicht speziell aufgegeben, auch für die deutschen Aufsätze unter mehreren Themen die Wahl gelassen, auch da gestattet, sie in Versen abzufassen, wo Befähigung vorhanden und der Stoff sich eignete.

Rechnen, Geographie und *Naturwissenschaften* gab der Rektor selbst anschaulich und wo es paßte auch humorvoll. Es war ein schönes Verhältnis zwischen uns und den drei von uns, jeden nach seiner Weise, verehrten Lehrern, von denen uns gelegentlich jeder versicherte: es sei ihm die liebste Aufgabe, in unsrer Mädchenklasse zu unterrichten – so lange wir so aufmerksam und fleißig, worin wir die Knabenklasse überträfen – ja es fielen sogar manchmal die Worte, daß bei uns nicht nur mehr gute Sitte herrschte, was sich ja bei Mädchen verstünde, sondern auch mehr Streben und Lerneifer – *wir leisteten dasselbe, wie die Knaben und mehr.* [...] Einmal hatte der Geschichtslehrer sich von mir und einer Mitschülerin unsere betreffenden Hefte mitgeben lassen, was sonst nicht zu geschehen pflegte. Wir waren alle verpflichtet, in der Stunde nachzuschreiben und in der nächsten wurden zwei von uns – willkürlich, nicht etwa der Reihe nach – aufgerufen, das Geschriebene und Ausgearbeitete vorzulesen, sonst wurden diese Hefte nicht weiter kontrolliert. Wir wußten nun nicht, ob dies Gutes oder Schlimmes zu bedeuten habe und dies ward nicht klarer, als sie uns der Lehrer am andern Tage ohne jede Bemerkung wiedergab. Aber meine Genossin erfuhr von ihrem Bruder, Schüler der ersten Knabenklasse, jener habe dort unsre Hefte als Musterarbeiten vorgelesen und gesagt: es sei für sie beschämend, daß sie so von den Mädchen *überflügelt* würden. Dies sollte wohl die Knaben anspornen, aber – nach Knabenart wüteten sie nur und beschlossen sich zu rächen und die bevorzugten Mädchen beim nächsten Schulausgang *durchzuprügeln.* Zum Glück unterblieb aber der für die Art, wie vom männlichen Geschlecht gegen die weibliche Intelligenz gekämpft wird, charakteristische Entschluß – wir kamen mit der Angst davon.

Ostern 1833 ward ich gerade 14 Jahre und sollte da konfirmiert werden, was damals in diesem Alter üblich, ich bestürmte aber schon vor Weihnachten meine Eltern, mir lieber nichts zu bescheren aber dafür die Erlaubnis zu geben, noch 1 Jahr in die Schule gehen zu dürfen. Der Wunsch ward erfüllt, aber auch 1834 fiel mir der Schulabschied noch sehr schwer, – von den Lehrern und noch mehr vom Lernen – denn nun gab es für ein konfirmiertes Mädchen nur noch Privatstunden in Französisch, Musik, Zeichnen und Handarbeiten. Diese wurden noch in keiner Schule gelehrt, sondern das Unterrichtgeben darin bildete einen Erwerbszweig meist älterer alleinstehender Mädchen. [...] Ich habe beide Zweige [der Handarbeit] durchge-

macht, das Stricken bei einer ganz einfachen »Mamsell«, das Nähen bei einer aus guter Familie [...].
Während meiner Schulzeit hatte ich diesen Unterricht nur nachmittags ein paar Stunden besucht, dann ein folgendes Jahr nur des Morgens, um den Nachmittag im Garten bei unserm Haus oder auf unserm Weinberg verbringen zu können. Natürlich wurden auch dahin Handarbeiten und Bücher mitgenommen. Lesen ohne zu stricken galt als Zeitverlust – war die etwaige Haus- und Wirtschaftsarbeit getan, so mußten die Nadeln fliegen. [...] Wir Schwestern lasen uns abwechselnd vor, waren es auch meist Romane, so waren es doch die besseren und so auch ein Bildungsmittel. Außerdem wurden aber auch die in der Schule erhaltenen Anregungen zu ergänzen gesucht, eben weil man fühlte, daß man nicht genug gelernt, noch gelehrt bekommen, man hielt sich nicht für vollkommen unterrichtet, man lernte autodidaktisch weiter, man vertiefte sich in sich selbst und seine Lieblingsstoffe aus Liebe zum Lernen und zur Sache. Man hatte auch dazu Zeit, weil man gelernt hatte, sie auszunutzen und der Müßiggang noch nicht guter Ton war.
Doch ich wollte nur von dem Mädchenunterricht zur Zeit meiner Schuljahre sprechen und nicht etwa dessen Mangelhaftigkeit zu einem Blatt werden lassen im Ehrenkranz der guten, alten Zeit. Ich habe ja selbst zu viel darunter gelitten, sogar mit Bewußtsein, schon als Kind. Wie ich schon erwähnte, war ich in dem letzten Schuljahr darüber empört, daß ein Mädchen nicht länger als bis zum 14. Jahr in die Schule gehen dürfe und erzwang für mich als einen Ausnahmezustand *ein* glückliches Jahr *mehr*, wo jetzt 2–3 mehr nicht nur gewährt werden, sondern die Regel sind. [...] Da damals der Gedanke an Lehrerinnen – die Französinnen für Privatstunden ausgenommen – noch gar nicht in Frage kam, so konnte ich auch keinen Wunsch darnach aufkommen lassen, aber ich erinnere mich sehr wohl, wie peinlich es mir und den meisten Mitschülerinnen war, über den Bau des Menschen, wie einiges aus der biblischen Geschichte usw. von einem Mann sprechen zu hören und ihm wohl dann noch darauf bezügliche Fragen beantworten zu müssen. Ich war immer entrüstet, wenn Knaben sich über uns erhoben und geringschätzig auf uns herabsahen, weil wir manches nicht lernen durften, was für sie als unerläßlich galt oder wenn sie uns verspotteten, daß wir nach der Konfirmation nun nichts weiter zu denken und zu tun brauchten, als uns ganz unsystematisch mit Haus- und Näharbeit zu beschäftigen, spazieren zu gehen und die große Dame zu spielen!

Ich begann bereits damals dagegen zu protestieren, daß es uns als »Vorteil« von ihnen angerechnet ward, unsre Fähigkeiten nicht weiter entwickeln zu dürfen, was ich doch als eine Ungerechtigkeit und Übervorteilung empfand und beklagte. Aber es war nun einmal so – und ich müßte nicht meinen Schiller auswendig gelernt haben, wenn ich mich nicht »ins Reich der Träume« und zugleich zu ihm gerettet hätte – ich pflegte *für mich* die Dichtkunst, ohne etwas davon zu verraten, Bleistift und Papier hatte ich immer in der häuslichen Schürzentasche, um die Verse aufzuschreiben, die ich beim Nähen ersann, ward eben dabei zu keinem großen Arbeitsausfall. Zum Lesen fördernder Bücher finden junge Mädchen ja immer stille Stunden, wo weder Not noch Vergnügungssucht die Zeit belasteten oder vergeudeten. So vertiefte ich mich in mich selbst und schwor im stillen »der Muse nur zu leben« und fragte weiter nach nichts. Aber in heiliger Scheu verbarg ich meine Gedichte.

4
Aus innerem Drang

Wenn vor Jahrzehnten begabte und strebende Mädchen schon in dem zarten Alter, in welchem es dem männlichen Geschlecht nicht nur gestattet, sondern vorgeschrieben ist, sich einen Lebensberuf zu wählen – auch zu einem solchen, d. h. zu einem anderen sich hingezogen fühlten, als zu dem, was man so allgemein unter dem weiblichen verstand, so galt es noch viel mehr Schwierigkeiten und Vorurteile zu überwinden als noch jetzt. Nirgends gab es geebnete Wege, nirgends passende Gelegenheiten sich vorzubereiten, nirgends sichere oder verlockende Aussichten auf Gewinn oder Erwerb oder eine ehrenvolle Stellung in der Gesellschaft. Nichts anderes als der innere Drang – kein systematisches Prüfen und Überlegen, kein Abwägen der Verhältnisse, noch weniger der Hinblick auf passende Gelegenheiten zu einem wissenschaftlichen oder künstlerischen Beruf – denn diese fehlten fast gänzlich – kamen da in Frage. Heutzutage tritt schon die Notwendigkeit der gesteigerten Lebensforderungen auch in die Familien des Mittelstandes mit der Frage: »was soll das Mädchen werden?« – da man einsieht, daß nicht ein jedes sich verheiratet, wie auch, daß Haus und Familie nicht mehr so viel weibliche Hände am eignen Herd beschäftigen, wie – sagen wir in der »vorindustriellen Zeit«. In dieser waren die Eltern auch gar nicht so unglücklich, wie es jetzt manche sind, wenn eine Tochter sich nicht verheiratete – denn sie konnte sich auch ledig im Familienkreise nützlich machen. Damals ward viel mehr aus Neigung geheiratet, als um der Versorgung willen, und man überließ es dem lieben Gott, ob ein Mädchen heiratete oder nicht. So war auch damals in den Mädchen viel mehr jene zarte Keuschheit erhalten, welche sich schämt, an das Glück an der Seite eines Mannes zu denken, so lange es noch nichts von Liebe empfunden. Ja in manchen, die von der »Bestimmung« Gattin zu werden reden hörten, setzte dagegen ein förmlicher Trotz sich fest – sie wollten nicht heiraten.

Aber sie wollten etwas sein, etwas werden durch sich selbst, aus innerem Drang und aus eigner Kraft. Mochten sie dadurch sich auch in Opposition setzen mit ihrer Umgebung – sie waren bereit, den Kampf aufzunehmen mit allen Vorurteilen, mit dem Herkommen, mit – wenn es sein müßte – einer Welt!

Das Wort eines damaligen bahnbrechenden Freiheitspoeten Karl Beck kam ihnen nicht aus dem Sinn:

»Nichts haben ist ein Bild so arm und leer –
Jedoch nichts sein und alle Pulse schlagen! –
Das ist kein Bild und kein Gedanke mehr!«

[...]

5
Berufung

Wie schön war meine Kinderzeit verflossen,
Wie hab' ich da im trauten Vaterhaus
Der Elternliebe Segen ganz genossen.

Wie spielt ich froh mit Vögeln und mit Blüten
Im Garten und im Weinberg frei umher,
Und lernte gern sie pflegen und behüten.

Wie war es schön mit jenen auch zu singen,
Ganz leis, daß es kein fremdes Ohr gehört,
Und in das Reich der Dichtung mich zu schwingen!

Doch ach, es ging das süße Glück zu Ende:
Bald raubte beide Eltern mir der Tod –
Ob ihren Gräbern rang ich bang die Hände.

Demütig beugt ich mich in Gottes Willen –
Und fragte doch: warum er das getan?
Mit Liedern suchte ich den Schmerz zu stillen.

In Liedern sucht ich selbst mich zu erheben
Und fragte mich und fragte die Natur:
Ward nicht von oben mir Gesang gegeben?!

Und was ich anfangs nur als Spiel erlesen:
Ist's nicht ein Ruf der mich von oben trifft,
Füllt mit Begeisterung mein ganzes Wesen?

So nah ich mich des Dichtertempels Stufen.
Will einzig mich dem Dienst der Muse weihn,
Ihr bleib ich treu, denn ich vernahm ihr Rufen!

DIE REVOLUTIONSJAHRE: 1840–1852

Louise Otto, um 1849 (aus: Leuchtturm, *1849)*

LEBENSTAFEL

1840 Januar: Louise Ottos Reise nach Oederan, um die Familie Dennhardt zu besuchen: Anregung für den Roman *Schloß und Fabrik*, auch für ihr Interesse an der Arbeiterfrage

Mai: Heirat der Schwester Franziska mit dem Apotheker Burkhardt, Mühlberg

ab Mai: Louise allein im Meißner Haus mit Amalie Matthäi, Schwester ihrer Mutter

Bekanntschaft mit dem Dresdner Advokaten und Dichter Gustav Müller

14. Juli: Verlobung mit Müller in Dresden

1841 1. Mai: Tod von Müller (durch ein Lungenleiden oder durch die Schwindsucht)

1842 Veröffentlichung der ersten Gedichte im *Meißner gemeinnützigen Wochenblatt* und im *Musenalmanach* (Oktober)

November: Vorträge von Dr. Eduard Vehse, Dresden

1843 Januar: *Johannes. Skizze aus einem Dichterleben* fängt in *Unser Planet* an, mit *Otto Stern* unterzeichnet

Februar: Louise Ottos Besprechung der Vehseschen Vorträge in *Unser Planet*, mit *Otto Stern* signiert

September: Antwort auf Robert Blums Frage nach der Teilnahme der Frauen am Staatsleben, *Sächsische Vaterlandsblätter*, mit *Louise Otto* signiert

LUDWIG DER KELLNER, Roman

1843/44 weitere Beiträge für *Unser Planet* und die *Sächsischen Vaterlandsblätter*

1844 Aufstand der Weber in Schlesien

KATHINKA, Roman

Anwesenheit bei einer Predigt des deutschkatholischen Pfarrers Johannes Ronge in Dresden

1845 AUS DER NEUEN ZEIT, Novellen

DIE FREUNDE, Roman

weitere Beiträge für den *Wandelstern* und die *Neue Zeitschrift für Musik*

erste große, allein unternommene Reise nach Thürin-

gen, Westfalen und Braunschweig
auf der Rückfahrt in Leipzig: Erlebnis der blutigen Demonstration gegen den sächsischen Thronfolger Prinz Johann: sieben Menschen erschossen
Aufgabe des Pseudonyms *Otto Stern*

1846 SCHLOSS UND FABRIK, Roman
Beiträge für den *Leuchtturm*
Reise mit dem Honorar von *Schloß und Fabrik* in die Weberdörfer der Lausitz und des Riesengebirges; auch mit Ronge in Breslau
Sommer: in Leipzig-Gohlis, wo sie Ernst Keil, Alfred Meißner, Karl Albrecht u. a. traf

1847 *Vorwärts*-Aufsatz
weitere Beiträge für den *Leuchtturm*
RÖMISCH UND DEUTSCH, Roman
LIEDER EINES DEUTSCHEN MÄDCHENS, Gedichte
Mai bis Oktober: in Leipzig-Gohlis, wo sie Robert Blum traf

1848 März: Revolution; Aufhebung der Karlsbader Beschlüsse
Beiträge für die *Leipziger Arbeiterzeitung*, darunter *Adresse eines deutschen Mädchens*
Kongreß der Arbeitervereine, Berlin
Beginn des brieflichen Verkehrs mit August Peters
Besuche in Meißen von Arbeiterdeputationen und Staatsbeamten
9. November: standrechtliche Erschießung von Robert Blum in Wien

1849 31. Januar: erstes Treffen mit August Peters während eines Besuches in Oederan
WESTWÄRTS, Gedichte
21. April: Erscheinen des ersten Hefts ihrer *Frauenzeitung* (Großenhain, Haffner)
Mai-Aufstand, Dresden
EIN BAUERNSOHN, Erzählung
August Peters beim Badischen Aufstand festgenommen

1850 Sächsisches Pressegesetz (*Lex Otto*): Verbot der weiblichen Redaktion
5. Mai: Beginn der Zuchthausstrafe in Bruchsal für A. Peters

1851 Verbot der Arbeitervereine

1851 Verlegung der *Frauenzeitung* (jetzt mit dem Untertitel *Organ für die höheren weiblichen Interessen* versehen) nach Gera, Redaktion unter der Hofmeisterschen Zeitungs-Expedition
BUCHENHEIM, Roman
1852 August Peters von der badischen Regierung begnadigt, nach Sachsen ausgeliefert
Erscheinen der *Frauenzeitung* eingestellt
DIE NIBELUNGEN, Operntext (schon teilweise in der *Neuen Zeitschrift für Musik* 1846 erschienen)
DIE KUNST UND UNSERE ZEIT, Kunstkommentar
VIER GESCHWISTER, Roman
CÄCILIE TELVILLE, Roman

Man braucht nur den Umfang dieses zweiten Teils mit dem vorhergehenden zu vergleichen, um eine Explosion schriftstellerischer und anderer Aktivitäten im Leben der Louise Otto festzustellen. Die Bewegung jener Eisenbahn aus dem Jahr 1839 nistete sich als Sinnbild in Louise Ottos Gemüt ein – Bewegung als Parole des Tages. Louise Otto, das schüchterne Mädchen aus einer kleinen, halbwegs noch ländlichen Welt, sollte innerhalb einer verhältnismäßig kurzen Zeit weithin bekannt werden. Das Wort *Bewegung* wird hier in mehreren Bedeutungsschattierungen gebraucht, denn die räumlichen Bewegungen während ihrer ersten größeren Reise waren genauso einschneidend wie die Geistesbewegungen, die in ihrem eigenen Leben wie in der Geschichte ihres Landes zu beobachten sind. Am Anfang der hier dokumentierten Periode war sie ein noch unerfahrenes Kind, am Ende war sie bereits Herausgeberin ihrer eigenen Zeitung, Autorin von acht mehrbändigen Romanen, von zwei Gedichtbänden, einem Opernlibretto, von zwei Erzählsammlungen und einer theoretischen Kunstschrift sowie zahlreichen Zeitungsaufsätzen und einer feurigen, weithin bekannten Schrift, die sie an die sächsische Regierung richtete. Ihre Fähigkeiten entfalteten sich in dieser kurzen Zeit voll und ganz, und die Geschwindigkeit, mit der sich dies alles vollzog, ist außergewöhnlich und überraschend.

Zu Beginn der vierziger Jahre machte sie die für sie bedeutende Reise nach Oederan, einem Städtchen im Erzgebirge, in dem ihre Schwester Antonie lebte. Die Folge der dort gewonnenen Eindrücke war eine konstante und oft zu Kontroversen führende Beschäftigung mit der Arbeiterfrage sowie die Anregung zu ihrem Roman *Schloß und Fabrik*, dem einzigen ihrer Romane, den die Zensur erst nach Änderungen zum Druck freigab. Eine Antwort auf die Frage, welche Bedeutung die Lage der Arbeiter für Louise Otto hatte, läßt sich nicht eindeutig geben, obwohl ihre Ansichten sonst so klar und deutlich für uns sind. Daß sie auch nach der Niederschrift von *Schloß und Fabrik* und ihren Arbeitergedichten, wie zum Beispiel *Die Spitzenklöpplerinnen*, weiterhin eine gewisse schwärmerische Naivität besaß, zeigt sich vor allem in ihrer festen Überzeugung, das Gebot der Stunde für die Arbeiter sei ebenso wie für die Frauen eine bessere Bildung. Daß sie aber bei weitem nicht so naiv und unbedarft war, wie ihr oft vorgeworfen wurde, wird vor allem durch ihre politischen Aktivitäten deutlich. Obwohl ihre Romanfiguren aus der Arbeiterwelt zwar meistens in der Darstellung wenig geglückt sind, war ihre politische Tätigkeit für die Sache der Arbeiterinnen von diesem oft verschwommenen Idealismus weit entfernt. Sie trat, wie wir ihren Schriften entnehmen können, vor allem für die Schneiderinnen ein. Ihre kenntnisreichen Aufsätze über die Arbeiterinnen im allgemeinen wie auch ihre Schrift an das Arbeitsministerium bezeugen eine klare, pragmatische Denkweise, die an Sinn für Realität nichts fehlen ließ. Immer wieder baten sie Delegationen von Arbeitern und Arbeiterinnen um Hilfe, und ihr Wort wurde beachtet und akzeptiert. Ihre Überzeugung von der engen politischen Verbindung zwischen der Frauenfrage und der Arbeiterfrage stammt aus dieser Zeit. Das Motto der ersten deutschen Arbeiterzeitung »Durch Bildung zur Freiheit, und durch diese zum Wohlstande« beweist, daß Louise Otto mit ihrer Einschätzung der Interessenlage beider ausgebeuteten Gruppen nicht allein war. In ihrem öffentlichen Wirken hallte in mancher Hinsicht der Geist ihrer Zeit nach; ihr Anteil an den politischen Kämpfen der Arbeiter wuchs eigentlich natürlicherweise aus ihrem demokratischen Engagement für die allgemeine Gleichberechtigung heraus.

Ihre eigene Entwicklung in der Zeit zwischen 1840 und 1852, dem letzten Jahr ihrer ersten Frauenzeitung, war komplex. Die umfangreiche Lektüre ihrer Kindheit trug jetzt erste Früchte in einer ebenso starken Begeisterung für das Schreiben schlechthin, vor allem für das Dichten. Ihre Gedichte wurden jedoch nur vereinzelt angenommen; und mit der Hilfe und Anteilnahme von Verlegern und Redakteuren wie Robert Blum und Ernst Keil wandte sie sich der Prosa zu, in diesem Fall dem politischen Aufsatz, dem gesellschaftlichen Essay, dessen Thema vor allem die soziale Stellung der Frau – ob bürgerlich oder proletarisch – war. Während des Schreibens der oft unter Pseudonym verfaßten Essays wuchs ihr Interesse an Prosa überhaupt: Ab 1843 erschienen Tendenzromane, die sich mit den Widersprüchlichkeiten der Gesellschaft, wie sie sie benannte, befaßten, nicht aber ausschließlich mit Frauen, sondern u. a. mit den Problemen eines gebildeten Kellners, mit der mangelhaften Erziehung eines Mädchens, mit den ihr sehr verhaßten Jesuiten und deren Versuchen, die demokratische Welt, vor allem aber die Stellung der Frau, zu unterhöhlen. Von wenigen Ausnahmen abgesehen erschienen diese ersten Romane im Adolf Wienbrack Verlag in Leipzig, der Stadt, in der Louise Otto immer mehr Zeit verbrachte; denn als Zentrum der Liberalen in Sachsen bot ihr Leipzig die besten Möglichkeiten, bekannt zu werden und mit Gleichgesinnten in Verbindung zu treten.

Die Frau und ihre Probleme traten immer mehr in den Vordergrund ihres Denkens, wenn nicht in den Romanen, dann um so mehr in den journalistischen Versuchen dieser Jahre. Dies berechtigte ganz folgerichtig Margrit Twellmann zu dem Entschluß, ihren Überblick der frühen deutschen Frauenbewegung mit 1843 beginnen zu lassen, d.h. mit Louise Ottos im September erschienener Antwort auf Robert Blums Frage nach der Teilnahme der Frauen am Staatsleben. Im Grunde genommen hätte sie schon etwas früher einsetzen können, und zwar im Februar 1843 mit Louise Ottos Besprechung der Vorträge von Eduard Vehse (die allerdings unter ihrem Pseudonym Otto Stern publiziert worden ist). Auf jeden Fall ist es falsch, das Revolutionsjahr 1848 als den Anfang der deutschen Frauenbewegung zu bezeichnen. Der Anfang liegt vielmehr in der Stimmung der vierziger Jahre, in der wachsenden Liberalisierung, der aufkommenden patriotischen Gesinnung; sie ermöglichten Ansätze zur Änderung, die nicht nur den Männern, sondern auch manchen – noch vereinzelten – Frauen den Anstoß und den Mut gaben, ihre Stimme zu erheben und den Gedanken der Liberalisierung auf sich zu beziehen. Louise Otto stand hierin nicht allein, es gab auch andere Frauen. Daß sie sich aber so schnell entwickelte, nicht nur schriftstellerisch und journalistisch, sondern auch in der Ausweitung ihrer ursprünglich engen Wirkungssphäre, war für sie selbst ebenso wie für die entstehende Frauenbewegung von großer Bedeutung.

Ihre erste selbständige Reise war die nach Oederan; in der Mitte des Jahrzehnts ermöglichte ihr dann das Honorar für ihren Roman *Die Freunde* eine größere Reise durch Thüringen bis Braunschweig. Nur wenn man bedenkt, wie eingeengt und isoliert das Leben der deutschen Frau damals noch war, als es außer zwischen vereinzelten größeren Städten nicht einmal Eisenbahnen gab, kann diese Reise in ihrem Stellenwert als eine Art Einführung in die Welt und als eine Bestätigung dafür, daß sie selbst anders sein würde als die meisten Frauen, die sie bisher gekannt hatte, richtig eingeschätzt werden.

Diese Einführung mußte natürlich damals eine Einführung in die Welt der Männer sein, für Louise Otto eine völlig neue Erfahrung nach ihrem so sehr von Frauen ausgefüllten bisherigen Leben. In diesen Jahren stellte sie wichtige Verbindungen her mit Verlegern, Studenten, Schriftstellerkollegen und mit Anhängern des liberalen Kreises, die ihr halfen, ihre Schriften zu veröffentlichen und auch den notwendigen Lebensunterhalt zu verdienen. So lernte sie Johannes Ronge kennen, den Begründer der liberalen Deutschkatholischen Bewegung, was sie motivierte, diese Bewegung zum Gegenstand eines ihrer bekanntesten Romane aus dieser Zeit zu machen, *Römisch und Deutsch*. Ronge war den politischen Interessen der Frauen gegenüber sehr aufgeschlossen und fand deshalb viele Anhängerinnen unter ihnen; Louise Otto eröffnete ihm in ihrer am Ende des Jahrzehnts erscheinenden *Frauenzeitung* bereitwillig ein Forum für seine Ideen.

In ihren Interessenskoalitionen mit Männern wurde schon früh eine Konstante von Louise Ottos Lebenseinstellung deutlich: Sie zeigte sich höchst kompromißbereit, wenn es darauf ankam, ihre Ideale zu verbreiten. So waren die für den *Wandelstern* verfaßten Artikel zwar mit wenigen Ausnahmen die härtesten und freimütigsten Erörterungen ihres Lebens, aber fast alle hat sie unter einem von Ernst Keil geforderten Pseudonym publiziert. Sie nahm dies ebenso in Kauf, wie sie bereit war, sich in gewisser Weise der Zensur zu fügen, wenn sie deshalb nicht ihre Grundüberzeugungen aufgeben mußte.

Louise Otto bewegte sich nicht ausschließlich in intellektuellen Kreisen. Ich habe ihr Engagement für die Sache der Arbeiterinnen bereits erwähnt. Ihr Eintreten für die Arbeiterschaft führte allerdings auch zu Konflikten. Denn die Begeisterung der Arbeiter für die Gleichberechtigung der Geschlechter verflüchtigte sich schnell, sobald es um Geld ging. Dies zeigte sich u. a. in dem erheblichen Widerstand von Arbeitern, als die Schneiderinnen Frauenkleider nicht mehr ausschließlich in den Privathäusern anfertigen wollten, um ihre Existenz finanziell besser absichern zu können. Louise Otto verfaßte daraufhin ihre bekannte Schrift an das neue liberale Arbeitsministerium in Sachsen, in der sie für die Sache der Arbeiterinnen eintrat; diese Schrift wurde nicht nur damals überall nachgedruckt, sondern wird es auch heute noch. Sie hat einen verdientermaßen ehrenvollen Platz in der Geschichte der Arbeiterbewegung gefunden. Louise Otto als engagierte Kämpferin für die Arbeiter, Louise Otto als Initiatorin der neuen Vaterlandsvereine (obwohl ihr als Frau die

Vereinsmitgliedschaft nicht gestattet wurde): In all dem zeichnete sich mehr und mehr ab, daß sie als Fürsprecherin liberaler Politik eine wichtige öffentliche Funktion zu erfüllen hatte.
Während dieser bewegten Zeit lebte sie trotz ihrer intensiven Verbindungen mit Leipzig, Gohlis und Dresden meist in Meißen und blieb auch dort bis zu ihrer Heirat im Jahr 1858 mit August Peters. Das Städtchen bedeutete wohl eine Art Zufluchtsort für sie, außerdem besaß sie nun das Familienhaus und den Sommersitz am Weinberg.
Trotz der unsicheren Lage im Jahr 1849 entschloß sich Louise Otto zu einem Schritt, der wirklich bahnbrechend war, wenn ein solches Urteil auch nur aus der Rückschau sinnvoll ist; denn am 21. April 1849 konnte sie noch nicht wissen, daß ihre an diesem Tag zum ersten Male erscheinende *Frauenzeitung* ein so langes und erfolgreiches Leben vor sich haben würde. Als sie in dem abgelegenen sächsischen Ort Großenhain einen Verleger gefunden hatte, stellte sie einen Teil des ererbten Geldes für eine Zeitung zur Verfügung, die sich ausschließlich mit der Verbesserung der weiblichen Lage befassen sollte. Diesem Unternehmen wurde ein wenn auch gemischter Erfolg zuteil, denn es kamen Verbote etlicher Hefte, Haussuchungen und Mahnungen. Sogar eine Verlegung des Erscheinungsortes nach dem nicht-sächsischen Gera wurde notwendig, veranlaßt durch die von Louise Otto so betitelte *Lex Otto*, das neue sächsische Pressegesetz vom Jahr 1850, das Frauen nicht mehr erlaubte, selbständig eine Redaktion zu führen. All diesen Schikanen zum Trotz ließ sich Louise Otto nicht einschüchtern; am eindrucksvollsten und bezeichnendsten sind eigentlich die stilistisch-rhetorischen Veränderungen in den vier Jahren des Bestehens der Zeitung: Von offener Kritik und revolutionärem Inhalt geht Louise Otto allmählich zu einer Art verborgener Kritik über, zu einem nicht weniger wirksamen »Ideenschmuggel«. Sie konzentrierte all ihre Aktivitäten mehr und mehr auf die Frauenfrage, und damit hatte sie ihren eigentlichen Wirkungskreis, wie sie ihn nannte, gefunden, einen Wirkungskreis, in dem sie sich sogar in den aufkommenden Schreckensjahren der Reaktion betätigen konnte.
Daß ich diesen Lebensabschnitt über die vierziger Jahre hinausreichen lasse, hängt mit den Erscheinungsjahren der *Frauenzeitung* zusammen; denn obwohl die letzten zwei Jahre 1851 und 1852 von Kritikern oft vernachlässigt oder nur flüchtig behandelt werden, ist Louise Ottos geistiges Engagement in diesen Jahren genauso konsequent wie zuvor, wenn sie jetzt auch manches nur

indirekt auszusprechen wagt: Auch in diesen Jahren hat sie den Frauen, ob Arbeiterinnen oder Mitgliedern ihrer eigenen bürgerlichen Klasse, Unterstützung gewährt und Anregungen zur Selbsthilfe angeboten, damit diese sich selbst kennenlernen und wenn möglich zusammenfinden und organisieren konnten. Dieses Ziel wurde bis zum Ende der *Frauenzeitung* hochgehalten, bis es dann nicht einmal mehr der entschlossenen Louise Otto möglich war, den herrschenden Zuständen, der Zensur, den Haussuchungen und Verfolgungen weiterhin zu trotzen.
Zu erwähnen bleibt für diesen Lebensabschnitt das Liebesverhältnis mit dem jungen, schwärmerischen Gustav Müller, einem Dresdner Advokaten und Dichter, der an der Schwindsucht starb. Danach fand die Begegnung und bald durch Eisengitter hindurch die Verlobung mit dem Arbeitersohn und Schriftsteller August Peters statt. Aber ihr gemeinsames Leben gehört dem nächsten Abschnitt zu.

Der folgende Teil, der den bewegtesten Abschnitt in Louise Ottos Leben dokumentiert, beginnt mit Karl Albrechts Schilderung eines Besuches bei Louise Otto während eines ihrer Sommeraufenthalte in Leipzig-Gohlis.

Louise Ottos Beschreibung dieser Jahre ist vor allem in dem autobiographischen Band Frauenleben im deutschen Reich *zu finden. Hier aber wird ein kaum bekannter schlichter Aufsatz aus ihrer späteren Zeitschrift* Neue Bahnen *nachgedruckt, der ein anschauliches Bild von den frühesten schriftstellerischen Tätigkeiten bringt.*

1
Aus Louise Ottos Jugendzeit
Von Karl Albrecht

In Sachsen, das sich vor fünfzig Jahren durch seine Metternicherei hervortat, in Sachsen, wo eben im Laufe weniger Monate nicht weniger als *vier* Zeitungen unterdrückt worden waren, erschienen zu Anfang der vierziger Jahre einige freiheitatmende Gedichte von einem Unbekannten, der sich *Stern* nannte. Die Verse machten viel Aufsehen, und das wurde noch ärger, als sich die Sage verbreitete, hinter diesem angeblichen »Stern« verberge sich – unerhört – eine Verfasserin! ein ziemlich junges Mädchen, das den Kreisen Robert Blums nicht fern stehen sollte. Sicheres wußte niemand, plötzlich aber erzählte man sich, die Dichterin habe Aufenthalt im benachbarten *Gohlis* genommen, es werde hoffentlich kein dauernder sein, war doch kürzlich vom hohen Ministerium angewiesen worden, auf *»Studenten, Literaten und anderes Gesindel«* ein scharfes Augenmerk zu richten, so daß in der Tat die armen Literaten vom »Auslande« in Scharen – ausgewiesen wurden. Was für Umstände würde man da mit einem Mädchen machen, das vom »Vaterland« schwärmte? [...] Daß ich [ein 48er, freisinniger junger Mann] mich für die unbekannte junge Schriftstellerin lebhaft interessierte, war natürlich, aber sie blieb noch längere Zeit ein verschleiertes Bild.

An einem herrlichen Maimorgen lud mich ein älterer Gesinnungsgenosse ein, mit ihm nach Gohlis zu pilgern – ich könnte da die Bekanntschaft der Unbekannten machen. [...]
In einer niedlichen Gartenlaube fanden wir die junge Dame – sie las in einem Buch, während die Hände die Stricknadel führten – das war ja ganz weiblich, denn es wird schwerlich einen Mann geben, der zwei so verschiedene Dinge wie Lesen und Stricken *auf einmal* betreiben könnte – Lesen und Rauchen schon eher. [...] Das harmlose Stilleben vor mir wurde durch ein Miezchen ergänzt, das sich auf dem Schoße der Strickerleserin bequem machte. Aber das Buch? Es stellte sich heraus, daß es ein Band von – Hegel war. »Harte Speise«, sagte sie, »gibt aber zu denken!« [...] Ihr ganzes Benehmen machte den Eindruck der Einfachheit, Bescheidenheit, Ruhe und Milde – das pointierte, nach geistvollen Phrasen haschende Wesen und Wortgeflunker war ihr völlig fremd, sie hat es auch nie gelernt, dagegen gebrach es ihr nicht an schalkhaftem Humor.
Das war meine erste Begegnung mit *Louise Otto.* Bis ans Ende ihrer Tage sind wir in freundschaftlichem Verkehr geblieben, und als sie uns [...] besuchte, haben wir uns an den Strumpf, die Katze und – den Hegel erinnert.

2
Vor dreißig Jahren

Meine schriftstellerische Laufbahn begann im Jahre 1843. Nicht die Not, noch der Wunsch zu erwerben hatte mich dahin geführt, sondern die Sehnsucht, nicht allein *in* und *mit* meiner Zeit zu leben, sondern auch *für* sie. Daß ich zu dieser Sehnsucht kam, hatte vielleicht Schiller und sein Idealismus verschuldet. Es war eben dies die Zeitrichtung der *damalig* strebenden Jugend. [nach einer Aufzählung ihrer Erstlingswerke und – versuche:] So und durch andres noch stand ich mitten im Kampf der Zeit. Wohl darf ich sagen: die Gleichgesinnten zählten mich fröhlich zu sich – die Häupter der kritischen Partei aber verklagten mich, daß ich »Tendenz-Romane« schriebe, die Bekannten fanden dergleichen unweiblich, die Befreundeten zitterten für mich.
Es war die Zeit der Bücher- und Zeitungsverbote, der *Zensur!* – Vielleicht weiß manche Leserin gar nicht wie und was das war: die Zensur? Nun denn: es durfte nirgend in Deutschland eine Zeile gedruckt werden, die nicht zuvor ein von der Regierung Angestellter gelesen. In jeder Stadt gab es derartige Beamte.

Nicht etwa das Unsittliche, sondern das, was irgendeine Regierung oder Maßregel usw. nur leise tadelte, eine politische freie Meinung vertrat usw., mußte von dem Zensor gestrichen werden. Es durfte dies aber im Blatt durch keine Lücke angedeutet sein. Ein »Henkeramt« nannte man darum oft genug das der Zensoren. Gleichwohl gaben sich mitunter Ehrenmänner dazu her, damit es nicht in schlechtere, d. h. strengere Hände komme. Dann gab es auch kein Vereins- und Versammlungsrecht und für die freie Rede gab es nur *einen* Ort: die Landtags-Versammlungen der konstitutionellen Staaten. Umso mehr Interesse hatte man für sie und es gereichte Sachsen zur Ehre, daß es bei ihnen in Dresden für die Hörer auch eine Damentribüne eingerichtet und daß sie immer besetzt war. Da auf einmal kamen die Ereignisse des Februar 1848 in Frankreich: die Revolution, die Republik. Die Nachspiele in Deutschland folgten – überall siegte das Volk, überall gewährten die Regierungen mehr freiwillig wie z. B. in Baden und Sachsen, mehr gezwungen wie in Preußen und Österreich, was so lange auf dem Programm aller für den Fortschritt Begeisterten gestanden: Preßfreiheit – Vereins- und Versammlungsrecht – Geschworenengerichte – Entfaltung der schwarzrotgoldnen Fahnen im Dienst eines einigen Deutschland – ein deutsches Parlament!
Ich war damals gerade in einer kleinen sächsischen Stadt bei der Schwester zu Besuch – wo man auch sein mochte: überall dasselbe Frohlocken! Das größte in den Briefen der Gleichgesinnten – in denen der Bekannten Überraschung, die ich nicht teilte: ich hatte ja immer geglaubt, daß es so kommen müsse, soviel man auch meinen Glauben belächelt, getadelt. Mein Geburtstag fiel in jene Zeit: noch hab ich sie aufbewahrt die Bänder, Körbchen, Taschentücher usw. Alles mit schwarzrotgoldner Stickerei, die ich da erhielt – die deutschen Farben waren ja als hochverräterisch verbannt gewesen und jetzt wurden sie sogar offiziell! Heimlich nur hatte ich sie vorher zu Stickereien für gleichgesinnte Freunde verwendet. Unsere Briefe schrieben wir nun auf Bogen mit schwarzrotgoldnen Rändern und Fähnlein! Und wer beschreibt das Gefühl der Begeisterung, zum ersten Mal eine deutsche Fahne auf offnem Markt zu sehen – und wie ließ ich sie triumphierend flattern von meinem Haus in Meißen, als ich dann dahin zurückkehrte. Aber was nun tun? Was war nun meine Aufgabe? Schreiben »im Dienst der neuen Zeit« konnte ich mit den Männern – aber auch: kämpfen, reden, handeln, wählen, organisieren? – *ich war ein Mädchen!*

»Und ich bin nichts als ein gefesselt Weib!« Das war mein Empfinden und unter diesem Titel schrieb ich das »Märzlied eines deutschen Mädchens« in die eben verboten gewesenen und wiedererstandenen »Vaterlandsblätter«, das bald durch unzählige Blätter die Runde machte. Nun erschienen sie und der »Leuchtturm« wie alles *ohne* Zensur! auch dies Glück begreift nur, wer die vorhergehende Schmach empfunden. Schreiben also konnt' ich nach wie vor und besser – aber das allein genügte mir nicht. Und was ich sonst tat und mit den Gesinnungsgenossen beriet: es war ja alles nur ein *indirektes* Wirken. Ich will nicht von mir nur sprechen: ich weiß, wieviel die gleichgesinnten Frauen damals Einfluß hatten, indem sie ihre Männer, Söhne, Freunde antrieben, oft mutiger, stärker, entschlossener waren wie sie – und wieviele andere Frauen, doch damals die *Minderzahl,* sie zurückhielten zumeist aus egoistischen Besorgnissen. Da dachte ich: Jetzt, wo endlich die Männer sich selbst helfen und so viel zu tun haben, nehmen sie wohl auch meine wie andrer Frauen Hilfe an, aber sie denken nicht daran, daß auch wir der Hilfe bedürfen. Nun, wer sich nicht selbst zu helfen bereit ist, ist auch nicht wert, daß ihm geholfen werde! Da schwirrte mir der Plan einer Frauenzeitung, zu Frauenvereinen in diesem Sinne zuerst durch die Gedanken.
Aber noch wußte ich dies nicht anzufangen in einer Zeit, wo jeder Tag noch etwas Neues brachte, neue Verhältnisse, Pflichten, Aufgaben. In Sachsen war wie überall ein neues Ministerium ernannt worden aus den Mitgliedern der Kammerlinken, auch eine Kommission zur Organisation der Arbeit. Ich hatte schon seit einem Jahr in der ersten sächsischen »Arbeiterzeitung« die Interessen der Arbeiterinnen vertreten – ich tat es jetzt in einer *»Adresse eines deutschen Mädchens«*, die ich an diese Kommission und deren Vorsitzenden Minister Oberländer und an alle Arbeiter richtete und mit den Worten schloß: »Sie werden die Arbeit der Männer *nicht* organisieren können ohne daß sie auch die der Frauen *mit*organisieren.« Die Adresse ward in mehreren Zeitschriften in unzähligen Exemplaren gedruckt, an jene Kommission und an die Kammern verteilt. Zwei der damaligen Minister ließen mich darauf nicht nur zu sich kommen, sie suchten mich sogar von Dresden aus selbst in meiner Wohnung in Meißen auf, selbst meine Vorschläge zu hören. Auch viele Arbeiter und Arbeiterinnen kamen zu mir. Ich fühlte mich durch das eine so geehrt wie durch das andere.
Wie ich vorher die Leserinnen fragte, ob sie von »der Herrschaft

der *Zensur*« einen klaren Begriff gehabt, so muß ich jetzt fragen, ob dies mit der Herrschaft der *Zunft* der Fall ist. Wie jene auf den Schriftstellern, so lastete diese als Alp auf den arbeitenden Frauen – speziell auch auf den Schneiderinnen. Jene durften z. B. kein Geschäft errichten, sondern nur als Witwen das ihres Mannes fortführen. Die Schneiderinnen wurden gegen Entgelt von den Schneidermeistern angelernt – dann durften sie aber nur in die Familien auf Arbeit gehen. Wollten sie zu Hause arbeiten, ward ihnen das Material konfisziert und hohe Geldstrafen diktiert. So ging es in vielen Fächern – [...] Im Sinne der Befreiung, des Rechtes der Frau verschmähte ich auch nicht, trotz aller poetischen Ideale, trotz allen in die Höhe und Weiterschweifens mit den Ideen, dem »Vaterland der Freiheit« zu dienen, für diese gedrückten Arbeiterinnen in den kleinsten Verhältnissen einzutreten! Und was ich sonst in meiner Heimat tun konnte, die fortschrittliche Bewegung zu fördern, das tat ich freudig und opferwillig.

Welch große, schöne Zeit es nun auch war für uns alle, die wir ihr schon längst entgegengeseufzt, wie begeisterungsvoll die Herzen schlugen, welche Feste wir feierten unter wallenden deutschen Fahnen, beim Tönen der Marseillaise und deutscher Freiheitslieder, die Häuser bekränzten und Freudenfeuer auf Bergen und Türmen entzündeten und dies alles doch nur ein schwacher Ausdruck der in uns wohnenden Begeisterung war – man darf nicht denken, daß es eine Zeit des Wohllebens gewesen! Das Kapital versteckte sich aus Furcht seiner Besitzer, Handel und Wandel lagen darnieder unter so neuen, unbefestigten Zuständen, »brotlose Arbeiter« pochten täglich an unsere Türen. Man gab soviel man konnte und schränkte sich ein. Man fragte nicht nach Mode und Eleganz – man hätte sich *geschämt* der großen Zeit gegenüber, an solche Dinge zu denken! Man trug sich einfach und lebte demnach. Auch uns Schriftstellern ging es nicht besser als andern Arbeitern – ja schlimmer: was man noch eben im Zeitinteresse *vor* dem März geschrieben, war mit eins veraltet und nicht mehr druckfähig, Romane und dergleichen fanden keine Verleger, weil kein Mensch jetzt Interesse dafür hatte – und was wir nun im Dienst des Tages schrieben, das ward wohl begierig gedruckt – aber meist nicht bezahlt! – So war es auch für mich eine Zeit der Einschränkungen und Sorgen – aber was tats? Das eigne kleine Schicksal vergaß man gern im Jubel der großen Zeit! [...]

Die folgende Gedichtauswahl kann nur einen Teil der Gedanken dokumentieren, die Louise Otto zur Revolutionszeit beschäftigten. Ihr erster Gedichtband – die 1847 erschienenen Lieder eines deutschen Mädchens *– ist heute beinahe verschollen. Er bietet ein lebhaftes Bild dieser bewegten Jahre. Ich habe drei Gedichte ausgewählt, von denen nur eins Louise Ottos typisches Frauenrechtlerbewußtsein verrät. Interessanter allerdings sind die beiden anderen Gedichte: Der täuschend leichte Ton von* Ich schmücke meinen Speer *ist gleichzeitig als Metapher für Louise Ottos politische Handlungsweise zu verstehen, wogegen* 1852 *in einer mit Natursymbolik beladenen Sprache schon einen gewissen Trotz gegen die Reaktion zeigt.*

3
Den Frauen

O haltet mich mit Bitten nicht zurücke,
Wenn ich von Euch ins rasche Leben flüchte,
Wenn ich mich sehne nach der Freiheit Lichte,
Von keinem Glück weiß, als vom Völkerglücke:

Mir ward einmal die Weisung vom Geschicke,
Daß ich den Sinn aufs Los der Menschheit richte,
Für sie verblutend meine Lieder dichte
Und nicht auf mich, nur auf mein Volk noch blicke.

Ihr Glücklichen! Ihr dürft in Eurem Frieden
Den Gatten weih'n zum Kampf fürs Vaterland,
In Euren Kindern Streiter ihm erziehen:

Ich aber habe nichts ihm, nichts zu bieten
Als meiner Lieder kühnen Freiheitsbrand
Und soll der auch an Eurem Herd verglühen? –

4
Ich schmücke meinen Speer

1847

O laßt mich einmal träumen
Im wonniglichen Mai,
Mich ruhn unter Blütenbäumen
Eh' Mai und Lenz vorbei!

Des Wasserfalles Rauschen,
Der Nachtigallen Gesang –
Laßt mich ihn still belauschen:
Er tönt ja nicht so lang.

Laßt unter grünen Blättern
Mir suchen ein Lager auf,
Wenn wirbelnde Lerchen schmettern
Ihr Lied zum Himmel hinauf.

Und wenn die Wachteln schlagen
Im hohen, blühenden Korn,
Indes in duftigen Hagen
Ergrünet jeder Dorn:

Da sollt Ihr mich nicht quälen
Mit Fragen her und hin:
»Wie können wir auf Dich zählen,
Treulose Kämpferin,

»Wenn Du von Träumen befangen
Unter den Blüten liegst,
Dich an der Fluren Prangen,
An Schmetterlingen vergnügst?«

»Wenn Du im Mondenglanze
Als nächtliche Schwärmerin
Dich schmückst mit blühendem Kranze,
Daß Duft betäubt den Sinn.«

»Jetzt schlummerst Du selbst im Wachen,
Einst wachtest im Schlummer Du auf
Und rangst mit den feindlichen Drachen,
Die hemmen der Zeiten Lauf«,

»Und wolltest kämpfen und dienen
Dem Volke, bis es frei,
Nun liegst Du müßig im Grünen,
Als sei aller Kampf vorbei.«

Hört auf mich so zu quälen
Mit Fragen hin und her:
Ich werd' im Kampfe nicht fehlen,
Doch schmück' ich meinen Speer!

Schmück' ihn mit blühenden Sprossen,
Mit Halmen schwer und voll
Und glaubt mir, Kampfgenossen,
Daß er noch treffen soll!

Die Blütensprossen verkünden,
Wie jung und frisch mein Mut,
Die Starren zu überwinden
Mit Lenzbegeistrungsglut.

Die Halme sollen's erklären:
Mein Speer ist den Armen geweiht,
Nicht länger soll es währen
Ums tägliche Brot ihr Leid.

Doch selbst in blutigen Kriegen
Man Waffenstillstand hält,
Wenn es sich just muß fügen,
Daß d'rein ein Festtag fällt,

Den fromme Gläubige ehren:
So wollen im Lenz wir tun,
Woll'n seine Feier verklären
Und von den Waffen ruhn.

Und seid Ihr's nicht zufrieden,
Seit Ihr zu strenge und kalt –
Laßt mir doch meine Blüten
Und meine Feier im Wald.

So laßt doch den Poeten
Im Lenze werden zum Kind,
Mit Vögeln und Blumen ihn reden,
Die seine Vertrauten sind.

So laßt mich einmal träumen
Im wonniglichen Mai,
Mich ruhn unter Blütenbäumen
Eh' Mai und Lenz vorbei.

Und auf hört mich zu quälen
Mit Fragen hin und her –:
Ich werd' im Kampfe nicht fehlen,
Doch schmück' ich meinen Speer!

5
1852

Sie sagen: Du sei'st tot: Du, schon verfluchet
Von Tausenden noch ehe Du geboren,
Gesegnet schon, ersehnet und verbuchet
Als hohes Jahr, zu Großem auserkoren
In der Geschichte ewigen Annalen;
Ein Jahr voll Segen und voll Fluch, zu zahlen
Die lange Schuld in einem Weltgericht
Wo die Geschichte laut ihr Urteil spricht –

Sie sagen: Du sei'st tot, Du sei'st verblichen
Noch eh' ein Morgenrot Dir aufgegangen,
Sei'st aus dem Buch der Zeiten ausgestrichen
Anstatt mit roten Lettern drin zu prangen,
Du sei'st durch eine kecke Tat vernichtet –
So hat man triumphierend uns berichtet
Und schreit es laut in alle Welt hinaus:
»Mit Zwei und Fünfzig ist es jetzt schon aus!«

Wir aber lächeln nur zu dieser Sage
Und trösten still uns mit der alten Lehre:
Drei hundert fünf und sechzig hast Du Tage,
Drei hundert fünf und sechzig noch zur Wehre,
Drei hundert fünf und sechzig Morgenröten!
Das ist ein Trost, wenn Trösten noch von Nöten
Wo schon ein uralt deutscher Glaube sagt:
Am längsten leben, die als tot beklagt! –

Die politischen Erlebnisse der Jahre zwischen 1840 und 1852 gaben auch den Anstoß zu Louise Ottos lebenslanger journalistischer Tätigkeit, die sie trotz ihrer Vorliebe für ihr dichterisches Schaffen wohl am konsequentesten durchführte. Von dieser Zeit an schrieb sie fast ununterbrochen für Zeitschriften und Zeitungen, die in dieser Epoche ausschließlich demokratische Blätter waren.
Die vorliegende Auswahl ist für die einzelnen Zeitschriften chronologisch geordnet. Ihr erster politischer, nicht fiktiver Beitrag datiert vom Februar 1843 und erschien in der von Ernst Keil redigierten Zeitschrift Unser Planet. *Hier sowie in späteren Keil-Zeitschriften gebrauchte Louise Otto das Pseudonym* Otto Stern;

ihre Erklärung hierfür war widersprüchlich: Einmal behauptete sie, es sei ihr eigener Entschluß gewesen, damit sie frei und offen über die für sie wichtigen Themen schreiben konnte, ein anderes Mal schob sie die Schuld auf Keil, der gesagt haben soll, sie dürfte sonst keine unweiblichen *Themen behandeln. Wie dem auch sei, ihre Beiträge waren ausgesprochen politisch und gesellschaftskritisch orientiert: Schon die Besprechung der von Eduard Vehse gehaltenen Vorträge war mehr als ein bloßer Bericht. Der darauf folgende Auszug aus ihrer Verteidigung des damals oft verpönten Vormärzdichters Ferdinand Freiligrath betont die politischen Aspekte seiner Gedichte.*

6

Zur Frauenemanzipation. Über die gesellige Stellung und geistige Bildung der Frauen in England, Amerika, Frankreich und vornehmlich in Deutschland

Zwei Einladungsvorlesungen zu einem geschichtlichen Kursus
im Winterhalbjahr 1842-1843
von Dr. Carl Eduard Vehse
Keine Kritik

[...] Ich will nicht den Zustand schildern, in dem sich jetzt die Gemüter in Dresden über das Projekt *Vehses* befinden, ich kenne ihn nicht, denn ich weile jetzt fern von der Hauptstadt und weiß nur so viel, daß noch keine der beiden Parteien die Oberhand errungen hat. Ich will auch keine abgeschlossene Kritik über die obenerwähnte Broschüre schreiben, die, obwohl zunächst nur für Dresden gedruckt, doch kein bloß-Dresdner, auch nicht allein ein sächsisches, sondern ein *deutsches, nationales Interesse* zur Sprache bringt, das deshalb wohl als bekannt vorausgesetzt werden dürfte, wo nicht, so war es vielleicht dieser Mitteilung vorbehalten, darauf aufmerksam zu machen. Man lese selbst. Nur als unbefangener Beurteiler dieses Gegenstandes will ich noch einige Worte sagen.

In unserer Zeit ist das Wort »Emanzipation« das Stichwort des Tages, alles ringt aus alten, hemmenden Institutionen sich in neue, freiere, ja, man darf wohl sagen *reinere* Formen zu verklären; nach allen Richtungen hin, wir mögen blicken, wohin wir wollen, treffen unsere Augen auf das uralte, heilige Bild des aus der Asche verjüngt, befreit hervorsteigenden Phönix. Unter all diesen regen Bestrebungen nach selbständiger Entwicklung ist fast das weibliche Geschlecht allein – *vergessen* worden. Man wende mir nicht ein: es hätten auch für die Frauen sich Anwälte gefunden; diejenigen, welche das Wort »Emanzipation der Frauen« neben der »Emanzipation des Fleisches« ausriefen, haben nicht mit Erröten und Indignation solche Beschützer von sich gewiesen und wenigstens jede *deutsche* Frau schlägt vor dem schamlosen Bild der »femme libre« der St. Simonisten die Augen nieder. Dieser Ruf für Emanzipation der Frauen war beinahe das Extrem von dem, was die Frauen selbst Emanzipation nennen – er wollte auch für sie Emanzipation des Fleisches; man könnte sagen, ihr neuer Anwalt wolle Emanzipation ihres *Geistes. Jene* gefährliche Richtung konnte auch jeder wahre Freund der Frauen nur mit Bedauern betrachten, weil sie der gerechten Sache so ungleich mehr schadete, als selber die ärgste Zurücksetzung des weiblichen Geschlechts, und volle Anwendung fand hier das alte Wort: Gott behüte uns vor unsern *Freunden*, mit unsern *Feinden* wollen wir schon fertig werden! *Dieser* neue Standpunkt, von dem aus *Vehse* die Sache der Frauen ins Auge faßt, kann wenigstens nur von denen *gemißbilligt* werden, nach deren Meinung eine Frau zu ihrem Glücke weiter nichts braucht, als einen Spiegel und Zuckerwerk und zu ihrer Würde nichts, als einen Platz in der Küche und ein Kind an der Brust. [Nach mehreren Zitaten aus den Vorträgen:]

Unsere Zeit ist die Zeit des Fortschrittes – wollen wir, das stärkere Geschlecht, nur immer weiterschreiten von Sprosse zu Sprosse auf der hohen Leiter der Intelligenz, der individuellen und universellen Freiheit und unserer anderen Hälfte auch nicht einen Schritt verstatten? Und doch sollten wir in den frommen Gefährtinnen unseres Lebens die künftigen Mütter unserer Kinder ehren und ihnen unsere Hilfe bieten, mit uns vorwärts zu ringen. Es waltet auch ein geistiger Unterschied der Geschlechter ob, den keine Erziehung aufheben kann [...] Man kann einwenden: die Frauen sind auch nicht stehengeblieben, welcher Unterschied zwischen Mutter und Tochter! Wohl wahr. Die Tochter schreibt orthographisch richtig, kann ein Kettenexempel rechnen, spricht französisch, vielleicht auch englisch – die Mutter lernte dies alles nicht, die Tochter spielt Etuden, die Mutter nur Ecossaisen etc., der Mutter konnten wir in ihrer Jugend Elogen sagen, die Tochter steht uns doch wenigstens dazu zu hoch, sie lachte uns ins Gesicht, wenn wir's täten – das sind die gepriesenen Fortschritte der Frauen des 19. Jahrhunderts! Ihre Stellung ist fast ganz dieselbe geblieben. Es gibt Ausnahmen, es gibt Frauen, deren Geisteskräfte sich aus eignem innern Drang, trotz aller hemmenden Verhältnisse reich entfalteten – aber wie

unglücklich müssen sich diese wenigen in ihrer isolierten Stellung fühlen! Es gehört eine sehr starke Liebe zu einem höheren, geistigen Leben dazu, um diese Frauen für das Mißbehagen, was sie in ihren Umgebungen, die so gar nicht ihren Anforderungen entsprechen, empfinden müssen, zu entschädigen! –
Ich schließe mit den Worten, welche eine Dame an mich richtete, als ich mit ihr die zweite Vorlesung des Dr. *Vehse* verließ: »Ich sorge mich nicht um die Akademie! Selbst wenn *Vehse* jetzt und hier an der Ausführung seines Planes verhindert wird, so bleibt es immer ein Triumph für uns Frauen, daß ein Mann unserm Bedürfnis Worte gegeben. Einmal ein solches wirkliches, tiefes Bedürfnis zur Sprache gebracht, läßt es sich nicht wieder in seine vorige Stummheit zurückdrängen, seine Forderungen *müssen* dann früher oder später erfüllt werden, gleichviel wie? und wo? zuerst. Das Leben führt den Beweis.«
Ich sorge mich auch nicht um die Akademie.

Otto Stern.

7

[...] Ich ehre, ich liebe die politische Poesie unserer Zeit; – es ist wahr, ein politisches Gedicht ist selten ein Kunstwerk, kann nie die höchste Probe eines Kunstwerks bestehen: Unsterblichkeit zu erlangen – aber eben, weil diese politische Poesie so ganz und gar *in* der Zeit lebt, weil sie gar nichts andres sein *will* als die Lerche, die in diesem Lenz ihr Lied schmettert und alle Herzen erfröhlicht und ermutigt – im Winter aber vergessen ist, diese demütige Poesie, die nicht sich selber Zweck ist, die nicht herrschen, sondern nur dienen will, dienen ihrer Göttin: der Freiheit – diese politische Poesie ist aber nicht die einzige Poesie, die ich anerkenne und ich würde unser Vaterland ebensosehr beweinen, bedauern und bedenklich für seine Zukunft werden, wenn es keine andere Poesie als diese gäbe, wie ich dies tun würde, wenn man dieses Feld der Poesie unter uns Deutschen gar nicht bebaute.

[...] *Otto Stern*

Die Geschichte von Louise Ottos Anfängen als Mitarbeiterin an Robert Blums Sächsischen Vaterlandsblättern *wird in einer bekannten Anekdote überliefert, die aber seit Gertrud Bäumer fehlerhaft weitergegeben wird. Louise Ottos erster Beitrag zu diesem Blatt erschien im September 1843 als Antwort auf einen früheren Aufsatz von Blum über* Die Teilnahme der weiblichen Welt am Staatsleben: *Jener war mehr Brief als Aufsatz und wurde, wie alle ihre späteren Essays für die Blätter, mit ihrem eigenen Namen unterzeichnet – und nicht, wie Bäumer, Twellmann etc. behaupteten, mit* ein sächsisches Mädchen. *Die Tatsache, daß sie ihre Beiträge für Blum von Anfang an mit ihrem eigenen Namen signierte, ist bezeichnend, denn die Themen – Frauen und Politik, Frauen und Erziehung – waren zum Teil sehr umstritten, nicht weniger als die, die sie in den Keilschen Zeitungen publizierte, wo sie sich allerdings eine Zeitlang hinter einem Pseudonym verbarg. In beiden Fällen bewies sie jedoch denselben offenen, direkten Stil, der eine gute journalistische Zukunft versprach: Sie gewann rasch Respekt und Popularität, ja es gelang ihr sogar, von der Korrespondentenspalte im September mit einem Sprung auf die Vorderseite im November zu kommen mit Leitartikeln über Themen, die sie von nun an systematisch verfolgen sollte.*

9

»Das Verhältnis der Frauen zum Staate«, so war jüngst ein Aufsatz in diesen Bl. überschrieben [sic], welcher mit dem Aufruf an alle Patrioten schloß, diesen hochwichtigen Gegenstand einer ferneren Besprechung zu würdigen. Schüchtern zwar, aber doch wage ich zu hoffen, daß d. Bl., die so ehrenden als gerechten Ansichten über mein Geschlecht ein Organ wurden, sich auch einem jungen Mädchen nicht verschließen werden, das bescheiden nur ein Wort in der Sache eines ganzen Geschlechts, dem es mit Liebe und Freudigkeit angehört, bittet. – Mögen noch viele Männer dem angeregten Punkte ihre Teilnahme schenken und Worte leihen; ich hoffe und wünsche es! Sie werden Besseres, Tieferes, Durchgreifenderes zu sagen wissen als ich – meine Aufgabe ist nur, die Sache vom *weiblichen* Standpunkt aus und mit weiblichem *Gefühl* zu betrachten und weil sie mir so nahe liegt, so tief in mein innerstes Leben greift, glaube ich das Recht zu haben, mich über sie öffentlich auszusprechen. – So viel als Bevorwortung für diejenigen, welche leicht geneigt sein möchten, in diesem Aufsatze eines Mädchens eine Anmaßung zu finden. –
Heimat! wie ist dies Wort gerade dem weiblichen Geschlecht so

teuer! Eben weil wir darauf hingewiesen sind, in einem beschränkten Kreise und in der Stille zu walten, weil wir nicht für das schneller bewegte Leben der Männer gemacht sind, dem wir wohl mit unseren Augen, aber nicht mit unseren Schritten zu folgen vermögen! Es ist die Innigkeit des Gefühls, die man uns Frauen noch nie streitig gemacht hat, welche vorzugsweise uns mit der Heimat verkettet, und es bedarf nur eines geringen freien Lufthauches der Intelligenz, damit dieser Funken *Heimatliebe*, der auch in der Ungebildetsten immer fortglimmt, zur hellen Flamme der *Vaterlandsliebe* aufschlägt. Wer sein Vaterland liebt, muß der nicht auch sein Volk lieben? – und wer sein Vaterland und sein Volk liebt, hat der kein *Recht*, darnach zu fragen, wie es ihm geht? – Es kann und wird niemand einfallen, einem Weibe das Recht streitig zu machen, das Vaterland zu lieben. Wo aber die Liebe recht groß ist, da fragt sie nicht: habe ich das *Recht*, an den geliebten Gegenstand zu denken? habe ich die *Pflicht*, mich mit ihm zu beschäftigen? Nein! sie fragt nicht – sie *muß* des Geliebten denken, *muß* sich wenigstens im Geist und Gemüt mit ihm beschäftigen, *kann nicht* gleichgültig bei seinen Schicksalen bleiben. – Und darum konnte der Verfasser des oben angezogenen Artikels sagen: es sei »*unsittlich*«, wo die Teilnahme am Staatsleben unterbleibe; es *ist* unsittlich, weil es widernatürlich ist. Denn so weit ist die Kultur der Völker vorgerückt, daß wir mit den Worten *Volk* und *Vaterland* zugleich den Begriff *Staat* verbinden können. Aber es ist noch nicht lange her, daß Deutschland so weit gekommen ist und daß der Deutsche in dem Stück Deutschland, in dem er geboren, *mehr* liebt und sieht als sein *Geburts*land und dessen Oberhaupt, nämlich den *Staat*, als *dessen Bürger er sich fühlt*. Daher kommt es, daß die Frauen die Teilnahme am Staate, die auch die Männer erst seit kurzem zu äußern beginnen, noch nicht zeigten! – Ach! es gab damals, als die Konstitutionen auf den Trümmern alter Institutionen sich wie durch einen heiligen Zauberschlag erhoben, so viel zu tun, daß bis jetzt noch wenig daran gedacht worden ist, welche neue Stellung bei der neuen Ordnung der Dinge den Frauen gebühre. – In Amerika und England versteht es sich ganz von selbst, daß die Politik den Frauen so wenig fern liegt als dem Geringsten im Volke, und der Grund dazu liegt – nahe genug: *in den Verfassungen dieser Staaten*. Es ist dies das alte Lied und ich wiederhole nur das allgemein Bekannte als Beweis, mit wieviel Recht der Verfasser des vorerwähnten Aufsatzes sagen konnte: »Die Frauen sind die Trägerinnen der jedesmaligen Volkstümlichkeit.« – An der Stellung, welche die Frauen in einem Lande einnehmen, kann man sehen, wie dick von unreinen Nebeln oder wie klar und frei die Luft eines Staates sei; – die Frauen dienen als Barometer der Staaten. So gewiß es nun bei uns einzelne Frauen gibt, welche in Gemeinschaft mit ihren Gatten oder ihnen nahestehenden Männern den Bewegungen der Zeit folgen und mit Interesse alle neuen politischen Vorgänge – liegen sie nun inner- oder außerhalb der Landesgrenze – beobachtet haben, so gewiß ist es auch, daß bei weitem die größte Anzahl der Frauen die Politik als ganz außer ihrer Sphäre liegend betrachtet und, in uralten Vorurteilen befangen, sich auf diese Unwissenheit noch etwas zugute tut. Daß dieser große Übelstand wenigstens bei dem jüngeren Geschlecht verschwinde, kann zuvörderst durch den Schulunterricht bewirkt werden. Ich kann es sagen, daß es nur eines *lebendigen* Geschichtsunterrichts bedarf, um eine solche Teilnahme an den äußeren Schicksalen der Völker und den inneren der Staaten auch in den *Kinder*gemütern anzuregen, daß sie in aller Zukunft nicht wieder erkalten kann, so daß man dann gern aus den täglichen Zeitungen Unterricht in der fortlaufenden Geschichte nimmt. Ich kann es sagen, denn mir ist ein solcher Unterricht geworden. In den denkwürdigen Jahren 1830 u. ff. hatte sich die allgemeine Begeisterung auch meinen Lehrern mitgeteilt, und in dem Institut, welches ich, damals als Kind, mit andern Mädchen meines Alters besuchte, wurden wir mit allen neueren Zeitereignissen bekanntgemacht – denn damals sprach man ja von nichts anderem, auch wir Kinder hörten nichts anderes, verschlangen die Zeitungen mit Begierde, und unsere Lehrer gaben uns dann in den Schulstunden Kommentare zu dem, was Kinder ohne diese noch nicht verstehen konnten. So, meine ich, sollten es alle Lehrer machen und nicht nur in solchen Zeiten, wo die Verhältnisse gewaltsam laut werden, sondern immer; – denn die Zeiten stehen nie still und Geschichte wird alle Tage! –

Ich hätte noch vieles zu sagen: – mich selber durch Darlegung meiner Ansichten über Bildung und Stellung der Frauen gegen den Argwohn zu verwahren, als wünsche ich unser bestes Teil: die *Weiblichkeit* unterdrückt durch Einimpfung fremder, männlicher Bestrebungen; dann: zu zeigen, wie es möglich sei, das weibliche Geschlecht zu größerem Interesse am Staatsleben anzuregen und: anzudeuten, welche Vorteile hieraus für das soziale Leben hervorgerufen würden, sowohl für die Frauen als die Männer, sowohl für das gesellige als das staatliche Leben.

Aber ich bescheide mich für jetzt mit dem bisher Gesagten, um nicht durch breite Besprechung eines Gegenstandes zu ermüden. Zugleich aber hoffe ich, daß *mehr als eine* geschicktere Feder als die meine, sich mit dieser Angelegenheit beschäftigt – ich selber werde nur, wenn man mich dazu auffordern sollte, hierhin wieder das Wort ergreifen. *Louise Otto.*

Genügt dem wackern, vaterlandsliebenden deutschen Mädchen unsere Aufforderung, so hoffen wir, ihre Ansichten recht bald wieder hier ausgesprochen zu sehen. *Die Red.*

9
Frauen und Politik

Unser konstitutionelles Sachsen, das in so vielen Dingen andern deutschen Staaten mit der heiligen Flamme des Fortschrittes auf der Bahn staatlicher Entwicklung vorauszieht, hat auch den Frauen Rechte eingeräumt, die ihnen andere Staaten noch nicht gewähren. Wie die Konstitution das ganze sächsische Volk, so hat ein einige Jahre später erschienenes Gesetz auch die Frauen für mündig erklärt und die Geschlechtsvormundschaft abgeschafft. Bei den Sitzungen unserer zweiten Kammer ist den Frauen der Zutritt verstattet. Man sieht hieraus, wie der Staat bereits die Frauen nicht mehr als die stumpfe Masse betrachtet, zu welcher verkehrte Einrichtungen früherer Zeiten sie gemacht haben. An uns Frauen ist es nun, dafür dem Staate dankbar zu beweisen, daß wir die Wohltaten, welche er uns erzeigt, gut zu würdigen und zu nützen wissen.

[...] Für mein ganzes Geschlecht errötend gesteh' ich es ein: die meisten Frauen wissen nichts von einem Interesse für Politik, sie scheuen sich, dieses Wort nur auszusprechen, sie verschließen Mund und Ohr und gähnen, sobald ein politisches Gespräch nur in ihrer Nähe auftaucht, sie lesen in den Zeitungen nur die Familiennachrichten, und nichts Kleineres als ein Hamburger Brand oder nichts Selteneres als ein Besuch der Königin Victoria bei König Louis Philipp vermag ihre Augen auch auf die politischen Mitteilungen zu richten. Ja, es gibt Frauen, welche der Politik zwar nicht die rechte Liebe, aber doch Geschmack abgewonnen haben, dies aber sorgfältig verbergen, damit nicht andre diese Richtung belächeln möchten. Und wieder gibt es Frauen, welche geistig hoch stehen, denen manches Reich des Wissens sich erschlossen hat, deren Geisteskräfte aber, anstatt an das Nächste sich zu halten, in einem phantastischen Nebelreich der Spekulation sich verflüchtigen, und von dieser Wolkenhöhe sehen sie auf das Reich der Politik zu ihren Füßen verächtlich herab – während andere mit Gefühlen spielen, in Träumen leben und in diesen sentimental überschwenglichen Regionen jedes Interesse am Staatsleben unweiblich schelten und vor jedem politischen Worte zurückschaudern – von jener Überzahl der Frauen will ich gar nicht reden, welche über alles im Gemüts- und Geistesleben der Frauen den Stab brechen, das sich nicht unter die Rubriken von: Nähen, Wirtschaften und Kinderaufziehen bringen läßt. [...]

Die Schuld des erwähnten Übels trifft nicht mein Geschlecht allein, sie trifft die Verhältnisse überhaupt. [...] Blicken wir zurück auf die Regierungssysteme früherer Zeiten, wo der Deutsche nicht Staatsbürger, sondern nur Untertan, wo niemand ein lebendiges Glied am großen Körper des Staatshaushaltes, sondern nur eine tote Maschine an dem schwerfälligen Mechanismus einer eisernen Regierungsform war, – so wird es uns nicht verwundern, daß damals die Frauen an Dingen kein Interesse fanden, nach welchen zu fragen ihren Männern nicht einmal einfiel, die, wär' es ihnen ja einmal beigekommen, auch nicht danach fragen durften. – Aber Gott sei Dank! Diese Zeiten sind hinter uns. [...] Ja! die barbarischen Gesetze, die schmählichsten Sklavenjoche sind wohl in jenen Abgrund gesunken – aber wer dürfte es leugnen: es ist noch vieles in unsern erneuten, bessern Zuständen übriggeblieben, was auch recht wohl für immer in jenen Abgrund der Vernichtung gehörte – und dahin sind auch die Vorurteile zu rechnen, welche in der Erziehung und Bildung der Frauen sich noch immer mit soviel Glück geltend machen. *Die Erziehung und Bildung der Frauen steht mit unsern staatlichen und sozialen Verhältnissen in Widerspruch.*

Es wird in unsern Schulen vielleicht alles gelehrt, was der weibliche Verstand bis in sein vierzehntes Jahr fassen kann – aber dann, in einem Alter, in dem alle Geisteskräfte sich erst recht zu entfalten beginnen, in dem wir erst die rechte Liebe zu wissenschaftlichen Interessen fassen, in dem wir erst einsehen können, wie notwendig es sei, sich Kenntnisse zu erwerben, wo wir erst die Fähigkeit gewinnen, nicht alles, was man uns sagt, auf Treu und Glauben blindlings hinzunehmen: – in einem solchen Alter wird die weibliche Bildung für vollendet betrachtet. Da mögen nun die Mädchen hingehen und Gesundheit und reinen harmlosen Sinn den Göttern des Tanzes und sinnlichen Vergnügungen opfern – da mögen sie in der französischen Literatur mit ihren Sprachkenntnissen zugleich die Kenntnisse schamloser Verhältnisse erweitern – mögen mit der englischen Aussprache sich abmartern und über dem mechanischen Auswendiglernen in der fremden mit dem Geist der schönen deutschen Muttersprache unbekannt bleiben – mögen am Piano ihren Fingern eine mechanische Geschicklichkeit erwerben und unter diesen Mühen vergessen, was sie in der Schule gelernt – mögen unter mühvoller und künstlicher Anfertigung ihres Putzes über dem Sirenensange der Eitelkeit die sanfte Sprache des Herzens überhören und keine Zeit finden, den Geist mit nützlichen Kenntnissen zu bereichern – mögen es verlorene Zeit nennen, nach den Angelegenheiten des Vaterlandes und der Menschheit zu fragen – das will alles so der Brauch und die Sitte, und was davon abweicht, nennt die Welt – *unweiblich*! [...] zu *Puppen* der Männer werden sie gemacht und sollten doch ihre *Gefährtinnen* sein! –

Es ist die Frage angeregt worden, ob den Frauen das Recht zustehe, Interesse an den Angelegenheiten des Staates zu nehmen, und man hat sie mit Ja beantwortet; aber wo soll den in solchen Äußerlichkeiten befangenen Mädchen der Sinn dafür herkommen? Diesen anzuregen, halte ich dreierlei für unbedingt notwendig. Erstens: *daß in den Schulen die Weltgeschichte nicht als ein totes Lexikon mit systematischer Aufzählung von Herrschern und Schlachten und Jahreszahlen, Abschnitt nach Abschnitt, gelehrt werde,* – sondern als ein lebendiges organisches Ganzes, an dem Glied mit Glied in ewiger Notwendigkeit verbunden ist, als Geschichte der Völker und der Entwicklung der Staaten. [...] Der Geist der Weltgeschichte muß lebendig vor Lehrern und Schülern stehen. Gut wäre es, wenn neben einer also gelehrten Geschichte noch eine Stunde festgesetzt werden könnte, in welcher *Zeitgeschichte* gelehrt würde. Daß von Kindern politisiert werde, werde darum ja doch nicht verlangt! Sie sollen nur nicht im Dunkeln gelassen werden über das, was um sie herum vorgeht, und bei Kämpfen der Griechen und Römer sich begeistern, während es ihnen fremd bleibt, daß in der Gegenwart vielleicht ihre Väter, nicht mit Schwertern, aber mit Worten für sie streiten. [...]

Eine zweite notwendige Forderung, wenn die Frauen Anteil an der Politik nehmen sollen, ist: *daß nicht aller Unterricht mit der Konfirmation abgeschlossen werde.* Es ist sehr lächerlich, zu behaupten, daß ein höherer fortgesetzter Unterricht [...] den

Mädchen Zeit und Lust, den häuslichen Pflichten obzuliegen, rauben würde. [...] Das Haus ist vorzugsweise der weibliche Wirkungskreis, – aber sich geistig immer mehr zu vervollkommnen, ist die Aufgabe eines jeden Menschen, die heilige Forderung der Natur, ja unserer christlichen Religion an uns alle, – und es sollte Unrecht sein, diesen Forderungen Genüge zu leisten? – Wenn die Mädchen Zeit genug haben, Sprachen und Musik zu erlernen, warum sollten sie durchaus keine finden können für einen ernsteren Unterricht? [...] Ohne eine sichere Basis gründlicher Kenntnisse – wie man sie eben in der Schule allein sich nicht erringen kann – wird eine Frau bei politischen Gesprächen leicht in die Gefahr kommen, sich lächerlich zu machen. [...]
Die dritte Forderung aber, wenn das Interesse der Frauen am Staatsleben eine Wahrheit werden soll, ist: *daß die Frauen sich überhaupt freier durchs Leben bewegen lernen und bewegen dürfen.* Dies eben kann zunächst nur durch *individuelle* Bildung befördert werden; denn nur ein selbständiges Herz führt zum selbständigen Handeln. Die meisten Frauen bleiben Zeit ihres ganzen Lebens hindurch – Kinder. Erst leben sie unter steter, ja stündlicher Aufsicht im Elternhaus und wagen keine andern Ansichten zu haben als die in der Familie herrschenden; dann werden sie Gattinnen und lieben sie den Gatten, so ist die Umbildung ihrer früheren Ansichten in die seinen leicht geschehen, gleichviel, ob es ganz entgegengesetzte sind oder nicht [...]
Die Frau muß fähig sein, selbständig zu urteilen, oder sie verletzt die menschliche Würde und ihre Weiblichkeit, indem sie zum Papagei wird, der gedankenlos nachplappert, was der Gebieter ihm vorgesprochen. Mit dem selbständigen Handeln der Frauen sieht es ebenso schlimm aus wie mit ihren Urteilen, es ist eines die notwendige Folge des andern. Und doch hat jede Frau in der edlen freientwickelten Weiblichkeit die Kraft, ohne fremden Einfluß ihr Denken und Tun zu regeln, sie hat in dieser Weiblichkeit einen heiligen Schutz gegen alles, die wahre Sitte Verletzende, dem sie in einer freien unabhängigen Stellung ausgesetzt sein könnte, bei sich; ja sie wird leichter und schöner die wahre Weiblichkeit entfalten können, wenn sie nicht ewig am Gängelbande von fremder Hand geführt wird, wenn sie die Stimme ihres eigenen Innern hören und ihr folgen kann [...]
Ohne daß diese drei Forderungen erfüllt werden, glaube ich schwerlich, daß das Übel: die Teilnahmslosigkeit der Frauen an den Interessen des Staates, von Grund aus geheilt werden könne. –

10
Über das erwachende Interesse der Frauen an der Politik

[...] Ein neuer Geist macht sich auch unter dem weiblichen Geschlecht geltend, auch hier vernehmen wir die Klagen der Alten, daß so vieles anders geworden sei als in der guten alten Zeit [...] Daß auch die Frauen aus der Teilnahmslosigkeit, mit welcher sie bisher bei den politischen Vorgängen und den sozialen Fragen der Gegenwart verharrten, sich emporheben können, haben einige Beispiele der jüngsten Zeit gezeigt, nur mußten immer besondere Veranlassungen kommen, um sie aus ihrem Schlummer aufzuwecken und ihnen das Walten des Zeitgeistes zu zeigen. *Die politische Poesie hat die deutschen Frauen aufgeweckt.* [...]

Ja, dank Euch, ihr Dichter! Ihr habt die Völker aus dem Schlaf singen wollen und die Frauen sind wirklich von Euern Liedern erwacht, und Ihr, Ihr Fürsten, beruhigt Euch! die Frauen bleiben friedlich, wenn sie auch wachen, und Euch droht keine Rebellion! Halb liegt es in jener Verzärtelung, nach welcher die weiblichen Gemüter von Kind auf nur für das Weiche, Sanfte, Schmeichelnde gebildet werden, halb in der eigentlichen Natur des Weibes, welche meist dem warmen Ausbruch des Gefühls vor den kalten Schlüssen des Verstandes, dem Schönen vor dem Starken den Vorzug gibt, daß die Poesie den Weg zum weiblichen Herzen immer offen findet, während er sich oft der Sprache kalter, gemessener Auseinandersetzung verschließt, und so drang die Politik auf dem heiligen, belebenden Flügelschlag der Freiheitslerche der Poesie in das weibliche Herz, während sie auf dem breiten Gespann der Zeitungsblätter davor anzuhalten vergebens sich bemühte und keinen Einlaß fand. Es entspricht dies ganz der Art überhaupt, wie wir Frauen uns nach beendigten Schulstudien selber weiterhelfen müssen: unsere Botanik schöpfen wir aus Blumensprachen, die Regeln der deutschen Sprache aus der französischen Grammatik, unsere Geschichte aus historischen Romanen, unsere Geographie aus Reisenovellen – warum nicht unsere Politik aus Gedichten? Solange man uns noch Gelegenheit zu systematisch fortgesetztem Unterricht verweigert, solange müssen wir in allem spielend lernen, auch in der Politik. Der erste Schritt, die Frauen zum Interesse an den Angelegenheiten des Staates anzuregen, ist somit getan: die Frauen lesen politische Gedichte, sie fragen nach Herweghs, Hoffmanns und anderer ähnlicher

Dichter Schicksalen, sie sind nicht mehr teilnahmslos bei den Zeitereignissen.

Aber die sächsischen Frauen hatten noch eine andere, noch schönere Gelegenheit, Anteil an der Politik zu nehmen und zu zeigen, ob ihnen das Vaterland etwas gelte oder nicht. Wer denkt hier nicht gleich an *die Sitzungen der zweiten Kammer* und ihre Damengalerie, welche niemals leer war? Ja, auch uns Frauen war es ein heiliges Bedürfnis geworden, sooft als es uns die Verhältnisse gestatteten, den Sitzungen jener Kammer beizuwohnen [...] Und somit konnt' ich bei diesem letzten Beispiel für das erwachende Interesse der Frauen an der Politik – die Verteidigung meines Geschlechtes übernehmen und rufen: Gebt unserm Staate ein größeres öffentliches Leben, Öffentlichkeit des Gerichtsverfahrens, allen Städten Öffentlichkeit der Stadtverordnetensitzungen, Öffentlichkeit allen Vereinen und Versammlungen, welche dem Wohl einer vaterländischen Anstalt gewidmet sind, und ihr sollt sehen, wie bald und schnell und allgemein die Frauen ihre Teilnahmslosigkeit an der Politik aufgeben werden [...]

II

Briefliche Mitteilungen. Meißen.

(Über weibliche Erziehung)

[...] Es wäre wohl schön, wenn einmal jemand es übernehmen wollte, ein geschichtliches Werk über die Stellung der Frauen zur Gesellschaft zu schreiben, wie diese von den frühesten Zeiten an bis auf die Jetztzeit gewesen und geworden. Der Mangel eines solchen Werkes wird immer fühlbarer, je mehr es zum Bedürfnis der Zeit geworden, auf historischem Grund und Boden Lehren für die Gegenwart, Aussichten für die Zukunft zu suchen, je mehr die Frauen anfangen zu fühlen, daß auch sie mitzählen dürfen unter der Einwohnerschaft ihres Vaterlandes, daß sie nicht nur Gattinnen und Mütter bei ihrem Volke, sondern die Hälfte dieses Volkes selbst sind. Was man bisher gab als Geschichte der Frauen, das waren nur Biographien berühmter Frauen, Heilige, Fürstinnen, Heldinnen usw., wie man sonst häufig die Biographien berühmter Männer für allgemeine Geschichte ausgab, während wir jetzt Kulturgeschichte der Völker verlangen. Man vernahm sonst nur die Geschichte, wenn sie mit Trompeten schmetterte, nur wo es Lärm oder Glanz gab, horchte man auf, sah man zu, erzählte man, was man gehört und gesehn. Nur wenn ein Ereignis plötzlich wie ein Vulkan Rauch und Flammen über die Erde warf, merkte man auf und staunte; aber jetzt steigt der Forscher in den ruhigen Krater, und reicheren Gewinn bringt solche Beobachtung als eine des Ausbruchs. – Und dürfte denn nun in einer allgemeinen Kulturgeschichte das weibliche Geschlecht nicht mehr Beachtung verdienen, als ihm bisher geworden? nicht als einzelne Frauen, sondern in ihrer Gesamtheit im Verhältnis zur ganzen Gesamtheit der Nation? –

Louise Ottos Beiträge für die Fortsetzung des Planeten, *Ernst Keils* Wandelstern, *zeigen ein breit gestreutes Interesse an unterschiedlichsten Themen, kreisen allerdings immer um Politik. Hier wird nur ein Auszug aus einem längeren Aufsatz über das Jahr 1844 abgedruckt; zu empfehlen sind andere Essays aus dieser Zeitschrift, vor allem diejenigen, die aus der ersten allein unternommenen Reise im Jahr 1845 stammen.*
Daß Louise Otto sich auf den Seiten des Wandelsterns *für immer von Otto Stern verabschiedete, war zu erwarten, besonders weil das Pseudonym nur eine Farce war: Alle wußten schon längst, wer sie war.*

12
Ein Blick auf 1844

[...]
Ich will einmal sagen, was ich mit dem Namen Journalist meine. Nicht den nenn' ich einen Journalisten, der für Zeitungen schreibt, was etwa in seiner Nähe sich ereignet, der auf die Zeichen der Zeit nur deshalb achtet, um seinen Witz an ihnen zu üben und diesen dann in Zeitungsartikeln zu Markte zu bringen, die ihm einen guten Erlös versprechen. Ich nenne einen Journalisten denjenigen, der dazu geboren ist, der nicht auf die Ereignisse achtet, um nachher über sie schreiben zu können, sondern der über sie schreiben muß, weil er auf sie geachtet hat. Ein solches Individuum ist ein Kind der Zeit, der Gegenwart, es hat sich an sie dahingegeben, nicht allein aus freier Wahl, sondern weil es mußte, weil es von ihr geboren ward; jedes raschere Leben, das durch die Zeit geht, pulsiert auch rascher in ihm, alles Große, Göttliche, das vor seinen Augen geschieht, das geschieht ihm persönlich, denn er strebt darnach, daß das Große, Göttliche in die Gegenwart komme, darum trifft ihn auch alles Leid und alles

Elend so hart, das er um sich gewahr wird, denn er ist selbst ein Stück der Gegenwart, die dieses Elend trifft. Wer so mit der ganzen großen Menschenwelt um sich Jubel und Weh fühlt, den drängt es auch, diesen Gefühlen Worte zu geben, den drängt es, sich in den raschesten Ruderschlägen in das Leben zu tun und immer vorwärts mit dem Sturm zu segeln. Die Meinung, die Gesinnung eines solchen Journalisten kann und darf nicht wechseln, aber wechseln wie die Erscheinungen der Zeit können und müssen seine äußeren Interessen.

[...]

Ein Kind der Gegenwart habe ich mich genannt, welches alles um sich so geschehen sieht, als geschehe es gerade ihm persönlich und deshalb sorglich Acht hat auf alle Zeichen der Zeit. Aber das ist noch nicht genug, wenn man nur die Ereignisse, die Taten betrachtet, welche wir in dem letzten Zeitabschnitt erlebten. – Taten, ach! Taten sind in Deutschland leider ein Artikel, welcher sehr selten zu haben ist, in der Tat ein Artikel, in dem es so gut wie keine Konkurrenz gibt, – als Surrogat für Taten gebraucht man daher bei uns Worte, Bücher. – [...] In einer Periode, welche hinter uns liegt und die von tausend Zungen als die schönste Blüte unsrer Literatur gepriesen wird – da hatte man Zeit zum Dichten, weil, wenn es auch in dieser Zeit von großen Veränderungen gährte, man diese nur als äußere Ereignisse, nicht als innere Notwendigkeit betrachtete, wie wir dies jetzt vermögen; weil jene Zeit die Hoffnung einer segensreichen Zukunft, aber nicht die ungeduldige Sehnsucht nach ihr hatte, weil endlich damals Tausende lieber träumten als lebten, lieber nach Idealen jagten als nach wirklichen, beglückenden Zuständen. Das ist das große Weh der Gegenwart, daß man leben möchte und doch nur träumen soll [...] Die Gegenwart ist eine Reise durch die pontinischen Sümpfe: Rom mit seiner Finsternis, seinem Trug und seiner Knechtschaft, seinen zerfallenden vermodernden Gebäuden haben wir hinter uns – aber wir haben noch weit bis zu den Palmen von Terracina und den goldnen Früchten aus den Gärten der Hesperiden – und einzuschlafen auf dem Wege, den wir machen müssen, kann den Tod bringen, darum müssen wir uns ja hüten zu schlafen und zu träumen. Und so bleibt es dabei, daß wir nicht Zeit haben zum Dichten, sondern nur zum Trachten. [...] *Otto Stern*

13
Erklärung und Geständnis

Zum ersten Mal, seitdem ich die Feder führe, wage ich sie in einer eignen, persönlichen Angelegenheit zu gebrauchen. Man mißkenne mich nicht, indem ich dies tue – es geschieht, weil ich mich immer von dem Gedanken nicht losmachen kann, daß zwischen den Lesern und Leserinnen einer Zeitschrift und deren jahrelangen Mitarbeitern eine Art freundlicher Annäherung besteht, welche den letztern es gewissermaßen zur Pflicht macht, in manchem Falle von sich selbst Rechenschaft zu geben, eine Annäherung, welche zugleich auch von Seiten der ersteren gütige Teilnahme verspricht. Ich glaube mit einem Worte an ein Band zwischen Autor und Leser – ist dieser Glaube Trug und ein Traum, so will ich mich ihm doch so lange fröhlich und begeistert überlassen, bis mich die tägliche Erfahrung anders belehrt.
In diesem Sinne fühle ich mich dem Publikum zu einer Erklärung verpflichtet. –
Es war im Anfange des Jahres 1843 – mein erster Roman befand sich eben erst unter der Presse – als ich für den damaligen »Planet« unter Ernst Keils Redaktion meinen ersten Artikel schrieb. Damit trat ich zuerst in die Literatur, es war noch nichts von mir gedruckt, mein Name noch nirgends genannt – ich wählte einen andern. Es gab keine Privatrücksichten, welche mich dazu bestimmen konnten, keine Scheu vor der Öffentlichkeit, denn da ich mich selbst an sie hingab, war es ja doch einerlei, welchen Namen ich führte; ebenso wußte ich recht gut, daß man, wenn man sich einmal in das journalistische Gedränge begibt, darauf gefaßt sein muß, gedrängt, gestoßen und getreten zu werden – diese Gefahr traf doch immer mich selbst und auf den Namen kam dabei nichts an – den Namenwechsel bestimmte ein anderer Grund.
Ich war genugsam mit der gesamten neuen Literatur und insbesondere der journalistischen Presse bekannt, um zu wissen, daß letztere in dem, was ihr eigentliches Element ist – einzig und allein von Männern gelenkt ward. Ja, Novellen und Gedichte fanden sich wohl von Frauenhand, aber nur diese zu liefern, genügte meinem Streben nicht – auch Journale unter weiblicher Redaktion, aber den eigentlichen Interessen des Tages blieben sie fremd. Und doch waren diese es allein, welche mich unwiderstehlich trieben, die Feder in die Hand zu nehmen. Daß ich allein war, machte mich furchtsam – ich gestehe es ein. – Sieht man

unter einem Artikel über irgendein politisches Zeitereignis einen Frauennamen – man wird den Artikel nicht lesen; findet ein Autor sein Buch von einer Frau rezensiert – er wird die Kritik verächtlich von sich weisen; liest man irgend literarische, soziale oder politische Vorschläge von einer – Frau, man wird sie verlachen und verhöhnen – so sagt' ich mir tausendmal. Und doch konnt' ich nicht anders, als gerade für diejenigen Interessen das Wort führen, für welche entweder andere Frauen sich nie begeistert oder die Männer das Wort ihnen noch nie gestattet hatten. Es blieb mir also nichts andres übrig: ich mußte einen Männernamen wählen – ich schrieb als *Otto Stern.* – Diesem *Otto Stern* hat außer dem Zensor und hier und da einem Mitgliede der guten Presse niemand etwas angehabt, weder im Anfang als man noch wenig nach ihm fragte, noch später als man ihn hier und da mit mir als eine Person nannte. Ich danke dem Publikum und allen meinen journalistischen Kameraden, daß sie diese kleine List gelingen ließen! Möglich auch sie war unnötig, denn als ich später in den »Sächsischen Vaterlandsblättern« unter meinem wahren Namen die gleichen Ansichten und auf gleiche Weise wie als *Otto Stern* aussprach, da hat mich wenigstens kein Mitglied der schlechten Presse oder der liberalen Partei deshalb verspottet, sondern viele der Besten haben mir freundlich die Hand geboten – das Urteil aber einer andern Partei hat mir nie etwas gegolten. Aber gewiß wird man mir die weibliche Furcht verzeihen, welche mir riet, mich hinter das Visier eines Männernamens zu verstecken – denn alles war für mich verloren, wenn man mir den Eintritt zu dem journalistischen Kampfplatz gewährt oder mich mit Hohnlachen darin empfangen und daraus verjagt hätte – weil ich ein Weib bin. Ja dann war alles für mich verloren, mein ganzes Leben verfehlt und vergiftet – denn ich habe nur ein Ziel im Leben, nur ein Streben und nur ein Glück – das ist: mich ganz dahin zu geben an die großen und heiligen Interessen der Gegenwart und denen, welche die gleiche Sehnsucht beseelt, eine ebenbürtige Schwester zu sein.
Ich scheide hiermit für immer von dem Namen *Otto Stern.* Ihn länger beibehalten hieße, ein lächerliches Verstecken spielen mit dem Publikum.
Gohlis bei Leipzig. *Louise Otto.*

In die Mitte der journalistischen Beiträge schiebe ich einen hochinteressanten Bericht über die Reise ein, die der Anlaß zu den im Wandelstern *erschienenen politischen Reisebriefen war. Auszüge müssen genügen, um die Bedeutung dieses Schrittes in Richtung Selbständigkeit anzudeuten: Denn es war nicht nur eine ihr bis dahin unbekannte Welt, in die sie reiste, sie tat diesen Schritt Mahnungen und eigenen Ängsten zum Trotz allein, ohne Begleitung, ohne Vormund. Im Jahr 1845 war ein solches Unternehmen beinahe unerhört; sie brachte es trotzdem fertig, mehrere Teile Deutschlands zu besichtigen und Eindrücke zu sammeln, die sie ein Leben lang beeinflussen sollten: So beeindruckend Schillers Grab und die Wartburg z. B. waren, wichtiger war, daß sie gleichzeitig Unangenehmes erlebte, was sie ausschließlich ihrem Frau-Sein verdankte. Diese Erfahrungen prägten entscheidend ihr Bewußtsein über die Stellung der deuschen Frau in der Gesellschaft.*

14
Aus: Frauenleben im deutschen Reich

Ich erinnere mich noch mit Vergnügen meiner ersten Reise, die ich nach begonnener Schriftstellerlaufbahn, als ich vierundzwanzig Jahre alt war, unternahm, – weil mir großstädtische literarische Freunde so oft gesagt hatten, ich dürfe nicht immer so ruhig in meiner Kleinstadt sitzen, ich müßte mehr hinaus ins Leben und in der Welt mich ein bißchen umsehen. Der Kulturhistoriker *Gustav Klemm* in Dresden, Oberbibliothekar der königlichen Bibliothek daselbst, den ich dort kennengelernt, der sich für alle strebsamen Frauen interessierte und der mich meiner deutschen und fortschrittlichen Gesinnung willen schon damals nicht anders als die »Bürgerin« Louise Otto nannte (wozu noch kam, daß ich damals Besitzerin des von meinen Eltern mir hinterlassenen Hauses geworden) und in keinem Brief mich anders anredete als »Verehrte Bürgerin«, drang besonders darauf, daß ich eine selbständige Reise mache, erbot sich, mir Plan und Empfehlungen mitzugeben. Diese erste Reise galt denn dem romantischen Thüringen. Zog doch die Sehnsucht zu den Dichterhäusern und Gräbern in Weimar, zur Wartburg! Doch bestimmte mich dies nicht allein. Ich konnte die Reise von meinem Meißen aus mit der »Vetternstraße« in Leipzig und Naumburg beginnen – ich hatte weniger Einreden von Verwand-

ten und Bekannten zu befürchten, wenn mein Ausflug diesen »weiblichen« Anfang nahm. Zum Reisegeld diente das Honorar für meinen Roman »*Die Freunde*«, der schon mit auf der Wartburg spielte, noch ehe ich sie gesehen und zu dessen Helden, dem Herrnhuter-Jüngling Ulrich, ich das Modell auf einer vorjährigen Tour von Leipzig nach Naumburg kennengelernt und von ihm einen Teil der Geschichte seines Lebens wie der seines Freundes, des Burschenschaftlers Karl, erfahren. [...]
Der Kultur-Klemm [...] , der um meine Kultur freundlich besorgt war, hatte mir vorgeschrieben: Jena, Weimar, Erfurt, Gotha, Reinhardsbrunn, Liebenstein, Wartburg, Eisenach, Kassel, Minden, Weserfahrt bis zur Porta Westfalika, Hannover, Braunschweig, Magdeburg, Leipzig.
Es war dies eine »große Reise« von Meißen aus 1845, denn in Leipzig endete die Eisenbahn und in Hannover begann sie erst wieder. [...] Das von Klemm angegebene Programm fuhr ich denn gewissenhaft ab. Über das grauwollene gestreifte Reisekleid ward ein ecru-Staubmantel gezogen, für Nachtfahrten ein graues Mäntelchen, wattiert und mit blauer Seide gefüttert, ein italienischer Strohhut mit blauem Schleier, ein schwarzseidnes Kleid und die nötigste Wäsche in der Reisetasche, den größten Teil der Barschaft an Geld ins Korsett genäht: so begab ich mich statt eines fahrenden Schülers oder Musensohns, eine fahrende Schülerin oder warum nicht auch eine Musentochter? von Naumburg aus, nachdem ich schon in Kösen wie auf der alten Rudelsburg fast heimisch gewesen, nach Jena, der Musenstadt. Frei wie die Lerche kam ich mir vor – und doch beschlich mich ein sonderbares Gefühl, nun plötzlich unter lauter Unbekannten zu sein! aber ich sprach mir Mut zu, nicht ein Pendant zum Peter in der Fremde abzugeben! Man hatte mir daheim genug abgeredet von dem Wagnis, dem Unpassenden, dem Abenteuerlichen einer solchen Reise – ich hatte widersprochen und was einmal geplant war, mußte nun glänzend durchgeführt werden. Meine bedenkliche, etwas engherzige Tante, mit der ich zusammenwohnte, die wohl wußte, daß ich nie etwas Unrechtes und Unwürdiges tun würde, mißbilligte wie überhaupt meine literarische Tätigkeit auch diese Reise als eine »Extravaganz« und hatte mich durch alle möglichen Schreckbilder und Prophezeiungen davon abzuhalten gesucht, ich wußte, sie ängstigte sich jetzt – ich mußte ihr beweisen, daß diese Angst überflüssig gewesen, mein Recht und meine Freiheit wichtiger waren – es hieß also: mutig vorwärts und hinein ins Thüringerland!

[...]
[In Weimar:] Eine Empfehlung Klemms an den Bibliothekar verschaffte mir nicht allein Gelegenheit dort auf manchen Schatz in der Bibliothek aufmerksam gemacht zu werden, sondern man war sogar so freundlich, mich dort ein Stündchen, wo sie nicht geöffnet war, einzuschließen! Ich empfand dies damals als eine Gunst, die mich ganz stolz machte! Nachher sah ich auch Schillers Totenmaske beim Bürgermeister Schwab [...] – und pilgerte nachher wie zum heiligen Grabe zum Friedhof – »An Schillers Grab holt ich mir die Weihe!« sang ich nachher. Damals schloß sich noch keine griechische Kapelle daran, wölbte sich keine goldene Kuppel darüber, wie jetzt – es war eine schlichte Gruft, aber da die Schlüssel in der Hand des Totengräbers klirrten und ich allein hineinstieg und zitternd den Sarg erblickte, auf dem der Name: »Schiller!« stand, da kamen nicht nur Schauer der Vergangenheit, sondern auch der Gegenwart und Zukunft über mich und ich betete voll seliger Inbrunst! Den Rosenkranz, den ich mitgebracht, auf den Sarg zu legen, erklärte da der Totengräber für »nicht erlaubt«. Da durchrieselte mich's heiß und kalt zugleich und ein bittres Lächeln drängte sich auf die Lippen, die eben gebetet hatten – ich legte den Kranz außen vor die Eingangstür in den frischen Morgentau – was ich damals fühlte, betonte ich später in [...] Versen, die zuerst in Leipzig zu einer vom ersten Schillerverein veranstalteten sommerlichen Schillerfeier 1847 gedruckt wurden und deren letzten Vers *Robert Blum* von der Rednertribüne herab, wo ich unfern bei ihm stand, den versammelten Tausenden am Schluß seiner Rede entgegendonnerte. Und *dazu* hatte ich mir damals dort die Weihe geholt. [...]
Übrigens aber schrieb ich von jener Reise Briefe für die Zeitschrift »Wandelstern«, die lange bevor an eine »Gartenlaube« zu denken war, der Redakteur derselben, Ernst Keil in Leipzig, herausgab. Ich schrieb sie aber – obwohl meine Romane sogleich unter meinem Mädchennamen erschienen waren, unter dem halben Pseudonym *Otto Stern*, und zwar weil es damals noch nicht vorkam, daß Schriftstellerinnen publizistische Artikel schrieben oder daß man dazu Vertrauen gehabt und jene Reisebriefe doch zunächst diesen Charakter hatten und nur den Tagesinteressen Rechnung trugen. – In Gotha war wieder ein Billett von Klemm der Schlüssel, mir alle Sammlungen zu öffnen und die bereitwilligsten Erklärer derselben zu schaffen. Die alten Herren erschöpften sich förmlich in Aufmerksamkeiten und

Gefälligkeiten gegen mich – war dies Klemms Verdienst? war es das armselige Verdienst meiner – Jugend? war es doch Würdigung eines weiblichen Strebens nach wissenschaftlicher Belehrung, eines Sinnes, der nicht nur am bunten Flitter haftete? war eine alleinreisende Dame etwas Absonderliches? Diese Fragen kommen mir jetzt viel mehr als damals, wo ich im Jugendmut das alles, wenn auch dankbar, doch hinnahm, als müsse es so sein. – Aber die alten Herren sind längst heimgegangen, ich kann sie selbst nicht fragen, ob sie immer und ob sie auch gegen alte Damen so leutselig waren? [...]
Damals wohnte ich im Gasthaus »Zum Riesen« am Markt und da mir mein Freund Klemm vorgeschrieben: von Gotha mit Gelegenheit oder Einspänner nach Reinhardsbrunn, Liebenstein, Altenstein, Eisenach und Wartburg (zwei Tage), so wich ich nicht von diesem Programm. Da es keine Gelegenheit gab, ließ mir der Wirt einen Lohnkutscher kommen. Der stämmige Thüringer erschien am Abend auf meinem Zimmer, auf mein leises Herein! und schrie mich mit Stentorstimme an: »Wo ist denn die Herrschaft, die ich zwei Tage fahren soll?« Ich mußte die Antwort: »ich bin's!« ein paar Mal wiederholen, ehe er sie begriff und da ich, ungewohnt mit fremden Kutschern, besonders wie dieser im Genre der Fuhrleute zu unterhandeln, leise und schüchterne Antworten gab, sein Jargon und seine Rechnung auch nicht recht verstand, sagte er ärgerlich: »Kann ich denn nicht lieber mit dem Herrn sprechen?« In der Überzeugung, er meine den Wirt des Hotels, sagte ich, so möge er ihn rufen, da er doch wohl von ihm auf mein Zimmer geschickt sei. »Ich meine den Herrn, der mitfährt!« polterte der Kutscher, ich dachte der Schlag rühre mich bei dieser Antwort: »Ich fahre allein oder gar nicht!« rief ich mit vor Zorn zitternder Stimme. »Ich will den Thüringer Wald genießen und nun macht es kurz: wollt Ihr mich fahren oder nicht?« »Ja wenn das Mamsellchen allein ist – mir kanns recht sein – aber passiert ist mir das noch nicht, da müssen's schon verzeihen!« und nun wurden wir handelseinig und die Wogen meiner Aufregung legten sich umso mehr, als ich vernahm, daß er eben der Fuhrwerksbesitzer war und mich nicht selbst fahren, sondern mir seinen besten Knecht schicken wollte, der mich recht beschützen und mir alles Sehenswerte zeigen werde. Damit meint ich aus der Verlegenheit heraus zu sein. Ich hatte ja schon sehr an die gute bedenkliche Tante gedacht! [...]
In Reinhardsbrunn aber weilte gerade die Königin Victoria von

England – ich sah sie von fern auf einem Altan des Schlosses stehen; nur weil es englischer Sonntag, sei sie müßig, erklärte man mir, sonst sehe man sie oft auf einer Gartenbank sitzen und – Strümpfe stopfen für ihre Kinder. – Mir erschien dies doch sehr forcierte Mutterliebe für eine Königin! In Wilhelmstal ward ich wieder an sie erinnert. Der Kutscher, der sich dort in gemütlicher Thüringer Manier mit seinem Bierkrug an denselben Gartentisch zu mir setzte, daran ich vor dem Hotel meinen Kaffee einnahm, flüsterte mir zu: »Man habe ihn gefragt, ob ich nicht vom Hofstaat der englischen Königin sei oder ob ich eine Audienz bei ihr gehabt –?« »Wohl um einen Bettelbrief abzugeben?« warf ich hohnlächelnd ein. Der Kutscher meinte, er habe längst erzählt, daß ich nur zum Vergnügen durch den Wald fahre und eine reiche Dame aus Sachsen sei – aus Sachsen! ich dachte an Minna von Barnhelm und erschrak nun wieder über das »reich«. Wenn man zu dieser Vermutung kam, konnte man mich ja um dieses sonderbaren Verdachtes willen auf der einsamen Fahrt erschlagen oder ich war damit doch der gemütlichen Thüringer Prellerei verfallen, obwohl sie damals noch nicht ihren jetzigen Höhepunkt erreicht hatte. »Sagen Sie doch den Leuten: ich sei weiter nichts als ein deutsches Mädchen und besäße auch weiter nichts als meine Gedichte und das sei ein Reichtum, der leider für niemand wert habe als für mich selbst.«

[...] Dort kehrte ich im Kurhaus ein. [in Liebenstein] Es war Sonntag gegen Abend, als ich da vor einem geputzten Konzertpublikum sehr bestäubt von der Reise abstieg, mein Pferd, während es der Kutscher ausschirrte, mit Zucker fütterte und streichelte und dann meinen Tee an einem noch unbesetzten Tisch vor dem Kurhaus einnahm. Ein Herr in den mittleren Jahren – da ich damals selbst noch jung war, rubrizierte ich ihn zwischen 40 und 50 und darum ohne weiteres als »alt« – eine vornehme Erscheinung, die ein Ordensstern vervollständigte, begrüßte mich artig als neuangekommenen Kurgast und nahm an meinem Tische Platz. Ich sah darin nur eine Badefreiheit, das Gepräch drehte sich um die Gegend, ich fragte, wie weit es nach der Burgruine sei? Er meinte, nur eine Viertelstunde. Dann kann ich ja die Partie noch heute machen und »oben die Sonne untergehen sehen«, sagte ich, stand auf und ging mit kurzem Gruß davon. Es war mir auf dem einsamen Promenadenwege doch wohler als unter dem bunten Menschenschwarm. Aber meine Einsamkeit dauerte nicht lange. Der Ordensherr tauchte plötzlich hinter mir auf und bat um Erlaubnis, mich zu begleiten, ich würde den Weg allein im Walde wohl nicht finden. Was konnte ich dagegen tun? Er war ja ein »alter« Herr und gewiß gingen viele Leute dieses Weges, es war wohl herkömmliche Badesitte und Freiheit. Ja, aber alle Spaziergänger begegneten uns nur, des gleichen Weges ging niemand, schon begann es zu dämmern, der Fremde ersuchte mich, vom Steigen auf einer Bank zu ruhen, da ich schwer atmete, er setzte sich neben mich, nahm jetzt einen zärtlichen Ton an und wollte meine Hand küssen, ich sprang auf, rief nur: »Sie täuschen sich in mir!« und lief hastig denselben Weg zurück und hinunter. Zitternd und wütend ging ich in mein Zimmer und verließ es bis zum andern Tag nicht wieder – von dem Kellner erfuhr ich, daß der Weg zur Ruine viel weiter war und ich sie also nur im Dunkeln hätte erreichen können – dann fragte ich auch nach dem Herrn mit dem Orden – es war in der Tat ein vornehmer Herr am Hofe des Kleinstaates – soviel ich weiß, lebt er nicht mehr. – Ich dachte wieder an meine Tante – war es denn in der Tat nur einer Abenteuerin, als welche ich ja wohl erschien, vergönnt, in Gottes schöner Welt sich umzusehen? und welches Recht haben die Männer, uns nur unter dem Gesichtspunkt zu betrachten, ob es ihnen wohl vergönnt ist, ein unwürdiges Spiel mit uns zu treiben, wenn wir gerade im Bewußtsein unsrer sittlichen und weiblichen Würde, keines fremden Schutzes bedürfen und es verschmähen, immer eine Ehrendame oder einen Vormund und Wächter an unsrer Seite zu haben? Wie erbitterte mich schon damals eine solche Erniedrigung unseres Geschlechtes! Aber sei es wie es immer sei – ich wollte diesem albernen Vorurteil keine Konzessionen machen, diese Erniedrigung nicht auf mich nehmen.

Noch in mädchenhafter Entrüstung und nach einer schlaflosen Nacht verließ ich Liebenstein – wie edel erschien mir mein Kutscher dem Ordensherrn gegenüber. Dem Manne aus dem Volke konnte ich meine Person tagelang vertrauen – der feine Kavalier hatte keine Stunde gebraucht, meinen Abscheu hervorzurufen, mich tief zu beleidigen. Als dann auf der abschüssigen Chaussee das Pferd einen Seitentritt trat und plötzlich unter der Deichsel lag, eine kräftige Thüringerin herzusprang und mir aus dem Wagen half, Burschen herzukamen, Pferd und Wagen wieder auf- und einzurichten, da wollte dieser Schreck lange nicht soviel besagen wie jener – im Gegenteil: er zeigte mir das Volk von seiner liebenswürdigen Seite, überall boten sich helfende Hände und freundliche Worte. Der Vorfall hatte nicht viel zu besagen, das Tier kam bald wieder auf die Beine und ich in den

Wagen. Ich hatte nach Schweina bei Glücksburg schicken lassen, daß die dortige Höhle jemand zu sehen wünsche. »Eine Herrschaft« war wieder der übliche Ausdruck gewesen und wieder ward ich auch dort gefragt: wo die Herrschaft sei? und als ich sagte, daß die Bestellung von mir komme, ob ich nicht warten wollte bis Gesellschaft komme? Ich erklärte, daß ich das Übliche allein bezahlen würde und eben Gott danke, wenn ich dafür auch allein sei – und ich war allein in dieser Unterwelt mit zwei halbwüchsigen Burschen, die da und dort Fackeln und Windlichter anzündeten, mich durch die wunderbaren Säulengänge führten und im Nachen fuhren über den finstern, unterirdischen See.
[...]
[In Kassel:] Allein der Pfad, der Wald, die Höhe – alles nahm größere Dimensionen an, als ich erwartet – kein Lüftchen wehte, kein Vogel regte sich im Wald, nur da und dort huschte und guckte ein Eichhörnchen neugierig herab – keine Burg, kein Herkules, kein Mensch ließ sich sehen – doch ja, da stand einer – als wär's der große Christoph selbst, so riesenmäßig und wie jener die mächtige Keule, eine große Axt auf der Schulter. Er grüßte und ich fragte, ob ich auf dem rechten Weg zur Löwenburg sei? Er sah mich verduzt an: »Dahin gehen Sie so allein?« – Es war immer dieselbe Frage! auch im Mariental bei Eisenach hatten sie die Buschweiber getan und als ich geantwortet: »Warum denn nicht? Ich denke es gibt in Thüringen nur lauter gute Menschen! da fürcht ich mich nicht!« hatten sie geantwortet: »Das schon, aber es ist doch plaisierlicher mit einer Mannsperson!« und da ich gesagt, daß ich das nicht fände, hatten sie mir ein schallendes Gelächter nachgesandt. Also überall derselbe Standpunkt. Jetzt war ich nun nicht mehr im gemütlichen Thüringen, ich kam mir entsetzlich weit vom Hause vor und als der lebendig gewordene große Christoph weiter erklärte, ich fände mich nicht allein, er müsse mitgehen und mir den Weg zeigen, war ich doch im ersten Augenblick froh darüber und unüberlegt genug, als er mich weiter examinierte, ihm wissen zu lassen, daß ich allein gereist und weil er an der Sprache hörte, daß ich keine Kattentochter, mich als sächsisches Mädchen verriet – da erschrak ich plötzlich vor dem Blick, mit dem er die Ringe an meiner rechten Hand betrachtete, von der ich den Handschuh abgezogen, eine mir unbekannte Blume zu pflücken – da dachte ich plötzlich, wenn dich der Mann hier erschlägt und ausplündert, denn zerlumpt und grimmig sah er aus, so erfährt kein Mensch etwas davon – er hat dich gewiß auf falsche Fährte

gelockt, denn von der Burg ist ja nichts zu sehen! aber umkehren war so gefährlich wie weitergehen – ich redete nur manchmal sehr laut, wenn doch vielleicht noch ein menschliches Wesen in der Nähe sei – schwül und endlos erschien Weg und Zeit – aber da kamen Stufen, dort oben lag die Burg! Ich atmete auf, bat in meinem Herzen meinem Führer jeden Verdacht ab und gab ihm ein reichliches Trinkgeld, das er freudestrahlend nahm – nur darum war es dem armen Holzfäller zu tun gewesen. [...]

[Über die Weberfahrt:]

Wie wunderte man sich auch auf dem Dampfschiff über die allein reisende junge Dame und meinte, ich wolle irgendwo in Bremen oder sonst mich einer auswandernden Familie zugesellen!

Von Hannover an gab es dann Eisenbahn und da war ja das Reisen ziemlich so wie jetzt, nur hatte man noch keine Damencoupees eingerichtet – sie sind erst in neuerer Zeit eingeführt worden, – seitdem man sich eben nicht mehr wundert, daß Damen allein reisen.

Ich habe dies hier so umständlich aus meinem eignen Jugendleben erzählt, um der jetzigen Generation zu zeigen, wie es noch vor dreißig Jahren gewaltig anders in der Welt war und wie, was mit Post usw. eine große Reise, jetzt nur eine kleine Tour ist, zu der man kaum soviel Tage als damals Wochen brauchte. Zugleich mag auch daran sich nachweisen lassen – eine Mahnung, die auch nicht schaden kann – wie man damals noch unter andern Gesichtspunkten, gleichsam weihevoller, reiste, nicht nur um die Mode mitzumachen und auch mitsprechen zu können. Auch meine ich, man kann nicht oft genug daran erinnern, wie damals engherzige Menschen durch das Alleinreisen *die Weiblichkeit gefährdet* glaubten und eine gewisse Sorte von Männern geneigt war, solche Damen für vogelfrei zu halten, wie man also von allen Seiten *die Frauen von jedem selbständigen Schritt*, jedem *Sichselbstgenugsein,* jedem kleinsten entschiednen *Sich-auf-sichselbst-stellen* und *-verlassen* zurückzuhalten suchte. Gerade auf diesem Gebiet ist die Welt eine ganz andere geworden.

Ich reiste damals wie auch später, nicht um nach Stoffen zu jagen, nicht um bestimmte Studien zu machen, noch um zu dichten – ich reiste aus Liebe zu Gottes schöner Natur, zum deutschen Vaterlande, in reiner, fröhlicher Wanderlust und – um mindestens mir selbst und auch womöglich andern beweisen zu können, daß auch Frauen dazu ein Recht hätten und nicht erst nötig haben sollten, zu warten, bis ein Bruder oder später der Gemahl die Güte hätte, unter seinem Schirm sie mitzunehmen.

Die deutschen jungen Männer – man war und ist ja noch heute so frech, von »der deutschen Jugend« zu reden und dabei nur an Jünglinge, nicht auch an Jungfrauen zu denken – kannten ja kein schöneres Vergnügen und »Bildungsmittel« als zu reisen, warum sollte es den Frauen nicht zugänglich sein? – Freilich, damals wanderten jene noch gern mit dem Ränzchen und Knotenstock ihres Weges, was jetzt kaum noch auf der interessantesten Bergtour geschieht. Daß die Frauen gleiche Strapazen dieser Art wie die Männer aushalten, finden wir nicht für nötig, obwohl viele es können – und eben darum wurden die Eisenschienen auch zum besten Hilfsmittel, »neue Bahnen« einzuschlagen, auch für die Frauen. Das Reisen ward dadurch gleich und gleich leicht für beide Geschlechter.

[...]

Ich weiß, welche ernste Debatten und welche komische Geschichten von Mund zu Mund gingen, als die Leipzig-Dresdner Eisenbahn zu bauen beschlossen ward und als 1837 die ersten kleine Anfangs- und Endstrecken derselben: Leipzig-Machern und Dresden-Oberau befahren wurden, da war des Staunens kein Ende. Als dann im Frühling 1839 die Eröffnung erfolgte – da freute sich wohl jedermann des gelungenen Wunders, aber man hielt doch nur solche Haupthandelswege wie gerade dieser einer war, solchen Unternehmen günstig und trotz aller Feierlichkeiten und allem Menschenzusammenfluß an den betreffenden Tagen, hatten die wenigsten Menschen eine Ahnung von der Tragweite dieser Eröffnung. Ich war auch mit den Schwestern und Bekannten hinüber nach Oberau gefahren, diese Eröffnung zu sehen und den mit bunten Lampen erleuchteten Tunnel – ein neues Weltwunder. Ich liebte nie den Zusammenfluß von Menschen – aber ich vergesse die heiligen Schauer dieses Tages nicht, die da mein junges Mädchenherz bewegten!

[...]

Gönne man und vergönne man einer Frau meines Alters diese Erinnerungen – nicht allein als Beweise, daß sie schon im zarten Mädchenalter sich ein wenig auf ihre Zeit verstand oder daß sie, wenn auch nur »ahnungsvoll«, wie man das ja gemeinhin den Frauen zuschreibt oder ihnen allein zuschreiben will, den Blick vertrauend und prophetisch in die Zukunft – in die Zukunft ihres Volkes, ihres Geschlechtes und der Menschheit richtete und manches sah und empfand, was der Verstand der Verständigen nicht sah, was ihnen darum als Phantasie galt, als Schwärmerei im besten Falle – sondern auch als Trost: daß auch ihre jetzigen

Zukunftshoffnungen, die geradeso wie jene belächelt, verspottet, bekämpft und selbst von Wohlmeinenden nur mit Achselzucken vernommen werden, in aber dreißig, fünfzig Jahren nicht allein Wirklichkeit geworden, sondern von derselben noch überflügelt sein werden –: wir meinen die *Ziele der Frauenbewegung*, die Überzeugung, daß es über kurz oder lang doch zur vollständigen *Gleichberechtigung* beider Geschlechter kommen müsse, so daß man geradeso, wie man jetzt sich wundert, wie man einst geduldig und fröhlich im Postwagen reisen konnte und wenn man auch schon von der englischen Eisenbahn hörte, doch fest überzeugt war, daß dergleichen sich in Deutschland nicht verwirklichen werde, noch daß man je selbst auf einer fahren würde – sich dann auch wundern wird, wie die Frauen je die *heutige Nichtbeachtung* von Gesetz und Staat, die Zurücksetzung, die Schranken in Bezug auf ihre Bildung, ihren Wissensdrang, ihre Selbständigkeit ertrugen – und wie sie so ängstlich und bescheiden nur begonnen, auf »neuen Bahnen« zu wandeln –, und wie es von uns selbst sogar ein Wagnis war, ein Frauenorgan zu gründen und so zu nennen, indes wir doch uns schon um jener Erfahrung und der damit verknüpften Hoffnung willen diesen Titel mit geheimer Symbolik wählten – die vielleicht vielen noch gar nicht klar geworden!

[...] Je mehr die Menschen aufhören niedrige Dienste zu verrichten und erniedrigende Behandlung zu erfahren, je mehr schreitet auch ihre Bildung und Gesittung vorwärts.

Seit der Dampf einen großen Teil der Menschenarbeit übernommen hat, geschieht dies täglich mehr und mehr – die Menschen können sich ihrer Menschenwürde bewußt werden – und dabei darf und kann denn auch auf die Länge das Bewußtsein der *Frauenwürde* nicht ausbleiben – und zwar von beiden Seiten. *Jeder Mensch* hat einen *Selbstzweck*, auch *die Frau hat den ihrigen* und beginnt ihn zu erkennen.

Es ist wahrlich anders geworden in der Welt, und wie das Licht das *Streichhölzchen* in die *Wirtschaft*, in das Haus neuen, ungeahnten Segen trug, so trägt ihn der *Dampf* in die *Volkswirtschaft* in das ganze öffentliche Leben und die *erste Lokomotive wird der Bahnbrecher einer neuen Ära für alle.*

Das Jahr der Arbeiter – vor allem aber der Arbeiterinnen – war für Louise Otto das Revolutionsjahr 1848. Die Ergebnisse ihrer Beschäftigung mit der Lage der Arbeiterschaft, besonders aber mit der schwierigen Stellung der deutschen Arbeiterinnen fanden Ausdruck in Zeitungen wie der Leipziger Arbeiterzeitung *oder in dichterischer Form. Was hier beigefügt wird, ist wiederum nur ein sehr kleiner Teil der vielen Dokumente aus diesem bewegten Jahr, vor allem eine Auswahl der Artikel aus der* Arbeiterzeitung *(wovon der wohl berühmteste, die* Adresse eines Mädchens *an den Minister Oberländer im Arbeitsministerium, in mehreren Neudrucken zu finden ist). Die zwei Briefe betonen wiederum ihr Interesse an Arbeiterfragen; der Brief von einem der drei Herausgeber der* Arbeiterzeitung *macht deutlich, daß Louise Otto von gleichgesinnten Arbeitern, die Wert auf Bildung legten, geachtet und geschätzt wurde.*

15

Leipzig, 1. Dez. 1847

Hochverehrtes Fräulein!
Schon vor einiger Zeit wollte ich mir die Freiheit nehmen, einige Zeilen an Sie, Verehrteste, zu richten. So sehr aber auch die Veranlassung dazu sprach, ein arges Brustleiden nötigte mich, *alles* leider ruhen zu lassen und in das Jakobsspital zu gehen, um daselbst vom 25. Okt. bis 27. Nov. meiner Heilung entgegen zu sehen. Sie ist glücklich erfolgt. Auf meinem ersten Ausgange traf mich zufällig Herr Ernst Keil, der mich zu sich beschied und mir zu meiner großen Freude Ihre *»Lieder eines deutschen Mädchens«* übergab. So sehr ich auch Grund hatte für meine trübe Stimmung, denn Krankheit bringt den besitzlosen Arbeiter bekanntlich sehr zurück, mein Gemüt wurde durch diese freundliche Überraschung erheitert, und dies als ein gutes Vorzeichen betrachtend, ging ich guten Mutes, um in meiner verlassenen Kondition neue Arbeit zu suchen, die mir denn auch gleich wieder zugesagt wurde. Dieses gute Vorzeichen hatte mich also nicht getäuscht.

Meine wenigen Mußestunden, welche mir meine Stellung übrig läßt, werde ich dem Lesen Ihrer »Lieder« mit freudiger Dankbarkeit widmen; sie sollen mir für die nächste Zukunft den so notwendigen Ersatz dafür gewähren, daß ich fünf lange Wochen jeder geistigen Nahrung zu entsagen gezwungen war; und habe ich dann auch alle Ihre Lieder durchgelesen, so wird in späterer Zeit gewiß manche Stunde dazu bestimmt sein, um Ihre »Lieder« zur Hand zu nehmen und sie gern zu lesen, Stärkung für die Kränkung durch die übergroße Zahl der traurigen Zeitbilder suchend und findend.

Früher schon hatte ich erkannt, daß durch Lesen guter Schriften der Geist unter den arbeitenden Klassen ein anderer, besserer werden müsse; da ich mir aber leider sagen mußte, daß hierzu den Leuten die Hauptsache fehle, das Geld, an eine Assoziation unter diesen Leuten zu gemeinsamer Anschaffung hierzu auch nicht zu denken war, so ist es ganz natürlich, daß bis in die neueste Zeit hinein unter uns, den Arbeitern, nur Beschränktheit anzutreffen war und an leider noch sehr vielen Orten anzutreffen ist. [...]

Kurz vor meiner Krankheit nun wollte ich zur Ausführung meines oben angegebenen Mittels zur Aufklärung unter uns schreiten und hatte auch bereits ein Zirkular an die freisinnigen Buchhändler Leipzigs abgefaßt, in welchem ich und meine Gleichgesinnten um ein Geschenk von Büchern und Zeitschriften zum Behufe der Errichtung einer Bibliothek für die Buchdruckergehilfen Leipzigs bat, mit dem Zusatze jedoch, diese Angelegenheit vorerst noch geheim zu halten, weil einige Namen der Unterzeichner besagten Zirkulars den Behörden aus den Zeiten des von letzteren unterdrückten Guttenbergvereins möglicherweise noch in gutem Gedächtnis stünden, sonach die ganze Sache im Keim erstickt werden könne. Während meiner Krankheit blieben meine Freunde nicht müßig und wurden von den Herren Keil [...] sehr gut aufgenommen, so zwar, daß ich nach meiner Genesung bereits eine Sammlung von ca. 60 Büchern antraf, alle geschenkt; Herr Blum, den ich gestern besuchte, gab mir auch alles, was in seinem Verlage erscheint und erscheinen wird. [...] Wir sind also in sehr kurzer Zeit schon sehr reich geworden, wollen aber noch ein Jahr im Stillen sammeln, um dann festen Grund und Boden habend, umso sicherer den gesamten Leipziger Kollegen das Anerbieten machen zu können, gegen eine wöchentliche Steuer von 5 Pfg. Miteigentümer der Bibliothek werden zu können.

Nachdem ich mir nun erlaubte, eben Gesagtes vorauszuschikken, wage ich, im Vertrauen auf Ihren *deutschen Sinn*, die Bitte an Sie, Verehrteste, zu richten, wenn es im Bereiche der Möglichkeit liegt und ohne Verursachung von Kosten Ihrerseits, unserer »Volksbibliothek« (und eine solche ist sie bereits zufolge ihrer einzelnen Bestandteile) von jedem von Ihren verfaßten Büchern ein Exemplar schenken zu wollen! Ich habe von Ihnen nur »Schloß und Fabrik« gelesen, aber was ich darin fand, sagt mir, daß Ihre Schriften notwendigerweise einen der ersten Plätze in unserer Bibliothek einnehmen müssen. Wären wir wenigen (es sind ihrer zehn) in guten Verhältnissen, so würden wir es nicht wagen, Sie um Schenkung Ihrer Schriften zu bitten. In Angelegenheit der jungen Bibliothek haben wir für das Binden der Bücher bereits 5 Thlr. und um das Fortbestehen der »Typographia« [der späteren Leipziger »Arbeiterzeitung«] zu ermöglichen, vom Januar 47 bis jetzt 40 Taler zusammengebracht, ohne meinen Verlust der Zeit mit eingerechnet, der durch das Redigieren des Blattes entstehen mußte; doch trage ich ihn gern, denn was ich tue, geschieht für meine Brüder! –

Jetzt vermehrt sich, Gott sei Dank, die Auflage, denn während meiner Krankheit sind gegen 80 neue Bestellungen eingelaufen.

[...]

Mit dem bescheidenen Wunsche, mir durch Herrn Keil Ihre Willensmeinung über den letztberegten Punkt freundlichst zugehen lassen zu wollen, habe ich die Ehre zu sein,

in aller Hochachtung
dero ergebener
Oskar Skrobek,
Setzer bei F. A. Brockhaus.

16

An Herrn Rentamtmann Preusker [?] in Großenhain

Meißen, den 28.7.48

Hochgeehrter Herr,

Soeben aus Dresden zurückgekehrt, wo ich mich ein paar Wochen aufhielt, finde ich Ihr wertes Schreiben. Dasselbe hat mich mehr als in einer Beziehung unendlich erfreut. Einmal durch das Zeichen Ihres Vertrauens, als welches es mich besonders überrascht u. ermutigt hat, denn ich sehe mich u. mein Wirken von vielen Seiten verkannt u. angefeindet, fühle mich also um so mehr gehoben, wenn ein Mann von Ihren Erfahrungen u. Ihrer Tatkräftigkeit mir zur Seite steht; aber jetzt, wo die Zeit der Praxis selbst für uns Dichterinnen gekommen, bin ich auch mit Ihren »Bausteinen« beschäftigt, um daraus für die Volkserziehung zu lernen. – Daß mir Ihr Schreiben auch um der Sache selbst willen sehr willkommen war, werden Sie ersehen,

wenn ich Ihnen Rechenschaft ablege über die Schritte, welche ich in derselben Angelegenheit getan habe. Meine Adresse für die Arbeiterinnen haben Sie in der Lpzg. Ztg. gelesen. – Sie ist bereits damals in den Sitzungen der vorbereitenden Kommission besprochen worden u. der Minister Oberländer schrieb mir selbst sehr freundlich, ich möge ihn besuchen, sabald ich nach D. komme. Vor 8 Tagen war ich ziemlich lange bei ihm u. sprach auch für die Schneidermädchen. Er sagte, er sei ganz auf unsrer Seite u. fügte in seiner gemütlichen Weise hinzu, »die hiesigen Schneider sind aber wie närrsch, sie wollen sogar das Dekret von 1831 aufgehoben sehen, woran aber nicht zu denken ist, sondern was nur neu bestätigt werden kann. Nach D. nach muß diese Arbeit ganz in die Hände der Frauen kommen, die Schneider dürfen später keine Männer mehr lernen.« Und er versprach mir's mit der Hand, in diesem Sinne zu wirken.
Unterdes hatte ich auch einen größeren Art.: »Weibliche Arbeiter« in No. 12 des »Leuchtturm« geschrieben u. »für die Arbeiterinnen« über Frauenschneiderei in die Lpzg. Arbeiterzeitung, welchen letzteren Art. ich an den Abgeordneten Herkant schickte, der in der 2ten Kammer eine Petition der Lpzg. Schneiderinnen bevorwortete u. mir auch schriftlich versprach, in dieser Angelegenheit zu tun was er könne. – Ich weiß nun nicht, ob es nach diesen Vorarbeiten noch einer besonderen Eingabe an die Kommission bedarf, doch bin ich auch dazu bereit u. bitte in diesem Fall um eine Abschrift Ihres Art., der ich dann etwa noch eine spezielle Entgegnung gegen die Petition der Schneider, die mir vorliegt, beifüge. Ihren Namen werde ich verschweigen, aber sagen, daß mir das Gutachten von einem Freund der unterdrückten Arbeiterinnen, der ungenannt zu bleiben wünscht, übergeben sei. Den mir zugeschickten Artikel werde ich mit gleicher Bevorwortung an eine Freundin in Dresden senden, die Mitarbeiterin des Dresd. Jornals ist u. ihn hoffentlich da hineinbringen kann. Mir selbst ist das leider nicht möglich, da ich nie Mitarbeiterin des Blattes war u. es mich u. mein Prinzip selbst mehrmals angegriffen hat, wird die Redakt. schwerlich einen Artikel aufnehmen, den *ich* einschicke. Das unselige Partei- und Cliquenwesen herrscht nirgends schlimmer als bei diesen Journalen, man muß es selbst ertragen od. benutzen. Es würde mir zur großen Ehre u. Freude u. der guten Sache vielleicht zum Nutzen gereichen, wenn wir uns mündlich über diese Angelegenheit beraten könnten. Ich weiß nicht, ob Sie vielleicht einmal die kleine Tour hierher machten? od. nur die

Spazierfahrt nach Niederau, wo ich gewiß hinkomme, sobald Sie mich vorher in Kenntnis setzten, wenn Sie dort einträfen? Kommen Sie bei Ihren gereiften Lebenser[fahr?]ungen noch auf andere Mittel, Erwerbs[zweige?], womit wir den armen Arbeiterinnen aufhelfen könnten, so haben Sie ja die Güte, mir Ihre Ansichten mitzuteilen u. rechnen Sie auf meine Unterstützung, soviel in meinen Kräften ist.
Mit dem Gruß aufrichtigster Hochachtung verbleibe ich
Ihre ergebenste

Louise Otto

In der Stadtverordnetensitzg. in Dresden ist die Sache der Schneiderinnen auch zur Sprache gekommen, von den Gegnern aber so ins Gemeine gezogen worden, daß die Frauen auf den Galerien sich genötigt gesehen haben zu gehen.

17
Die Spitzenklöpplerinnen

[...]
Wohl, solange man nicht energisch eingreifen kann, mag man die Klöpplerinnen unterstützen – aber niemals die Klöppelei, denn diejenigen, welche dies wollen, wissen eben *nicht, was sie tun.* Ich will es Euch sagen: sie unterstützen ein menschenmörderisches Gewerbe. Sie unterstützen es, daß Tausende von Mädchen und Frauen – und endlich ganze Generationen – einer Sache zum Opfer fallen, die nicht den geringsten Nutzen hat, der Produktion von künstlichen Gewerben, welche die Maschinen besser und kunstreicher als die Menschenhände liefern und die nur ein Artikel des Luxus sind, desselben Luxus, gegen den man wieder von anderer Seite eifert, als ob er alles Elend der Welt verschulde, während man ihn als Rettungsengel wieder heraufbeschwört, wo man sich nicht anders zu helfen weiß. [...] Bei den Minderbegüterten wird die Putzsucht der Frauen mit Recht als eine große Quelle vieler Übel und zerrütteter Familienverhältnisse angeführt – nun, so heile man sich mit dem jesuitischen Grundsatz: der Zweck heiligt das Mittel, um der Spitzen willen der weiblichen Putzsucht einen Vorwand zu geben!

[...]
Meist schon vom 4. Jahre an werden die Mädchen im Gebirge entweder in eine Klöppelschule geschickt oder sie lernen daheim

klöppeln von der Großmutter oder Mutter. Ein paar Stunden bringen sie in der gewöhnlichen Schule zu, die andere Zeit des Tages müssen sie am Klöppelkissen sitzen. – Daran vergeht nun ihre ganze Lebenszeit. Sie sitzen gebückt daran und dürfen kein Auge von den feinen Fäden verwenden, die sie um unzählige blitzende Nadeln schlingen, welche sie immer wieder neu einstecken müssen. Eine Menge kleiner Klöppel werden von den leichtbeweglichen Fingern kunstreich hin- und hergeworfen. Man kann sich denken, daß zu einer solchen Beschäftigung sich nur feine Hände und Finger eignen, sowie nur scharfe Augen, welche vor dem immerwährenden Sehen sich aber doch abnutzen, immer matt und gerötet aussehen und endlich ganz blöde werden. Das stete Sitzen aber und die gebückte Stellung von frühester Jugend an, sowie die stete Stubenluft hemmen schon jede körperliche Entwicklung, statt jugendlich blühende Geschöpfe gewahren wir dort nur engbrüstige gebückte Mädchengestalten mit bleichen Gesichtern, tiefliegenden, glanzlosen Augen und abgezehrten durchsichtigen Händen – wird ein solches kränkliches Mädchen Frau, so kann sie auch wieder nur schwächliche, bleiche Kinder gebären. [...]
Da sagen nun freilich die klugen Leute anderer Orte: die Frauen müssen etwas anderes anfangen, sie mögen auf Tagelohn gehen, die Mädchen mögen dienen usw. Wohl, so können die sprechen, welche das Gewerbe nicht kennen – die schwächliche Klöpplerin *kann nicht* mit ihren zarten Händen die groben Arbeiten verrichten, welche im Dienst und beim Tagelohn verlangt werden – es gibt nur ein Mittel: den Kindern etwas anderes als Klöppeln lehren zu lassen – diese Sorge haben diejenigen zu übernehmen, welche helfen *wollen*, die freien Hilfsvereine und die, welche helfen *müssen*, d. h. der Staat, die Gesellschaft. [...]
Hält man die geklöppelten Spitzen für unentbehrlich und mag man die Spitzenklöppelei nicht ganz aufheben, so betrachte man sie doch als einen Luxusartikel – des Tages ein paar Stunden klöppeln kann nicht schaden, aber dann bezahle man die Arbeit auch so nach ihrer Mühseligkeit – nicht die Not müsse sie dazu zwingen. Hier ist durchgreifende Hilfe Not. [...] !

18
Für die Arbeiterinnen

Führer und Mitarbeiter dieser Zeitung!
Sie haben mir das schöne Recht gegeben, in dieser Zeitschrift als Ihre Genossin, als die geistige Bundesgenossin der Arbeiter zu erscheinen. Ich bin stolz auf diesen Platz, den Sie mir einzunehmen erlaubt, aber ich meine ihn nur dann würdig ausfüllen zu können, wenn ich unter Ihnen vorzüglich die Sache derer vertrete, die außerdem nicht vertreten sind und die als die Schwächsten und Hilflosesten zumeist der Vertretung bedürfen. Gestatten Sie mir daher zunächst für die *Arbeiterinnen*, für Ihre Mütter, Gattinnen, Schwestern, Bräute und Töchter zu sprechen. Indem ich die Sache dieser Frauen führe, führe ich zugleich die Ihrige mit, denn Sie können nicht wollen, daß diejenigen, welche Ihnen die Nächsten im Leben sind, nicht auch ihr Teil haben sollen von den Verbesserungen, die hoffentlich recht bald Ihrem Lose, dem Lose der arbeitenden Klasse überhaupt zuteil werden müssen [...] nein, die deutschen Arbeiter wissen sich selbst zu vertreten – aber die Arbeiterinnen wissen es nicht – in ihrem Namen bin ich hier! [...]
Wenn es gilt, den Arbeiterinnen mehr Gelegenheit zur Arbeit und vorzüglich zu lohnender zu verschaffen, so ist es ein Geschäft, das ich besonders für sie in Anspruch nehmen und eigentlich ganz allein in Ihren Händen sehen möchte: es ist die Anfertigung der Frauenkleider.
Viele Mädchen haben sich bereits diesem Geschäft gewidmet, allein das Gesetz (bei uns in Sachsen wenigstens) gestattet ihnen nur, es auszuüben, wenn sie zu den Familien, die bei ihnen arbeiten lassen, auf die Stube gehen. Diese Beschränkung muß aufgehoben werden. Es muß den Frauen gestattet werden, Schneiderwerkstätten zu errichten, in denen nur von Frauen für Frauen gearbeitet wird. Dies Verhältnis ist eigentlich so natürlich, daß es gar keiner weitern Bevorwortung bedarf.
[...] Suchen wir doch ja, indem wir die gesellschaftlichen Zustände neu ordnen, immer das Übunggemäßeste hervor und das ist doch offenbar in dem gegebenen Fall dieses: daß die Männer für die Männer, die Frauen für die Frauen arbeiten. [...]
Wäre es gestattet, daß die Frauen auch Werkstätten errichten und und Mädchen bei sich lehren und arbeiten lassen dürfen, ganz so wie es in den Putzgeschäften geschieht, so würden auch die Frauen in diesem Fach das Beste und Tüchtigste leisten. [...]

Muß ich mich auch im Prinzip dafür erklären, daß die Schneiderei für Frauen auch nur von Frauen ausgeübt werde, so fällt es mir doch nicht ein, jetzt etwa irgendeine solche Forderung tun zu wollen, welche die Existenz einer ganzen Korporation vernichten oder nur gefährden sollte. Ich denke, wer mich irgend aus meinen Schriften kennt, muß wissen, daß ich eine Feindin aller Gewaltmaßregeln bin. Für jetzt besteht meine einzige Forderung darin:

1. Man gestatte den Schneiderinnen, auch auf ihrer eigenen Stube für andere Frauen zu arbeiten.
2. Man gestatte den Frauen, selbständige Schneiderwerkstätten, eigene Geschäfte nach Art der Putzmacherinnen, zu errichten. Die jetzigen Damenschneider mögen ihre Geschäfte fortsetzen, aber es wäre sehr zeitgemäß, wenn sie von jetzt an auch Mädchen unterrichten und wenn künftig keine jungen Männer mehr ein Gewerbe erlernen wollten, das im Grunde so wenig für Männerkräfte paßt. Diejenigen, welche nur eben anfangen, die Kleiderkunst für Frauen zu lernen, würden sehr wohl tun, wenn sie dafür noch in Zeiten der Arbeit für Männer sich zuwendeten.

Es sollte mir leid tun, wenn dieses Begehren, das ich im Namen von Tausenden meiner armen Schwestern ausspreche, mir Feinde unter den Arbeitern erwecken könnte, deren aufrichtigste Freundin ich bin. Ich will es nicht fürchten. Ich bin überzeugt, viele von Ihnen, meine Herren, haben eine Schwester, Tochter oder Braut, die sich durch sogenannte »weibliche Arbeit« ihr Brot gern verdienen möchte und es doch kaum kann, weil hier auch dem angestrengtesten Fleiß nur ein kümmerlicher Lohn wird – und Sie werden sich freuen, wenn Sie eine Gelegenheit sehen, diesen Mädchen endlich eine nützliche und lohnende Beschäftigung zu verschaffen. Nein! nicht nur Sie, welche Familienbande an gedrückte Arbeiterinnen knüpfen, werden wünschen, daß ihr Los verbessert werde – Sie alle, welche von dem göttlichen Inhalt des neuen Zeitbewußtseins, dem der Freiheit und Gleichheit, durchdrungen sind, werden mir kämpfen helfen für das Wohl Ihrer Schwestern. Ja, diese Zeit heischt andere Anschauungen als die alte, denn dieser neuen verdankt sie es eben, daß sie neu geworden! Und Sie, Arbeiter! haben diese neue Zeit heraufführen helfen. Sie haben für sie an den Barrikaden gekämpft und Ihr Leben eingesetzt für die Freiheit – Sie haben aber auch die Barrikaden fröhlich abgetragen, da der Sieg errungen war. Nun, so tragen Sie auch noch ferner die Barrikaden ab, die in unserm Gemeinleben noch stehengeblieben und hinter denen die Vorurteile der alten Zeit sich verschanzt halten. Wenn Sie sich untereinander *verbrüdern*, so vergessen Sie nicht, daß Sie auch *Schwestern* haben, mit deren Wohl und Wehe das Ihrige Hand in Hand geht und gehen muß! – Der Tag der allgemeinen Vereinigung muß für uns alle kommen!

Als in Paris die Republik verkündet wurde, so waren die Schneidergesellen die ersten, welche vereinigt zu dem edeln Lamartine zogen und in seine Hände ihre Huldigung der neuen Republik legten. Er sagte ihnen in seiner schönen Antwort unter anderem: daß er die Herren Schneidergesellen immer für die entschiedensten Träger des Fortschrittes und die aufgeklärtesten Köpfe gehalten. – Wenn ich es jetzt wagte, mitten in dem Organ der Arbeiter eine Forderung aufzustellen, welche, ich gestehe es, die Herren Schneidermeister und Gesellen nicht erfreulich berühren kann, so tat ich es mit leichterm Herzen, weil ich denke wie Alphons von Lamartine. Es ist ein Fortschritt, den ich beanspruche – und liegt es einmal im Geiste alles Fortschreitens, daß da und dort Opfer gebracht werden müssen, so meine ich, diejenigen, von denen hier zunächst das Opfer gefordert wird, werden seine Notwendigkeit einsehen und es deshalb bringen.

Der Brief, der diesen Teil einleitet, zeigt deutlich, wie ungünstig die Zeiten waren für die Gründung von Louise Ottos Frauenzeitung. *Daß das kühne Unternehmen dann vier Jahre fortbestehen sollte, hatte wohl anfangs niemand geahnt, aber ihr »Mittel zum Wirken« gewann mehr Publikum und Achtung, als sie es für möglich gehalten hatte.*

Die folgenden Auszüge beschränken sich auf die Jahre 1851 bis 1852 der Frauenzeitung, *da diese Jahrgänge in dem 1980 erschienenen Neudruck der Zeitschrift nicht berücksichtigt wurden. Alle Auszüge sind chronologisch geordnet und illustrieren vor allem die gemäßigte, indirekt argumentierende, aber immer demokratische Gesinnung der letzten Jahre, in denen der sorglose, fast radikale Ton der Anfangsjahre 1849 und 1850 nicht mehr am Platze war. Als Beispiele der neuen Vorsicht, die trotzdem Wege fand, den Idealen treu zu bleiben, beachte man besonders den Kommentar zur Sage von Kunigunde und den offenen Brief an die vier Korrespondentinnen: In beiden Fällen spürt man noch die Louise Otto der vierziger Jahre, ihre Beharrlichkeit, die zwar entmutigt, nie aber ganz besiegt erscheint. Pragmatisch, wie sie war, wagte sie keine unbesonnenen Schritte, wußte aber gleichzeitig – in einer der wohl ersten feministischen Interpretationen eines Märchens –, ihre eigene andersdenkende Meinung auszusprechen.*

19
An einen Unbekannten

Meißen, den 12. 6. [wohl 1849]

Mein lieber Freund!
Endlich eine Freude! es war die, als ich Ihr Lebenszeichen erhielt. Tausend Dank, daß Sie mir schrieben, Ihnen und auch Gott, der Sie uns erhielt! – Wie oft hatte ich in dieser »gräßlichen« Zeit Ihrer gedacht, wie viel nach Ihnen gefragt, aber ich blieb ohne Nachricht und wußte nicht, wo Sie waren. – Ja, ich sage mit Ihnen, daß jetzt wir »Übriggebliebenen« doppelten Wert haben, zumal füreinander! Was soll ich Ihnen schreiben, was ich unterdes empfunden, gelitten, Sie können es ahnen! Wie alles »vorbei« war, bin ich einige Zeit in D. [Dresden] gewesen, den Schmerz der Frauen zu teilen, deren Männer jetzt die Opfer sind, denn es ist, wie die Blöde sagte: »es ist ja kein honetter Mann in D. mehr frei!« – Der »Kriegszustand« ist eine gute Schule, sich zu stärken im Haß. Darum sage ich alles, was geschehen, weil nun die letzte Brücke der Vereinbarung zerbrochen und die Kluft tief und unüberschreitbar genug geworden, alle »Halben« zu verschlingen. Wohl uns, so sind wir sie los! – Wenn Sie wüßten, wie mir hier begegnet wird, – ich glaube, Sie lachten mit mir darüber und freuten sich, daß Ihre Freundin der Partei keine Schande macht! – Im Kreis meiner »Bekannten« kann ich die wenigen schnell zählen, die noch mit mir umgehen – sie weichen mir aus, sie schimpfen mich, sie grüßen mich nicht mehr, und wo sie es indirekt mich können hören lassen, schimpfen sie auf unsere Partei und die »Banden« in D. – das sind die »feinen, gebildeten Leute«, der »Pöbel« hält wohl noch zu mir, aber die guten Menschen wagen doch nicht, sich ohne Not mir zu nähern, es könnte ihnen dafür schlecht gehen. –
Unter solchen Umständen ist meine »Frauenzeitung« mein einziger Trost – es ist doch ein Mittel zum Wirken und ich habe mich mehr als von ihrer Notwendigkeit überzeugt. Ich hatte Auftrag gegeben, Ihnen nach Ölsnitz die Probenummer und

auch Nr. 2 zu senden, Sie haben es aber wohl nicht erhalten. Ich schicke Ihnen hiermit Nr. 2 und die beiden letzten No. Jetzt würde ich Ihnen nur doppelt dankbar sein, wenn Sie mir *recht bald* einen Beitrag schicken wollten, denn die Freunde, die ihre Mitarbeit zugesagt, Peters, Semmig usw. sind fort und die Freundinnen sind teils zu niedergedrückt, jetzt schreiben zu können. Ich war somit fast auf mich allein beschränkt und mußte auch einiges zurücklegen, das der »Kriegszustand«, der mich vorsichtig, aber nicht feig gemacht, nicht vertrug. – Denn in D. wird das Blatt am meisten gelesen. – Können Sie mir nicht Ihre Freundin im Voigtland, deren Brief schon abgedruckt, als Korrespondentin verschaffen? Bitte, tun Sie für das Blatt, was Sie können! Brauchen Sie Probenummern zu diesem Zweck, so holen Sie dieselben bei Hr. Buchhändler *Matthes*, durch ihn bitte ich Sie auch, mir Ihre Briefe und Beiträge zu senden. Ist die Blum in Leipzig? dann grüßen Sie sie und schreiben Sie mir, wie es ihr geht. Ich höre, daß Ernst Keil bedenklich kränkle – können Sie mir nichts Gewisses darüber mitteilen?
Wenn bis dahin nicht wieder alles sich geändert, so denke ich Ende Juli ein paar Tage nach Leipzig zu kommen – es wird unter den Lieben manch »teures Haupt« fehlen!
Können Sie nichts tun, mein Blatt aufs Museum zu bringen? Wissen Sie nicht unter gleichgesinnten Freunden solche, die mich mit ihrer Mitarbeit erfreuten? Für die Belletristen namentlich ist ja jetzt eine schlechte Zeit und ich kann auch kleine Tendenznovellen und dergleichen brauchen. Sonst fanden sich immer viel solche »angehende« Schriftsteller in L., die nur froh waren, wenn sie etwas von sich gedruckt sahen – Solchen empfehlen Sie mein Blatt. – Haben Sie mein Bild im »Leuchtturm« gesehen und hat es Ihnen einen Eindruck von Ähnlichkeit gemacht?
Um *baldige* Antwort bittet

Ihre unwandelbare
Louise Otto.

20
Programm

Die »Frauen-Zeitung« erscheint wieder!
Man wird darüber erstaunen, da ich in Nr. 52 derselben am Schluß des Jahres ein trauriges Abschiedswort geschrieben habe und wiewohl ich darin »das heilige Aufhören dieser Zeitschrift eigentlich nur als eine Suspensation« betrachtete, so ist doch

seitdem in den allgemeinen Verhältnissen noch keineswegs jene glückliche Veränderung eingetreten, von welcher ich glaubte, die Auferstehung oder Fortsetzung der »Frauen-Zeitung« abhängig machen zu müssen – und dennoch erscheint dieselbe wieder.
Als ich jenes Abschiedswort schrieb, glaubte ich zwar an die Teilnahme aller Gleichgesinnten, die es finden und mit der man das Aufhören der »Frauen-Zeitung« da und dort als einen Verlust mitfühlend betrachten würde – allein ich ahnte nicht, daß dies alles in so großem Maße und in so weiten Kreisen der Fall sein könnte als unzählige Briefe und Zuschriften es mich lehren. Darunter waren Anerbietungen der ehrendsten und aufopfernsten Art: was in *Sachsen* geendet in einem andern deutschen Staat fortzusetzen oder neu zu beginnen. Aus *Preußen*, namentlich aus *Schlesien* und *Breslau* und vielen andern Orten überhäufte man mich mit Bitten und Anträgen, die »Frauen-Zeitung« als Organ einer Sache zu erhalten, für die es gegenwärtig kein anderes in *Deutschland* gibt – und so erscheint denn die »Frauen-Zeitung« wieder in *Gera* ganz in dem früheren Geiste, nur mit einem Unterschied, daß wegen meiner zu großen Entfernung vom Druckort die *verantwortliche* Redaktion sich statt in den meinen, in den Händen der Verlagshandlung befindet.
Des größten Teils unserer früheren Mitarbeiterinnen und Mitarbeiter sind wir gewiß, und indem wir alle hierdurch nochmals auffordern, uns mit Beiträgen zu unterstützen, richten wir dieselbe Bitte an alle, welche mit unseren Bestrebungen übereinstimmen, uns ihre eigenen Ansichten und Erfahrungen mitzuteilen. Denn ich wiederhole das Frühergesagte: es werden sich immer anerkannte Schriftstellertalente unter unsern Mitarbeitenden befinden, aber es liegt uns besonders daran, auch Mitteilungen von solchen Frauen zu erhalten, welche nicht selbst Schriftstellerinnen sind, aber durch ihre Beobachtungen und Erzählungen von Tatsachen aus dem wirklichen Leben unseren Zwecken ebensoviel und oft mehr nützen können als jene. Dies mögen unsere Leserinnen beherzigen. Diejenigen, welche sich – das Weib zum Weibe – lieber vertraulich an mich wenden, als an die Verlagsbuchhandlung, ersuche ich, direkt an mich zu addressieren.
Die Tendenz der »Frauen-Zeitung« bleibt die alte. Sie ist ein Organ für die höheren weiblichen Interessen. In der Zeit der gegenwärtigen politischen Kirchenstille werden wir es mehr als früher mit unseren sozialen, denn wie mit den politischen Angelegenheiten zu tun haben, und wenn wir uns früher auf

Beurteilungen der letztern einschließen, so werden wir dies nur noch tun, wo sie uns ganz speziell berühren. Die jetzige Politik berührt die Frauen nicht wie diejenige der kürzlich vergangenen Jahre. Wir sagen bei Beginn dieses *dritten* Jahrgangs der »Frauen-Zeitung«, »lasset die Toten ihre Toten begraben« und wenden uns freudig dem Leben der Zukunft zu. Denn die Zukunft ist unser. Mehr als je werden wir es beweisen, daß wir sie im Auge haben, indem wir unserem Wahrspruch treu bleiben. So möge denn das neu erweckte und verjüngte Unternehmen auch überall neue Teilnahme finden, damit das wieder flott gewordene Fahrzeug, wie diese eine Klippe, auch jede andere überwinden könne!
[...]

21

Die Sage der Kunigunde:

Um das schöne, reiche Fräulein *Kunigunde* bewarben sich viele Ritter – wie es heutzutage noch vielen Männern um reiche Mädchen geschieht – aber *Kunigunde* wollte lieber frei bleiben, als sich zur Sklavin eines Mannes machen, der nur ihr Geld und vielleicht ihre Schönheit begehrte, aber nach ihrem Herzen nicht fragte, oder für den dieses nicht sprach. Und weil es ihr nun langweilig ward, den vielen Freiern immer dasselbe zu erwidern, so sagte sie, daß sie nur dem ihre Hand geben werde, der die Ringmauer der Burg umreiten könne, ohne hinabzustürzen. Sie kannte die törichte Eitelkeit der Männer, ihren unendlichen Ehrgeiz nicht, um voraussetzen zu können, daß diese auch nun noch zur Burg kommen würden zur gefährlichen Werbung. Gewiß hat sie ihnen oft gesagt: Euer Versuch ist Euer Tod – steht doch davon ab! – aber dies spornte die Eitlen nur umso mehr an, da es ihren Widerspruch reizte, und so ritten sie in ihren Tod. Dann kam der, dem ihr Herz entgegenschlug, und sie bat ihn, abzustehen, aber er achtete ihrer demütigen Bitte nicht; sein Ritt gelang – und dann wandte er sich höhnisch und verschmähend von ihr ab, die ihn liebte – seine Brüder, die kecken Ritter, habe er nur rächen wollen, sagte er – und *Kunigunde*, verschmäht und verachtet von dem, den ihre erste keusche Liebe beglücken wollte, warf nun sich selbst von der unseligen Ringmauer hinab.
So ist die Sage – und nun ich sie erzählt, einfach, wie sie ist, frage ich Euch: war denn *Kunigundes* Handlung nicht in der Sitte des Mittelalters begründet, und jagte sie denn die Ritter in den Tod?

– sie brauchten ja nicht zu kommen, so war der Zweck der Jungfrau erreicht. Und war sie wirklich so stolz und kalt, wie man sie verschreit, umso lächerlicher machen sich eigentlich die Ritter, die dennoch um sie warben. Und als nun die Liebe ihr aufging – wo sehet ihr je ein Weib, das weiblicher handelte? – Aber der, den sie liebt, macht ihr ein Verbrechen daraus, daß sie die andern vor ihm nicht geliebt – d. h. in populärster Sprache: der stolze Mann fühlt sich verpflichtet, sein ganzes Geschlecht an der Jungfrau zu rächen, die nicht mit Demut und Entzücken zu dem ersten besten Manne, der ihr seine Hand bot, »ja!« sagte – die gerühmte Rittertat ist nichts, als die Brutalität des Mannes, dem keuschesten, weiblichsten Weib gegenüber – und die Lächerlichkeit des Philisters ist sein Heldenmut! – Aber der heutige Philister verehrt den ritterlichen Philister des Mittelalters – *Sieh, Kunigunde*, die Zeiten sind noch heute wie damals, aber vielleicht steigen bald bessere, menschlichere herauf! – Es zieht ein heiliges Morgenwehen durch alle Lande, das bald alle Nachtgespenster verjagen wird. Die deutsche Nation erkennt ihr Recht, und in ihr sowohl wie ihre Bürger erkennen auch die Frauen und Proletarier ihre Rechte – und die, welche nicht nur scheinbar und heuchlerisch, sondern aufrichtig und entschieden der Nation, was sage ich? – der *Menschheit!* – zu ihrem Rechte verhelfen wollen, die haben es erkannt: daß es keinen andern Fortschritt gibt als einen allgemeinen, keine andern Freiheiten als die einig alle und alle umfassende Freiheit!
Kunigunde schwebte in Gestalt einer lichtweißen Wolke zum Himmel auf. Und solch' ein zartes Duftgebild, webe und schwebe sie fort und fortan im Gebiete der deutschen mittelalterlichen Sage, nicht als eine häßliche Spukgestalt, als ein finsterer Dämon, wozu eine rohe Anschauung der Dinge sie leicht verdüstert hat.

22
Genialität

Es ist die Maßlosigkeit der Subjektivität, an welcher die meisten genialen Frauen leiden oder zu Grunde gehen.
Wir können es in der Tat den Männern nicht verargen, wenn sie lächelnd und kopfschüttelnd auf den Entwicklungs- und Bildungsgang auch der genialsten Frauen blicken. Denn eigentlich ist für einen Mann, der doch immer von frühester Jugend an auf ein bestimmtes Ziel losarbeitet, dieses weibliche in den Tag

Hineinleben geradezu unbegreiflich, und dies ist auch oft der Hauptpunkt, woran das gegenseitige Verstehen von Männern und Frauen so oft scheitert. Daß es so ist, ist eben nicht die Schuld der Frauen, sondern der Verhältnisse – aber es ist vorerst nicht die Aufgabe dieses Artikels, mit diesen Verhältnissen zu rechten, sondern nur deren Folgen aufzuklären.
Die meisten genialen Frauen sind das, was sie sind, nur durch die Zufälligkeiten ihrer Schicksale und eine ihnen inwohnende unklare Sehnsucht nach höherer Bestimmung, ich möchte sagen durch eine Art Instinkt, geworden – nicht durch Unterricht, nicht durch Hinleitung auf ein bestimmtes Ziel, nicht durch das Streben nach einem erwählten Beruf, wie die Männer. Die Frauen, die sich aus der Alltäglichkeit und Unselbständigkeit, in der sich die meisten ihres Geschlechtes befinden, herausarbeiten, verdanken dies eben nur ganz allein sich selbst, nicht der Gunst, sondern der Ungunst ihres Schicksals (im gewöhnlichen Sinne gesprochen). Die später als Künstlerinnen, Schriftstellerinnen oder in sonst einer nicht alltäglichen Sphäre als weibliche Talente sich auszeichneten und Anerkennung erwarben, verdanken dies eben fast nie oder nur sehr selten ihren Verhältnissen, ihrer Erziehung oder ihren Familien – sondern vielmehr nur *dem Kampf mit ihnen.* Dies Bewußtsein, nicht *durch sie*, sondern *trotz ihnen* etwas geworden zu sein, ist es, was die meisten genialen Frauen zuerst veranlaßt, ihr eigenes, subjektives Ermessen, Wollen und Erkennen höher anzuschlagen, als dies der Fall sein würde, wenn sie dieselbe Stufe der Bildung und Entwicklung in der Weise erreicht hätten, wie die meisten Männer die ihrige. Das Planlose und Ungeordnete unzähliger Frauenleben, die in Küche und Kinderstube ihre Befriedigung nicht finden, ist es, was zunächst dem Vorurteil der Alltagsmenschen gegen sogenannte geniale Frauen einen Schein von Berechtigung gibt.
[...]
Aber freilich, die meisten Frauen kommen gar nicht dazu, diesen innern Ruf zu vernehmen; die Begabtern selbst empfinden meist als Mädchen zunächst nur eine unklare Ahnung, daß Nähen und Kochen sie nicht befriedigen werde für das ganze Leben – sie empfinden den Druck einer beengenden Häuslichkeit und eines Familienlebens, das nicht selten nichts anderes ist als Familientyrannei – sie empören sich im Innern gegen diesen Zwang und suchen ein Mittel, ihm zu entrinnen.
[...] Da geniale Frauen – in der gewöhnlichen Bedeutung des Wortes – immer noch mehr zu den Seltenheiten gehören oder

als etwas Außergewöhnliches betrachtet werden, als geniale Männer – so liegt es schon dadurch nahe, daß jede geniale Frau – d.h. nur jede Frau, die über das gewöhnliche Niveau der weiblichen Bildung sich erhebt – eine Art von Aufsehen erregt. Von allen Seiten beaobachtet, von klatschsüchtigen Frauen bekrittelt, von philisterhaften Männern mißtrauisch betrachtet – ist schon die Versuchung nicht gering, sich selbst für eine bedeutendereErscheinung zu halten, als sie in der Tat ist. Dazu kommt das Bewußtsein, alles, was sie an geistigen Schätzen sich erworben und an Ausbildung ihrer Talente gewonnen hat, gleichsam dem Schicksal, den Verhältnissen abgerungen zu haben und wie der Sprachgebrauch sich ausdrückt: Alles, was sie ist, aus und durch sich selbst geworden zu sein. Alles dies zusammen gibt eine Art Selbstgefühl, das, an sich nicht verwerflich, doch leicht zur schroffen Selbstüberhebung führen kann. Ohnehin schon spielt die eigne Subjektivität im Frauenleben eine weit größere Rolle als bei den Männern. Der Mann ist in und zu objektiven Anschauungen erzogen. [...] Im Frauenleben ist das anders. Von einer großen Weltanschauung ist hier selten die Rede. Die ungebildete, stumpfe und geistlose Frau, die niemals große Gefühle und noch weniger Gedanken gehabt, lebt freilich auch im Einklang mit dem Bestehenden – aber eben nur wie eine Maschine, sie folgt nur dem Herkommen, dem Brauch, sie denkt nicht und wo sie ja sich etwas erhebt, rechnet sie es sich schon als ganz besonderes Verdienst an, »nur ihrem Gefühl zu folgen.« [...]

Bei den Frauen aber, die wie oben schon gesagt, zum Bewußtsein ihrer Subjektivität gekommen sind, dominiert meist über alles andre, über Wünsche und Pflichten, das Streben: diese Subjektivität nun auch zur Geltung zu bringen – in jeder Sphäre und um jeden Preis. [...] ihr Ich ist ihnen alles – alles außer ihm soll ihm dienstbar sein, und auch die andern Ichs sind nur dazu da. Sie sagen sich los von allem Objektiven, setzen nur ihre eigne Subjektivität – und darin finden sie ihren Stolz und ihren Triumph. Sie werden sich gleichsam selbst zum Mittelpunkt der Welt.

[...] [Über Rahel Varnhagen von Ense:] *Rahel* war und blieb doch immer allein mit sich selbst beschäftigt, und zwar so sehr, daß sie trotz ihres reichen und hervorragenden Geistes es nicht einmal zu objektiven Darstellungen bringen konnte – nur Briefe und Tagebücher hat sie uns hinterlassen, in denen von nichts die Rede ist als von sich. [...] Die Nervenleiden, von denen sie

immer zu berichten hat, sind nicht nur die Folgen einer krankhaften Konstitution, sondern vielmehr dieses krankhaften Seelenzustandes, den sie nicht überwinden wollte [...] .
In *Bettina von Arnim* erscheint eine gleiche Maßlosigkeit der Subjektivität bis auf die Spitze getrieben, aber freilich in einer ganz andern, beinahe umgekehrten Richtung, als bei *Rahel. Bettina*, in ihrer früheren Zeit, da sie noch als »Kind« im Schreiben und Tun sich gebärdete, ist der letzte, aber üppigste und blütenreichste Sproß aus »dem Irrgarten der Romantik«, [...] Bei *Bettina* ist eigentlich noch viel weniger von *Eigenwillen*, als vielmehr von *Eigensinn* zu reden – sie macht auch gar kein Geheimnis daraus, daß es bei ihr so ist und sein soll, und da sie sich selbst den Namen des »Kindes« beilegte, gab sie der Welt damit deutlich genug zu verstehen, wie sie von dieser aufgefaßt und beurteilt sein wollte. [...] aber daß eben ein solches begabtes Weib zu dieser Maßlosigkeit kommen und sie sich dazu für berechtigt halten konnte – das ist für mich, einem solchen weiblichen Genius gegenüber, als *Weib selbst*, eigentlich eine viel niederschlagendere Erscheinung, als wenn ich mit dem gemeinen Haufen den Genius leugnen und für ein berechnendes Schauspielertalent erklären könnte. [...]
Und warum anders ist die geniale *Charlotte Stieglitz* in den Tod gegangen, als weil auch sie ihre eigene Subjektivität nicht in Einklang zu bringen wußte mit den Verhältnissen einer wirklichen, sie umgebenden Welt? Edle Schwärmerin *Charlotte!* – Du warst eines größeren Loses wert, als des Todes für den Dichterruhm eines Gatten, der noch nicht lange tot und doch schon fast vergessen ist! [...] hättest du vielleicht irgendeine hohe Tat getan für das Vaterland in der bewegten Zeit, oder wärest größer für das Volk gestorben, als für den kleinen Gatten!
Auch der größte weibliche Genius, *Georges Sand*, hat die Laufbahn begonnen, wie diese andern genialen Frauen – nur mit dem Unterschied, daß sie wohl so *begonnen*, aber nicht *geendet* wie diese. Auch *Georges Sand* gab uns zuerst ihre Subjektivität – aber dies war gleich die größte. [...] sie wußte zugleich schon objektiv zu gestalten [...] indem sie, [...] eben die größte Subjektivität selber ist und sie auch gibt, so entfaltet sie nebenbei auch schon die schaffende, die dichterische Kraft des Genius. [...] Wenn *Georges Sand* sonst nur, weil ihre persönlichen Erfahrungen sie gerade darauf hinführten, für die sittliche Emanzipation des Weibes kämpfte, so hat sie später, bei erweitertem

Gesichtskreis, die ganze soziale Welterlösung und Wiedergeburt ins Auge gefaßt und in ihren Dienst sich gegeben – und unähnlich jenen Frauen, die allein den Regungen ihres Herzens lauschen und seinen Träumen nachhängen, hat sie ihr Ohr an das Herz der Menschheit gelegt, an das ihres Volkes, und was sie dort vernommen, das verkündet sie *zugleich in seiner und in ihrer Sprache* – und das ist das Merkmal des echten Genius.
Die größte Subjektivität ruft aus ihrem Innern Gestalten hervor, die von der Kritik nach dem Schema: objektiv genannt werden müssen. Eine große Individualität, die sich an das Allgemeine dahingibt, opfert jene nicht diesem auf, sondern erweitert sie nur durch dessen Aufnahme. Dies gilt von *Georges Sand.*
Wenn wir an einigen der edelsten Beispiele weiblicher Bedeutendheit gesehen haben, wie sie zunächst von der Maßlosigkeit ihrer Subjektivität beherrscht werden, so tritt dies noch weit schroffer hervor bei minder hohen Erscheinungen, denen doch eine gewisse Genialität nicht abzusprechen ist.
Ich erinnere zuerst an die Gräfin *Ida Hahn-Hahn.* [...] Die *Hahn* vor allem gehört zu den Frauen, welche leben und zu leben wünschen, als seien sie allein auf der Welt oder doch wenigstens der Mittelpunkt derselben, und die anderen Menschen sind nur zu ihrem Zeitvertreib da, ihre Launen zu ertragen oder zu erfüllen, sie zu bewundern und an ihrem Triumphwagen zu ziehen. Wenn edlere Frauen, wie wir an *Rahel* und *Bettina* gesehen haben, sich ganz in ihr eignes Ich versenken und darüber die ganze Außenwelt beinahe ganz vergessen, oder dann wie Fremdlinge in ihr erscheinen – so braucht eine *Hahn* diese Welt gerade sehr, eben weil sie dieselbe nie wahrhaft verachtet oder ignoriert hat, sondern sich immer nur von beidem den Schein gegeben, eigentlich aber immer still dabei gedacht: es ist mir einerlei, *was* die Welt dazu sagt, wenn sie nur überhaupt etwas sagt. Die Maßlosigkeit der Subjektivität ist hier zugleich eine Maßlosigkeit der Eitelkeit [...] Sie ist Aristokratin und jede andere Welt, als die der Salons, war ihr verächtlich und eigentlich völlig unbekannt, trotz aller ihrer Reisen. Als sie 1848 erkennen mußte, daß es doch noch ein anderes Leben, als das in ihren Salons gab und dieses selbst einen empfindlichen Stoß erhielt durch jenes – als die gräflichen Wappen wankten und das souveräne Volk, statt frühern demütigen Staunens, kaum noch ein verächtliches Lächeln hatte für all' die aristokratische Herrlichkeit – als selbst die Aristokratie in Furcht und Zittern ihre Blicke und Gedanken auf ganz andere Dinge richtete, als auf die

Gräfin *Hahn-Hahn* und ihre Schriften – da erschien ihr diese Welt so entsetzlich, so auf den Kopf gestellt, daß sie irgendwo eine Zufluchtsstätte suchen mußte, ihre eigene Subjektivität, die sie von so gewaltigen Objektivitäten bedroht sah – darin zu retten. Sie fand diese Stätte in der allein seligmachenden Kirche. Hier war ein Element zugleich für die Aristokratie und für die Reaktion – und auch für die Maßlosigkeit einer weiblichen Subjektivität. [...]

In einer andern minderbegabten Schriftstellerin, die aber dennoch ziemlich viel von sich reden machte, *Luise Aston*, finden wir dieselbe Maßlosigkeit der Subjektivität bis zur Frechheit gesteigert. [...] [Nachdem sie eine Strophe eines Astonschen Gedichtes zitiert, deren letzte Zeile lautet: »*Der Freie sündigt, weil er sünd'gen muß.*«:]

Zum Ausspruch dieser letzten Zeile – die noch dazu den gröbsten Widerspruch in sich trägt, da der *Freie* eben *niemals muß* – konnte nur ein Weib kommen, das nichts auf der Welt für berechtigt hält, als seine eigene Sujektivität, das an weiter nichts denkt, als an sich selbst und womöglich nur alles andere sich selbst unterwerfen möchte. – Die Koquetterie solcher Frauen ist nicht immer eine sinnliche, sie ist nur der Kitzel der überspanntesten Eitelkeit, ihren *Willen* durchzusetzen, zu erringen, zu erobern, zu besitzen, was sie *will* und *weil* sie es will, und ihr Glück finden sie nicht in der Erreichung ihres Zieles selbst, sondern nur in dem Triumph darüber, daß sie doch dies zu erreichen vermochten. [...]

23
Offener Brief an einige Mitarbeiterinnen und Leserinnen der »Frauen-Zeitung«

[...]

1) Daß die »Frauen-Zeitung« »etwas ganz Bestimmtes will«, so wie das, *was* sie will, glaube ich in jedem Programm schon früher genügend ausgesprochen zu haben, und wenn das sollte vergessen sein, so ist das stereotype Motto jeder Nummer geeignet, es allen Leserinnen ins Gedächtnis zu rufen. Ich bin mir vollkommen klar über das, was ich will und erstrebe, und weil ich es gleich Ihnen als Notwendigkeit erkannte, daß für diese Bestrebungen eine Frauengesellschaft, die dem Zweck ihre Kraft weiht, sich bilde, schuf ich zur Begründung derselben, im Geiste, dieses

Organ und weihe ihm fortdauernd meine Kraft; andere tun dies mit mir; wenn es aber im Ganzen noch nicht mehrere getan haben, so, glaube ich, liegt die Schuld eher an tausend andern Dingen, als an dem Mangel an Übereinstimmung. Denn dieser Mangel ist allerdings da, aber es ist eigentlich kein Mangel an *sich*, denn wie in dem Brief Nr. 2 ganz richtig bemerkt ist, »nur im Kampf wächst das Leben und das Interesse«. Um sich über die Emanzipation des Weibes – im edelsten Sinne des Wortes – zu verständigen, ist eben *innerhalb* der »Frauen-Zeitung« Gelegenheit und Raum geboten. Sie wird ihr Ziel stets fest im Auge behalten und z. B. niemals Artikel bringen, welche *gegen* dieses Ziel, das ich hier in seinem allgemeinsten Ausdruck: Emanzipation genannt habe, gerichtet oder mit ihm nicht in Einklang zu bringen sind – aber der *Wege* zu diesem Ziele sind viele, die einen ziehen diesen vor, die andern jenen, die einen rücken das Ziel ein wenig näher, andere weiter und noch andere schießen darüber hinaus ins unbekannte, leere Blau – alle diese Richtungen müssen in der »Frauen-Zeitung« sich aussprechen dürfen, da wir eben noch nicht so weit sind, daß wir – wie es auf anderen Gebieten der Fall ist – für die Fraueninteressen mehr als *eine* Zeitung haben. [...] Denn es ist auf diesem Gebiete gegenwärtig wie auf jedem andern: es ist erst so viel niederzureißen und wegzuräumen, daß an ein Aufbauen noch kaum zu denken ist. Ehe dies nicht geschehen, kann man bei vielen Dingen nicht im voraus wissen, wie es sich gestalten wird. [...]
Das »ganz Bestimmte«, somit Positive, was man von uns fordert, ist die gefährliche Klippe für alle Reform-Bestrebungen – es ist dasjenige, was eben weder unserer Zeit, noch unsern Standpunkten gemäß ist. Das Verlangen nach etwas Positivem ist zwar auch immer ein Kennzeichen reaktionärer Bedenklichkeiten [...] Das Positive war es von je, was, statt zu einigen, entzweite – es war und bleibt immer auf allen Gebieten der Buchstabe, welcher tötet, indes wir nur den Geist wollen, der lebendig macht. [...] Wir in *Sachsen* müßten darauf verzichten [auf ausführbare praktische Vorschläge]. Ich wenigstens bin froh, aus dem allgemeinen Schiffbruche aller einstigen »Errungenschaften« noch diese harmlose Zeitung – eine stille Barke – gerettet zu sehen und mit andern in ihr noch auf den Wogen des Zeitstroms, der so vieles verschlang, schiffen zu dürfen, wenn auch nur ganz leis' und bedächtig am Ufer dahin, um nicht auch in den Grund gebohrt zu werden – aber ich würde nicht wagen, jetzt die Gründung einer »Frauengesellschaft« anders zu versuchen, als

sie sich von selbst hier zusammenfindet, oder eine »Verbindung« deutscher Frauen ins Leben zu rufen oder ihr auch nur beizutreten, die »nach einem bestimmten Plane die Verbesserung anstrebte.« Ich kenne die »Gesetze« und »Verordnungen«, das Vereinswesen usw. betreffend, viel zu genau, als daß ich derartiges versuchen oder anregen möchte, – denn daß wir Frauen in Bezug auf Anerkennung weiblicher Selbständigkeit und Mündigkeit jetzt eine gewisse Gleichheit mit den Männern, wenn nicht vor dem Gesetz, doch *vor der Polizei* erreicht haben, beweisen unzählige Beispiele neuerer Zeit, die wir zum Teil »staunend selbst erlebt«, wie: Haussuchungen, Verhöre, Ausweisungen, Verhaftungen, geheim-polizeiliche Aussicht etc. In Bezug auf die Vereins-Vorschläge in 1) wird uns also nichts übrig bleiben, als damit – bis auf bessere Zeiten zu warten. Inzwischen wird sich das vorgeschlagene »Zusammenwirken« immer nur auf den Ideen-Austausch beschränken können – und es wäre nur wünschenswert, daß man die »Frauen-Zeitung« hierzu fleißiger benutzte, als es in der letzteren Zeit geschehen, nämlich daß auch diejenigen, die nicht Schriftstellerinnen sind, sich darin vernehmen ließen oder vorerst mir ihre Ansichten mitteilen über alles, was auf gegenwärtiges oder künftiges Frauenleben sich bezieht. –

[...]

3) [...] Das auch von uns »zum Standbild erhobene Frauenrecht« kann nicht eher »von den Gedächtnisstufen herab in die Gegenwart steigen«, bis in ihr Raum ist für jedes Menschenrecht. Aber wo wäre dieser jetzt zu finden? Wir müssen uns mit der Zukunft trösten und müssen indes dafür sorgen, daß allen Frauen es klar werde: jenes Standbild bleibt unbeweglich und unbelebt, bis der Hauch der Freiheit über die Lande weht und auch ihm ihr Kuß Odem und Leben gibt. Bis dahin bleibt uns nichts zu tun, als die Bedeutung des »Standbildes« der Menge zu erklären, vor Entweihung es zu schützen und mit Begeisterung ihm Kränze zu winden, zum Zeichen, daß wir nie vergessen werden ihm zu dienen – bis die Stunde kommt. –

4) Ein »Wort der Zustimmung« hab' ich dies genannt – und ich habe ihm kaum noch etwas hinzuzufügen. Nur dem Schlußwort hab' ich zu versprechen, daß ich »aushalten werde mit der alten Liebe und Treue nicht nur – sondern auch mit der alten Begeisterung.« Und ich bin gewiß, andere Frauen werden es mit mir! Zwar – viele von denen, welche sich 1849 an mich angeschlossen, als diese Zeitung gegründet ward, – viele, welche

damals tätige Mitarbeiterinnen und Verbreiterinnen derselben waren, haben sich jetzt zurückgezogen, sind verstummt und haben diese Arbeit als unfruchtbar und mühsam aufgegeben. Viele, welche damals am lautesten forderten und riefen, am weitesten gehen zu wollen, am entschiedensten auftraten und mir zuweilen grollten, wenn ich Mäßigung forderte und zu halten wüßte, – viele sind verstummt und schüchtern still geworden, wohl gar abgefallen von unsrer Sache, für die sie nichts mehr haben als ein vornehmes Lächeln, vielleicht auch ein geringschätzendes oder ein mitleidiges; – o, ich könnte Namen nennen von Frauen und Städten, in deren Namen sie redeten, – könnte Briefe drucken lassen, eines Enthusiasmus voll, der nun verlodert ist, – voll Versprechungen, deren keine gehalten ward, oder hochmütigen Tadels, der nun auf sie zurückgefallen. Ich werde das nicht tun – aber vergessen habe ich darum nichts von allem, was damals verheißen und gefordert ward. Es ist ein anderes, im Tatdrang und Sturm der bewegten Zeit auch mitzureden, zu schreien, auch nach Tat zu dürsten und aufzulodern zu großen Entschließungen und Bestrebungen – oder im Sklaventum einer kleinen Zeit auch noch mit gefesselten Händen, kaum bemerkt und dennoch verfolgt, rastlos fortzuarbeiten – und wenigstens mit den Ketten zu klirren, die man nicht lösen kann. Dies ist jetzt die Aufgabe unserer Zeitung und aller, die ihr mit mir treu geblieben sind. *Aushalten*! ist unsre Losung.

[...]

Die vierziger Jahre waren in Louise Ottos Leben nicht nur durch die Anfänge ihrer journalistischen Tätigkeit charakterisiert, sondern gegen Ende auch durch ihr wachsendes Interesse an der Kunst, vor allem der Musik. Die Schriften über die Möglichkeit einer Oper, die auf dem Nibelungenstoff basiert, wurden sicher durch den nationalistischen Eifer der Zeit angeregt: Daß Louise Otto sich durch diese Ideen sowie durch ihr daraus resultierendes Libretto mit Komponisten wie dem Dänen Niels Gade und dem Deutschen Robert Schumann und einem noch ziemlich unbekannten jungen Komponisten namens Richard Wagner befreundete, war wichtig für sie. Die folgende Auswahl bietet nur einen kleinen Teil der Opernepisode, einen Brief, der sich mit dem Thema befaßt, sowie einen kurzen Auszug aus einem der vielen von ihr gelieferten Beiträge zur Neuen Zeitschrift für Musik.

Deren Herausgeber Franz Brendel war ein guter Leipziger Freund, mit dem und dessen Familie Louise Otto oft Kontakte hatte.

Was hier weggelassen werden mußte, sind vor allem die Auszüge aus Louise Ottos anregender Kunstschrift aus dem Jahr 1852, Die Kunst und unsere Zeit, *die sie dann in den fünfziger Jahren umschrieb und unter dem Titel* Die Mission der Kunst *neu herausbrachte (s. S. 152–55, ein kurzer Auszug). Der im Grunde höchst politisierte Ton dieser weitschweifenden Diskussion der Kunst paßte sehr gut in diese Zeit;* Die Kunst und unsere Zeit *ist mehr Tendenz als Theorie und deshalb ganz wörtlich ein Zeitdokument.*

24

An Friedrich Theodor Vischer

Meißen, Juli [1846?]

Vielleicht werden Sie sich wundern, diese Zeilen einer Unbekannten zu empfangen – vielleicht interessiert Sie aber doch deren Inhalt und dann ist die Freiheit gerechtfertigt, die ich mir nehme, indem ich Ihnen schreibe. Ich komme sogleich zur Sache. Frühling 1845 las ich Ihre »Kritischen Gänge«. Ihr »Vorschlag zu einer Oper« machte auf mich einen gewaltigen Eindruck. Es redete immer in mir: ich muß es noch erleben, daß die Nibelungen uns von der Bühne entgegen brausen! Ich schrieb für den »Wandelstern«, ein Leipziger belletristisches Blatt, an dem ich damals seit ziemlich 3 Jahren Mitarbeiterin war (so lange gehöre ich überhaupt der Literatur) –, einen kleinen Artikel über die deutsche Nationaloper oder vielmehr deren gänzlichen Mangel und verwies dann auf Ihren Vorschlag. Bald nachher kam ich selbst nach Leipzig, wo mittlerweile mein Freund Franz Brendel die Redakt. der »Neuen Zeitschrift für Musik« übernommen hatte. Ich teilte ihm meinen Artikel mit – er hatte bisher nichts von Ihrem Vorschlag gehört, sagte, die Sache sei gar nicht auf musikalisches Gebiet gekommen und stand nun vor Ihrer Idee wie vor dem Ei des Kolumbus. So kam es, daß bald darauf in dieser seiner Zeitschrift ein Artikel von mir erschien, »Die Nibelungen als Oper«, in dem ich (immer auf Ihr Buch verweisend) der Idee bei dem musikalischen Publikum zu verschaffen suchte. Es fing an zu gähren in der Komponistenwelt, wir ließen ein paar Monate ruhig vergehen. Dann ging ich in derselben Zeitschrift auf das Speziellere der Sache ein und gab endlich darin

ein paar Szenen Text aus dem ersten Akt, Szene 1, 2, u. 3 nach Ihrem Entwurf. Brendel schrieb mir damals, die Komponisten hier (darunter R. Schumann, Mendelssohn, Niels Gade) gehen darum herum wie die Katzen um den heißen Brei usw. Mir war ordentlich Angst, denn ich war überzeugt, daß die beiden Erstgenannten keine solche Musik geben könnten, und bald hätte ich die ganze Sache bereut – da war der Niels Gade (Sie wissen von dem jungen Dänen, der ganz wie Mozart aussieht, dessen 1. Symphonie eigentlich schon ein kleines Nibelungenlied ist und der jetzt im Leipziger Gewandhaus Konzerte leitet?) immer gewaltiger von der Idee erfaßt. Aber der Größe der Aufgabe sich bewußt, komponiert er erst zur Probe eine Kzrt. Symphonie-Kantate »Comala« nach Ostern. Sie ist im März in Leipzig 2mal unter rauschendem Beifall des Publikums und dem Anstaunen der Komponisten aufgeführt worden, welche bekannten, »Soviel hätten wir ihm doch nicht zugetraut« – Nun so haben wir denn »die Hauptsache – den Komponisten«. Wenigstens versichern alle, auf deren Urteil in der Sache etwas zu geben: er sei der Mann zu den Nibelungen oder keiner! So kam denn Gade zu mir und überredete mich, ihm den Text zu schreiben. Ich fühle auch die Größe der Aufgabe, aber ich habe Begeisterung dazu mitgebracht, wie niemand größere haben kann, ich habe auf anderer Rat gehört, und so ist nun der Text fertig, und wenn der Himmel will, so hören wir 1847 die Nibelungen singen. – Ihrem Vorschlag haben wir nun nicht überall folgen können. So würde die Oper viel zu lang und sie auf 2 Abende zu teilen, ist nicht ratsam, weil die meisten Bühnen es dann machen, wie mit dem »Tell«, »Rienzi« usw., sie geben die Oper doch an einem Abend und helfen sich durch Weglassen. Auch fiele dann immer der gewaltigste Eindruck weg.
[...]
Sollte nun wirklich unser Werk gelingen, sollte eine allen Anforderungen genügende nationale Oper zustande kommen – so bleibt Ihnen das Verdienst unbestritten, dazu den ersten Anstoß gegeben zu haben [...]
Darum schrieb ich Ihnen.
Mit aufrichtigster Hochachtung

Ihnen ergeben
Louise Otto

25
Die Nibelungen als Oper

Wer kennt nicht das Gleichnis vom Samenkorn? Es ist schon alt, aber es ist noch immer wahr und schön in tausend Beziehungen und Verhältnissen des Lebens. Noch heute streut oft eine Hand viel Körner aus, aber einige fallen auf den Weg und werden zertreten, andere sind ein Raub fressender Vögel, viele sinken unter die Dornen, auf den Felsen, und nur wenige auf das gute Land. Das alte Stück spielt immer wieder. Jeder Autor macht sich zum Sämann, aber was er ausstreut, das fällt nur selten gerade auf die rechte Stelle, das rechte Herz, den rechten Geist, darin es zum Entschluß keimen, zur Tat zu reifen vermöchte. Dann sammelt wohl der Sämann die niedergefallenen Körner noch einmal und häuft sie zusammen, damit sie doch einer späteren Aussaat nicht ganz verloren sind. Unsere neue Literatur ist so überreich, es ist kaum möglich, nach allen Seiten hin sich auf dem richtigen Standpunkt zu erhalten, um nirgend zu übersehen oder gar falsch zu sehen – darum gehen viele Gedanken, die Furcht bringen könnten, wenigstens für den Augenblick verloren, weil der Zufall sie gerade von denen unbeachtet bleiben läßt, welche sie könnten Tat werden lassen. Daher ist es Pflicht jedes einzelnen, was in diesem Drange der Gegenwart spurlos vorüberzugehen droht, um, wenn auch nicht der Zukunft, doch der Jetztzeit verloren zu sein – so viel als möglich aus diesem allgemeinen Gewühl heraus zu retten, und ihm die besondere Stätte anzuweisen, auf der es Beachtung und Gedeihen finden kann. – Ich beziehe mich hier auf den »*Vorschlag zu einer nationalen Oper*«, welchen *Dr. Vischer* in seinem Sammelwerk »Kritische Gänge«, Tübingen, 1844. II. tut. [...]

Es handelt sich um die Bearbeitung der Nibelungen als Oper.

[...]

Es steht um viele Dinge in Deutschland recht schlimm, aber bei den meisten ist man sich doch darin klar geworden, was die Zeit erheischt, wonach zu streben sei, wenn auch die Hindernisse nicht sogleich überwunden sind – man kennt das Ziel und den Weg zum Ziel, wenn auch einzelne auf ihm noch Seitenwege einschlagen und auch der Mutigste manche Hemmung erfährt von innen und außen – aber am schlimmsten steht es doch mit der deutschen Oper. Eine Oper als ganzes Kunstwerk zu betrachten, ein Nationalwerk in ihr zu suchen und endlich sie auf einen zeitgemäßen Standpunkt zu erheben, nach dem die anderen

Künste alle streben – diese Forderungen an die Oper zu stellen, fällt nur wenigen ein; und doch sind sie zu stellen, und doch hat die Oper diese dreifache Aufgabe zu lösen.
Die Oper soll ein Kunstwerk sein, ja vielleicht eines der größten, weil so viele Künste sich in ihr vereinigen, und was hat man aus ihr gemacht? Man betrachtet sie nur als Komposition, fragt höchstens noch danach, wie die Primadonna gesungen, ob die Ballette nach Wunsch gewesen – und die Oper hat ihre Kritik gefunden. Um es kurz zu sagen, sind mit einzelnen Ausnahmen unsere Opern nicht vielmehr als ein gesungener Unsinn, eine poetische Lächerlichkeit. Man ist daran gewöhnt, das Publikum damit zufrieden, und da man es denn einmal nicht anders weiß, so läßt es auch jedermann beim Alten bewenden. Nur die Komposition soll das Ganze der Oper ausmachen – alles andere daran wird als untergeordnetes, wenn auch notwendiges Beiwerk betrachtet, und darin ist es jetzt vorzugsweise die Instrumentalbegleitung, welche man auf Kosten der Vokalmusik ausbildet. Es fehlt an guten Operntexten! – aber will man diesen Mangel etwa den Literaten, den Dichtern Schuld geben? – Zu dem Entwurf eines Operntextes gehört ebensoviel Bühnenkenntnis, poetisches Talent und geniale Schöpfungskraft, als zu einem Drama – und doch sind es nur höchst untergeordnete Talente, oder gar keine, welche sich dazu hergeben, Operntexte zu liefern, und das ist mehr als natürlich. Kann es bei unsern jetzigen literarischen, musikalischen Bühnen-Verhältnissen etwas Unbelohnenderes geben, als Operntexte zu schreiben?
[...]
Unsere Dichter ringen danach, der deutschen Bühne endlich ein Nationaldrama zu geben – aber wo sind die Bestrebungen der Komponisten, ihr eine Nationaloper zu verschaffen? Und dürfen sie sich wundern, wenn bei der Gestaltung, welche jetzt die Oper angenommen hat, eine einseitige, nicht musikalische Kritik geradezu die Oper verdammt und sie als undeutsch und unzeitgemäß verbannen möchte? Das ist es, was ich oben schon angedeutet. Die andern Künste haben alle ihre Bestimmung verstanden, und, wenn ich so sagen darf, sich auf sich selbst besonnen, um nun nach dem Ziel zu streben, welches die Gegenwart ihnen steckt und an dem die Zukunft sie kennen wird – allein die Oper ist noch nicht so weit, sie muß sich erst auf sich selbst besinnen, ehe sie sich nur bemühen kann, ihre große Aufgabe zu lösen. Es ist uns längst allen klar geworden, daß der erste Weg zum allgemeinen Fortschritt, zur langen glücklichen

Ernte der Freiheit, welcher die Völker entgegenreifen, zu jenem Standpunkt führen muß, auf welchem die eigne Nationalität jedem einzelnen zum Bewußtsein kommt. Ein Volk muß national sein, eh' es politisch groß sein kann, aus seiner entwickelten Nationalität muß die politische Entwicklung kommen. So brauchen wir auch vorerst eine nationale Oper, denn auch sie ist berufen, mitbauen zu helfen an Deutschlands großem Zukunftstempel, und indem sie ihr eignes Schicksal an die Nationalität knüpft, zugleich mit dieser sich dauernden Wert und bleibende Geltung zu verschaffen. Der erste Schritt dazu wäre getan, wenn man den Stoff der Nibelungen zu einer Oper bearbeitete. Freilich gibt es dabei viel zu bedenken und noch mehr zu sichten und zu ordnen – aber die Schwierigkeiten sind zu bewältigen, wenn man nur Liebe und Lust für die Sache mitbringt. [...] – Ja, da es denn einmal herkömmlich ist, die Oper, die schon durch den Gesang und die Musik überhaupt darauf berechnet ist, auf das Gefühl und die Sinne der Zuschauer zu wirken, mit größerem Glanz in Szene zu setzen, als das Drama – so ist es eine Konzession, welche man recht gut dem bisher Üblichen und der Neigung der großen Menge machen kann, auch der nationalen Oper die äußere Pracht und das inhaltliche Hinüberspielen ins Reich des Fabelhaften und Wunderbaren, sobald dies in der Nationalsage begründet ist, nicht zu entziehen. Zu all dem bieten die Nibelungen Gelegenheit, großartige Festzüge dürfen hierbei nicht fehlen, das Einlegen eines Balletts kann nicht störend wirken, und für das Märchenhafte finden sich in den Meerfräulein – deren übermütigen Chor man unwillkürlich mit den Wassern wogen hört – Hagen von Dronek gegenüber eine erwünschte Gelegenheit.

Gebt uns zuerst die Nibelungen als Oper, das ist zugleich auch der erste Schritt, die Oper ihrer jetzigen Gesunkenheit wieder auf ihren Höhepunkt zu bringen, auf welchem auch sie das neue Zeitbewußtsein in sich aufnehmen und vorzugsweise eine Trägerin der neuen Zeitideen werden wird. Aber solange die Musik selbst dies noch nicht als ihre eigenste Aufgabe erkannt hat, solange müssen wir schon zufrieden sein, wenn sie sich entschließt, von ihrem Streben nach einer einseitigen Universalität abzustehen und die Nationalität als ihr erstes und heiligstes Ziel zu betrachten.

[...]

Es war kurz nach Leipzigs bewegtester Zeit in diesem Sommer – als ich in Gohlis mit zwei Wiener Poeten im Garten zusammen-

saß; wir hatten unsere Blicke trauernd abgewendet vom politischen Himmel der Gegenwart, der durch eine Nacht mit unerwarteten Blitzen und Donnerschlägen plötzlich so trübe geworden, und kamen im Verlauf des Gesprächs auf Meyerbeers Hugenotten. »Das ist eine große und politische Oper«, sagte ich, »aber wir brauchen eine nationale, eine Oper mit deutschem historischen Stoff und volkstümlicher Musik, der Text muß mit gewaltigen Worten sich eines gewaltigen Stoffes bemächtigen!«
Die Wiener gaben mir Recht, mit Achselzucken, und stimmten das alte Lied an: daß es kein undankbareres Geschäft gebe, als Operntexte zu schreiben, daß nur ein echter Dichter gute liefern könne, und daß ein solcher, solange die jetzigen literarischen und musikalischen Bühnenverhältnisse dieselben blieben, sich nimmer dazu »*hergeben*« würde. Ja, ja, so denken die Poeten alle, und ein Poet muß das einmal den Komponisten sagen und dem musikalischen Publikum, denn dieses denkt mit diesen gewiß wieder ganz anders!
Ich ließ mich nicht gleich irre machen, ich las ein paar Seiten aus meinem Aufsatz »die Nibelungen als Oper«. – Kaum war das Wort heraus: »die Nibelungen als Oper«, als der eine der Wiener aufsprang und rief: »Da hör' ich meine Idee wieder und Vischers Vorschlag – ich konnte diesen nicht lesen ohne sogleich ihn weiter zu verfolgen, mich hinein zu vertiefen – aber ich warf die schon ergriffene Feder wieder weg, und dachte: und schreibst du auch den Text der Nibelungenoper – er findet doch keinen Komponisten – und wer hat jetzt Zeit, so viele an einen vergeblichen Versuch zu verschwenden?«
Es ist nicht nötig zu erwähnen, wie wir darüber noch hin und her redeten, zuletzt versprachen wir uns einander – der eine der Wiener Poeten und ich: Beide eine Bearbeitung der Nibelungen als Operntext zu versuchen. Wir setzten fest, daß wir uns genau nach Vischers Exposition richten wollten, und zwar so, daß – weil der gewaltige Stoff sich nicht anders bewältigen läßt – die Oper in zwei Teile zerfiele: »der Nibelungen Hort«, zwei Akte, die mit Siegfrieds Tod enden, und »der Nibelungen Not«, drei Akte. Jedes wäre an sich als ein vollendetes Ganzes zu betrachten, und doch ständen beide Stücke im innigsten Zusammenhange. So würde bei dieser Nibelungenoper, die an zwei Abenden nacheinander zu geben wäre, es dadurch möglich, aber zur Erregung und Erhaltung des Interesses des Publikums dennoch nicht notwendig sein, gleich beide Teile zu sehen. – Wir versprachen uns ferner, nach Vollendung des 1sten Aktes,

denselben in einer Zeitschrift dem musikalischen Publikum zur Probe und Würdigung vorzulegen. Dadurch würde das Interesse angeregt und vielleicht auch einer unserer Komponisten für das große Unternehmen begeistert. Es sollte uns dann gleich sein, wessen Dichtung den Vorzug erhielte, und ob man einen von uns, oder uns gemeinschaftlich zur Fortsetzung derselben aufforderte. Wir wollten unsere Zeit und unsere Kräfte, vielleicht ganz umsonst, einem Unternehmen opfern, das uns keine Aussicht zu dem verspricht, was sein eigentlicher Zweck ist – die Nibelungen als *Oper* –; aber wir wollen es mit Freuden tun, weil wir uns bewußt sind, etwas Großes und Schönes fördern zu wollen – selbst wenn es auch hier wie bei so vielen Dingen allein bliebe: bei dem guten Willen! –
Ich habe meinen ersten Akt vollendet. Der Wiener hat ihn vielleicht noch nicht begonnen, und er konnte leider nur versprechen zu beginnen, wenn die journalistischen Interessen und überhaupt sein Österreich ihn dazu kommen ließen. Deshalb habe ich auch seinen Namen nicht genannt. Er befindet sich jetzt auf Reisen, und da weiß ich nicht, ob zu solcher Arbeit ihm Muße werden wird. Es sollte mir leid tun, wenn sie ihm fehlte, denn ich habe es immer gesagt: die Süddeutschen taugen viel besser zum Operndichten als wir im Norden. Wir vermögen uns fast alle kaum auf Tage den Tagesinteressen zu entziehen, sie haben uns alle mit in ihren Wirbel hineingerissen, so daß wir immer darin kämpfen und ringen, und daß die heilige Dichterstunde nicht mehr über uns kommt wie über unsere sinnigen Väter, die sie auf friedlichen Spaziergängen überraschte, wenn sie die Augen zu Mond und Sternen erhoben – sondern daß sie uns kommt, wenn wir mit Ketten klirren und an Kerkern vergebens klopfen hören, wenn wir einen lichten Schein am Himmel für Morgenrot nehmen, der doch nur ein blutiges Abendrot ist, oder umgekehrt – dann kommt unsere Dichtstunde, und wenn wir poetisch sein wollen, sind wir doch nur politisch. Wir Norddeutschen können uns selbst nie vergessen, d. h. unsere Zeit, unser Volk, und nicht einmal unsern Hegel – wir sind zu politisch, zu philosophisch, zu alt und zu jung, wie man will, zu modern zu tausend Dingen. – Die Österreicher Poeten sind auch meist zugleich Publizisten – aber sie haben viel mehr Gemüt, sie sind durchaus lyrisch, sie sind wahrhaft poetisch; und zum Beweis, wie Recht ich habe, führe ich an, daß alle Dichtungen von Bedeutung, welche in diesem Jahr erschienen, Österreicher zu Verfassern haben.
Dies alles in einer musikalischen Zeitung zu sagen, klingt

vielleicht wunderlich, aber doch ist gerade hier der Ort dazu, den Komponisten, welche mit Recht über die schlechten Texte klagen, einen Wink zu geben, daß wenn sie gemeinschaftlich mit einem reichbegabten Dichter eine gute Oper zustande bringen wollen, sie denselben für ihren Zweck leichter unter den Süd- als unter den Norddeutschen finden werden. Doch muß ich dies alles sagen, um zu bekennen, daß ich aus denselben Gründen mich dem Werke, das ich begann, gar nicht gewachsen fühle, und daß ich glaube, von meinem Wiener Genossen viel Besseres zu erwarten. –

[...]

Louise Ottos erste Romane stammen aus den revolutionären Vierzigern und waren dieser Zeit entsprechend mit sozialkritischer Tendenz angefüllt. Obwohl diese Romane sich nicht nur mit Frauen befassen, sondern eigentlich viel mehr mit allgemeinen sozialen Übeln wie politischer Repression, gesellschaftlichen Kastenvorurteilen und kirchlichem Konservatismus, sind die folgenden Textbeispiele der Frauenthematik gewidmet; sie enthalten Beschreibungen der engen, oft tatenlosen Welt der Frauen und eine längere Darstellung einer Frauenfreundschaft. Diese letzte Darstellung erschien in einem Werk, das einen Einzelfall unter ihren Romanen darstellt, denn obwohl Louise Ottos Heldinnen nicht immer zu heiraten brauchten, war dies doch meist der Fall, und es kam nur selten vor, daß sich Frauen zusammenfanden. Es gab statt dessen zwischen den Geschlechtern oft Freundschaften. Ein Idealbild von einem Leben unter Frauen für das Wohl der Allgemeinheit, ein Porträt des statt der Ehe gewählten Selbstopfers, paßte zwar zum Ottoschen Idealismus, war aber immerhin eine Ausnahme.

Die Antwort Louise Ottos auf eine Kritik Robert Blums an ihrem sozial-kritischen Roman Schloß und Fabrik *soll in einer seitdem verschollenen Zeitung erschienen sein, ist aber hier nach einer handgeschriebenen Originalfassung abgedruckt, und zwar mit einem interessanten Paragraphen, den Louise Otto ausgestrichen hatte.*

26
Gräfin Adelheid
(DIE FREUNDE)

»Sehen Sie, ich hatte in meiner Kindheit, wenn ich die Knaben um mich Krieg spielen und turnen, schwimmen und reiten sah, den Wunsch, auch ein Knabe zu sein, weil mir meine Mädchenspiele mit Puppen und Putz nicht gefielen, später, als das Streben nach Wissen an die Stelle meiner kindischen Sehnsucht trat, als ich das Leben verstehen lernte durch die Geschichte, so wünschte ich, ich hätte als Jüngling mit in den Freiheitskampf gegen Frankreichs Tyrannei ziehen können – aber diese Zeit lag schon weit hinter uns und ich dachte: wenn ich jetzt ein Mann wäre, so wollte ich noch einen edleren Kampf kämpfen, als jene damals, welche die Fürsten von der Tyrannei befreiten, sich aber nicht – und ich zürnte allen Männern, daß sie es nicht täten. Aber ich war kein deutscher Jüngling, so schwur ich mir, wenigstens ein deutsches Mädchen zu sein, wert dieses reichen und doch so armen Vaterlandes. So schwur ich mir, den deutschen Mädchen ein Beispiel zu sein und ihnen zu zeigen, wie auch ein Mädchen für das Vaterland leben könne.«

»Und Sie lösen herrlich das Gelübde,« sagte Armand, »denn wer so spricht, wird auch darnach handeln.«

»Ach das ist's ja,« versetzte sie traurig, »im männlichen Herzen glimmt eher noch ein Funken des heiligen Feuers, mit welchem Deutschlands Söhne damals in den Befreiungskrieg zogen, aber im weiblichen Herzen ist schon längst keine Spur mehr von der früheren Begeisterung, sie denken nicht mehr an das Vaterland; und sprechen sie ja einmal von Deutschland, so geschieht es mit derselben Gleichgültigkeit und Fremdheit, als wenn sie von Mexiko sprächen. Ach, die Frauen wollen einmal nichts sein, als die schwachen Ranken, die nur an einem kräftigen Baume sich empor heben und Früchte der Begeisterung zeitigen können. Man spricht so viel von unsern Gefühlen, die ins Schrankenlose gingen – aber gerade nur an Tatsachen können wir uns begeistern – erst wenn die Sache da ist, haben wir die Idee, während doch die Idee und die Sache sollte erstreben lassen. Als man überall patriotische Lieder sang, als der Kampf gegen die fremde Zwingherrschaft einmal begonnen hatte, so kämpften auch die Herzen der Frauen mit – aber vorher hatten sie nichts gegen die fremde Einquartierung, wenn sie nur höflich war. Und so wird es wieder sein: laßt eine Tat für die Freiheit geschehen und die Frauen sind wieder patriotisch –«

27
Eugenie und Thekla
(BUCHENHEIM)

Seit ein paar Wochen nannten die Freundinnen einander: Du. Gerade das Mißtrauen, was eine jede von ihnen in die Liebe der andern setzte, und das Mißtrauen der eignen Bescheidenheit in den eigenen Wert war die Veranlassung dazu gewesen – und gerade die noch zweifelndere Thekla hatte das traute Wort zuerst gesprochen.

Eugenie war eine feurige, fast leidenschaftliche Natur. Sie hatte das Leben in den mannigfachsten Verhältnissen kennen lernen, und in ihrer frühesten Jugend schon hatte sie Erfahrungen machen müssen, die manchen Mädchen ganz erspart oder den meisten doch erst in späteren Jahren zuteil werden. Mit siebzehn Jahren hatte sie aus eigner Wahl das elterliche Haus, dessen älteste Tochter sie war, verlassen, teils um den kleineren Geschwistern daheim Platz zu machen, – teils aus jenem edlen Trieb nach eigener höherer Ausbildung, der im Kreis der Ihrigen fast gewaltsam unterdrückt werden sollte und wenigstens oft genug verspottet ward, – teils auch in der Sehnsucht nach einer nützlichen und befriedigenden Tätigkeit, bei der sie ihre geistigen Fähigkeiten nicht, wie daheim gezwungen war, verkümmern zu lassen. Sie hatte schon früher heimlich für das Geld, das sie sich durch Stricken und Nähen verdiente, französische Stunden genommen, und so konnte sie in dem oben erwähnten Alter eine Stelle als Gesellschafterin in einer aristokratischen Familie annehmen, in der sie Gelegenheit fand, bei ihren natürlichen herrlichen Geistesgaben, sich alles das anzueignen, was mangelnde häusliche Erziehung und ein gewöhnlicher Schulunterricht lückenhaft gelassen hatten. Ihre Stellung brachte sie in die mannigfachsten Verhältnisse, führte sie jahrelang ins Ausland, nach London und Paris und half ihr zu jener innern Selbständigkeit, die sie in gewissen Beziehungen auf immer für ihr äußeres Leben bewahrte. Wie fügsam sie auch in manchen Verhältnissen war, wie aufopfernd gegen Personen, die sie liebte und hochachtete: – nie ertrug sie, etwa um ihrer äußern Lage willen eine unwürdige Behandlung, nie verleugnete sie ihre Gesinnung, nie beugte sie sich vor Rang und Reichtum, nie machte sie – einen

Unterschied zwischen vornehm und gering, reich und arm – oder duldete auch nur, daß man dies ihr oder andern tat. – Bei den schlechtern Elementen der Aristokratie, in deren Mitte sie lebte, verstieß sie freilich oft damit, aber bei dem bessern Teil derselben stieg sie damit umso höher, da dieser sich ja oft nur selbst mit Widerwillen zur Verachtung der minder hochgebornen durch deren eigne Kriecherei gezwungen sieht, und oft selbst froh ist, einmal eine rühmliche Ausnahme zu finden, und nicht immer auf unwürdige Selbsterniedrigung zu stoßen. Gerade durch diese Art zu sein, welche ihr viele gewöhnliche Alltagsmenschen verargten, schützte sie sich selbst vor Verbindungen mit jenen schlechtern Elementen, und erwarb sich jene Achtung und Geltung selbst in hocharistokratischen Kreisen, die ihr die Freundschaft mancher ausgezeichneten Frau, die Huldigung manchen stolzen Mannes zuführte. Diese größeren Verhältnisse des Lebens, in denen sie sich bewegte, waren aber ebensoweit entfernt, ihr etwa mit der feinen Ungezwungenheit und dem Takt des höheren Salonlebens auch dessen Oberflächlichkeit mitzuteilen, als sie für das, was außerhalb dieses Kreises war, unempfänglich zu machen. Sie war und blieb stolz darauf, sich selbst eine Tochter des »*Volkes*« zu nennen, und versäumte keine Gelegenheit, dies und sein Leben als solches in der jeder Nation zu studieren, in deren Mitte sie der Zufall brachte. Sie erhielt sich den Blick frei für die größeren Interessen des politischen Lebens und die sozialen Verhältnisse der Gesellschaft, vorzüglich die der Frauen hatte sie überall im Auge. Am glücklichsten war sie, wenn es ihr gelang auch etwas in diesen Beziehungen zu tun. Ihr Leben unter Engländern und Franzosen und in den Metropolen beider Städte gab ihr jene kosmopolitische Richtung, die, ohne deshalb im mindesten gegen das Vaterland abzustumpfen, am Schicksal aller Nationen innigsten Anteil nimmt. Je mehr sie als Deutsche von dem lächelnden, selbstbewußten Nationalstolz der Briten, mit dem diese auf jedes andere Land herabsahen, verletzt werden mußte, je mehr das Feuer der Franzosen – auch ihr Geliebter war ein Franzose – sie anzog und auf sie selbst influierte, je mehr ihr dadurch in Deutschland und am deutschen Volk vieles klein, erbärmlich und armselig vorkam – je mehr haßte sie die Menschen und Zustände, welche das am deutschen Volk verschuldet – und je mehr sie dies selbst zu bemitleiden hatte, und sich selbst in ihm mit erniedrigt fühlte, – je mächtiger ward ihre Liebe zur Freiheit, und je begeisterter lauschte sie den einzelnen Stimmen, die aus dem unterdrückten Vaterlande sich für die Rechte des Volkes erhoben.

Alles was sie war, war Eugenie durch sich selbst und das Leben geworden, und daher diese Selbständigkeit ihres geistigen Urteils und diese Freiheit ihrer Anschauungen, die durch kein Vorurteil sich beirren ließen. Zu ihren natürlichen geistigen Gaben kam ein glühendes Herz, das liebebedürftig im höchsten reinsten Sinne des Wortes noch einen Gegenstand dafür suchte, und doch selten einen fand, der es ganz ausgefüllt und befriedigt hätte. Es loderte zuweilen schnell auf in einer hellen Flamme – aber oft nicht lange, und sie erlosch vor einer Täuschung, und das Herz zog sich zuckend in sich selbst zusammen.

Thekla, in allem Höchsten ihr so innig verwandt, erschien doch in vielen Äußerlichkeiten so verschieden von ihr. Ihre glückliche ungetrübte Kindheit, ihre häusliche Erziehung, ihr ganzes stilles Dorfleben – dies mußte im Gegensatz zu Eugeniens bewegtem Schicksal zu Gegensätzen in beiden führen. Thekla war ein stilles deutsches Kind, eine sinnende fast träumerische Jungfrau. Ihre Erziehung sowohl als ihre Einsamkeit hatte ihr eine seltne Tiefe der Empfindung gegeben, neben der gleichmäßigen Entwicklung ihres strebsamen Geistes, aber fast nie, oder nur in seltenen Momenten, war diese Empfindung auch im Äußern sichtbar. Eine übertriebene Scheu, fremden Augen ihre oft schwärmerischen Gefühle zu zeigen, und sie dadurch einem Mißverstehen, einer möglichen Profanierung auszusetzen, machte sie so zurückhaltend, daß sie oft, wenn ihr Herz hätte überwallen mögen – am kältesten erschien. Man konnte es in der Tat dem Ätna vergleichen – ihre ganze Erscheinung, ihre Art zu sein und sich zu geben machte oft den Eindruck von Schnee und Kälte und in ihrem Innern war es doch so warm, ja ihr Herz oft ein Krater von Feuer und Glut. Sie konnte zuweilen sehr gesprächig und unterhaltend sein, aber wenn sie sich am glücklichsten fühlte, dann war sie am stillsten. Fast war es ihr zur Gewohnheit geworden – sie konnte nicht anders, wie wohl ihr die Erfahrung schon oft gelehrt, daß sie das Gegenteil von dem erreichte, was sie sonst damit bezwecken wollte. Sie verbarg ihr Gefühl, damit man ihr kein Übermaß vorwerfe – und nun verkannte man sie noch mehr, und nannte man sie kalt. Sie wußte das, sie hatte schon so viel darum gelitten, und doch vermochte sie nicht sich darin zu ändern.

Sie war auch gegen Eugenie so gewesen. Diese, durch das, was man ihr vorher von Thekla gesagt, und durch diese selbst unwiderstehlich zu ihr hingezogen, durch jenes allmächtige magische Etwas, für das es keinen Namen gibt – hatte sich ihr gleich anfangs mit jener zärtlichen Hingebung genähert, welche Thekla so glücklich machte – und doch hatte sich jene immer wieder von ihr durch äußere Kälte zurückgestoßen gefühlt. Sie waren beide einander schnell unendlich teuer geworden – sie ahnten das beide, und doch getrauten sie sich nicht, diesem beglückenden Gefühl sich ganz zu überlassen – sie glaubten lange an keine Gegenseitigkeit – weil jede die andere zu erhaben über sich zu sehen wähnte, um diese Freundschaft wirklich zu verdienen.

Die Zärtlichkeit, mit welcher Eugenie Thekla entgegenkam, war dieser so neu, da sie bisher keine solche leidenschaftliche, der Liebe ähnliche Freundschaft gekannt hatte, sondern nur stille harmlose, schwesterliche Verhältnisse dieser Art –, daß sie dabei immer die Angst nicht überwinden konnte: das werde nicht lange so dauern, Eugenie werde bald erkennen, daß ihren Anforderungen an weiblicher Größe, Thekla nicht genügen könne, und werde aufhören, sie so zu lieben wie jetzt. Was konnte auch sie, sagte Thekla sich selbst – das stille deutsche Kind, das unerfahrene Landmädchen einer Eugenie sein, deren Leben so bewegt, deren Horizont so groß war, und die mit so vielen höher gebildeten und geistreicheren Frauen Umgang gehabt hatte? – [...] Aber es war nicht so! gerade umgekehrt empfand Eugenie neben diesem oft forcierten Wesen der Rittmeisterin, Theklas stillen wahren Irrtum umso tiefer, und endlich mußte diese eingestehen, daß sie mit ihrer fast eifersüchtigen Befürchtung sich selbst und Eugenie nur unnütz gequält. Denn Eugenie selbst litt unbeschreiblich unter diesen immer wiederkehrenden Zweifeln Theklas, die sich bald durch noch größere Zärtlichkeit zu entkräften strebte, bald, im Innersten verwundet sich abwandte, und es Thekla geradezu sagte, daß, wenn sie nicht glauben und vertrauen könne, es besser sei, wenn sie nicht mehr von Freundschaft miteinander sprächen.

Nach einem solchen Gefühlssturm war es, daß Thekla um Versöhnung flehte, und nachdem diese vollendet zum Zeichen, daß sie dies einmal errungene Kleinod – Eugeniens Freundschaft – nicht wieder als zu unerreichbar für sich selbst betrachten wolle, um das trauliche Du bat, das von nun an die beiden immer inniger und unauflöslicher vereinte.

nur Schriften > 20 Bogen wurden zensiert!

28

Zur Antwort

In einem Artikel »Die Wehen der Gesellschaft« wird in No. 186 mein Roman »*Schloß und Fabrik*« besprochen und in einer Anmerkung die Frage beigefügt: »Warum aber hat die Verfasserin wie der Verleger den Roman nicht in *zwei* Bände, jeden über 20 Bogen geteilt, um die Zensur zu meiden? Das ist eine Sünde gegen das Prinzip, denn wo es irgend tunlich ist, da sollte kein Schriftsteller u. kein Verleger von Ehre und Gesinnung sich der Zensur unterwerfen.«
Dieser Frage bin ich eine Antwort schuldig als »Schriftstellerin von Ehre und Gesinnung.«
[Der ausgestrichene Paragraph:]
[Der erste Band von »Schloß und Fabrik« enthält nichts »Zensurwürdiges« – ich wünschte also, ihn zensieren u. den zweiten u. dritten Band als einen 20 bogenfrei erscheinen zu lassen. – Ein Irrtum fand statt, den ich nicht eher ahnen konnte, als bis es zu spät war. Der erste Band war zensiert, der zweite u. dritte nicht – dennoch hatte man sie nicht vereinigt! Das Buch ward nun sogleich mit Beschlag belegt – auch der erste Teil mit, der Buchdrucker ward wegen seines »Preßvergehens« in die übliche Strafe verurteilt und das Buch mir endlich unter der Bedingung freigegeben, daß ich die angezeigten Stellen umändern u. umdrucken ließe. Es blieb mir nichts anderes übrig, als mich zu fügen, um nur das Buch vor Vernichtung zu retten. Drei Drucklagen mußten umgeändert werden! Dies ist die Geschichte dieses Buches in *aller Kürze* erzählt, denn in der Wirklichkeit war sie *sehr lang*. Statt zur Ostermesse, wie beabsichtigt war, konnte es erst Ende Juli erscheinen! – Ernst Willkomm mit seiner »weißen Sklavin«, dem man dieselben »kommunistischen Tendenzen« wie mir vorwarf, hatte dasselbe Schicksal gehabt – er hat auch ein paar Bogen müssen umdrucken lassen, um das Buch zu retten.]
Dies zu meiner Rechtfertigung. Ich habe um dieses Buches willen durch die Gegenpartei u. unsrer Preßverhältnisse schon genug leiden müssen – so gestatte man mir wenigstens die Anklage der eignen Partei, mich »einer Sünde gegen das Prinzip« schuldig gemacht zu haben – als Irrtum anzuerkennen [...]
Nun aber noch eins.
Man prüfe einmal: was wird durch unzensierte Romane gewonnen – wenn sie konfisziert werden?

Man vergesse nicht den Unterschied zwischen Büchern, welche, wie unsere Tendenzromane, auf ein Publikum, welches liest, um sich zu unterhalten, berechnet ist, u. denjenigen politischen Büchern, welche auch nur bei einem schon politisch gebildeten Publikum Eingang finden. Dies letztere weiß sich seine Lieblingsbücher zu verschaffen trotz Konfiskation u. Verbot, u. es ist Pflicht eines jeden Publizisten, der 20 Bogenfreiheit sich zu bedienen soviel er kann. Ich glaube aber, wenn wir Romane schreiben, haben wir wieder andere Pflichten. Es ist das Bestreben vieler u. das meinige, durch Romane gerade diejenigen für die Zeitfragen zu interessieren, zu begeistern u. sie über vieles in all unsren Verhältnissen aufzuklären, welche eben erst noch einer Anregung bedürfen, um geistig daran teilzunehmen. Willkommen geheißen wird diese Anregung von Tausenden, wenn sie im Gewande der Poesie u. dem Versprechen, Unterhaltung und Zerstreuung zu gewähren, *zufällig* kommt – *gesucht* aber wird sie nur von Hunderten. Wird nun aber ein 20 bogenfreier Roman konfisziert – oft nur wegen einer Äußerung, die unwesentlich für das Ganze ist, – so wird er nur von denen gelesen, welche ihn lesen wollen u. keine Mühe scheuen, sich ihn zu verschaffen – u. dies werden nur einige Literaten sein! Kaum Politiker, denn diese haben andere Bücher für ihre Interessen. Das größere Publikum erfährt von dem Buche gar nichts – öffentlich angezeigt u. besprochen darf es nicht werden, in den Leihbibliotheken ist es nicht zu finden – u. so geht der Hauptzweck des Buches verloren. Wird es den Belletristen doch oft genug zum Vorwurf gemacht, daß sie eben wieder nur für Literaten schrieben – dessen bedarf es nicht! Nein, seit mir die Erfahrung gelehrt hat, wie streng man gerade gegen Tendenzromane ist, seitdem halte ich es für Pflicht der Literaten gegen das Publikum, ihre Romane lieber zensieren zu lassen, als sie der Konfiskation preiszugeben. Ruf freilich bringt ein konfisziertes Buch eher, weil es einige selten gehörte Wahrheiten enthält, als eines, dessen Glanzpunkte man entfernt hat – aber seinen *Zweck* kann nur ein Roman erfüllen, der frei von der Hand gehen darf. Mir genügt dies letztere – auf den Ruf verzicht ich.

Also: in Romanen laßt uns wie in Zeitschriften die Wahrheit sagen wie wir dürfen – daneben aber in geharnischten 20 Bogenschriften auch das, was wir dort unterdrücken mußten! –

Louise Otto Meiß. [...]

[um 1849]

Wie Louise Otto damals auf ihre Zeitgenossen wirkte, ist dem folgenden Bericht ihrer langjährigen Freundin Auguste Scheibe zu entnehmen. Sie schildert darin ihr erstes Treffen mit Louise Otto im Jahr 1849 und entwirft ein anschauliches Bild der jungen demokratischen Schriftstellerin, die am Ende dieses bedeutenden Jahrzehnts bereits ein Symbol einer neuen aufstrebenden Frauengeneration war. Der Bericht erschien in der Gedenkschrift der Neuen Bahnen *im Jahr nach Louise Ottos Tod.*

29
Mein erster Besuch bei Louise Otto
Ein Gedenkblatt von Auguste Scheibe

Es war an einem schönen Julitage des Jahres 1849, als ich auf einem der schmucken, grün-weißen Elbdampfer von Dresden nach Meißen fuhr, um Louise Otto aufzusuchen.

Nicht nur der Wunsch, die Dichterin kennenzulernen, von der ich eine Reihe begeisterter, in die damalige Freiheitsbewegung einschlagender Gedichte, sowie mehrere Romane der gleichen Tendenz gelesen hatte, führte mich zu ihr – ich wollte sie auch in einer literarischen Geschäftsfrage zu Rate ziehen. In Dresden war ein Frauenverein ins Leben getreten, der die Aufgabe hatte, den zahlreichen Familien zu Hilfe zu kommen, die, infolge des Dresdner Maiaufstandes ihrer Versorger und Ernährer beraubt, in Not geraten waren, und dieser Verein hatte den Beschluß gefaßt, zur Aufbesserung seiner unzureichenden Mittel ein Album herauszugeben, das aus den Beiträgen deutscher Dichter zusammengestellt werden sollte. Ich war mit der Vorbereitung des Unternehmens betraut worden, hatte unter anderen auch Louise Otto geschrieben und umgehend die Antwort empfangen, daß sie nicht nur zu einem poetischen Beitrage, sondern auch zu jeder sonstigen Förderung des Unternehmens durch Rat und Tat gern bereit sei. Zur besseren Verständigung schlug sie eine mündliche Besprechung vor, und schon am nächsten Tage fuhr ich, ohne vorherige Ankündigung, nach der alten interessanten Bischofsstadt. Das am Baderberge gelegene Haus der Dichterin war leicht aufgefunden, und bald stand ich – wie ich gestehen muß, hochklopfenden Herzens – an der mit dem Namen »Louise Otto« bezeichneten Tür.

Ich klingelte und eine alte Dame mit steif aufgesteckten graublonden Locken, streng geschlossenem Munde und ebenso strengen grauen Augen, die mich prüfend vom Kopf bis zu den

Füßen musterte, öffnete die Tür. Ich gestehe, daß ich erschrak, denn einen Moment glaubte ich, die Gesuchte selbst vor mir zu sehen. Mit einem fragenden: »Fräulein Louise Otto?« reichte ich ihr meine Karte. Nachdem die Empfängerin einen Blick darauf geworfen und mich dann nochmals mit womöglich noch strengeren Blicken betrachtet hatte, öffnete sie die Lippen zu einem: »Bitte, treten Sie ein.« Noch immer unsicher, wen ich eigentlich vor mir habe, folgte ich ihr in ein großes, helles Gemach, von einfachster kleinstädtischer Einrichtung, das von schneeigen Gardinen bis zu dem weißgescheuerten Fußboden im Schmucke einer wahrhaft holländischen Sauberkeit glänzte. Die strenge Dame durchschritt dies Zimmer, öffnete eine Seitentüre, reichte meine Karte hinein und sagte: »Louise, die Dame wünscht Dich zu sprechen!«
Ich atmete erleichtert auf. Dies also war Louise Otto nicht! – Gleich darauf erschien die Gesuchte auf der Schwelle.
Wir standen uns einen Moment stumm gegenüber, aber dieser Moment genügte, um mir das Bild der damals etwa neunundzwanzig Jahre zählenden Dichterin, so wie sie da, von hellem Sonnenschein umgeben, vor mir stand, so fest einzuprägen, daß es mir, trotz aller späteren großen Veränderungen, die – namentlich nach einer schweren Krankheit – in ihrer äußern Erscheinung vorgingen, bis heute treu im Gedächtnis geblieben ist.
Eine kleine, wie ich auf den ersten Blick bemerkte, nicht ganz ebenmäßig gebaute Figur, gekleidet in ein faltenreiches, weiches, himmelblaues Gewand mit weiten offenen Ärmeln, darunter anschließende Ärmel von weißem Batist mit breiten, die Hand fast ganz bedeckenden Spitzenmanschetten. Eine ebensolche Spitze umgab den Hals und darüber erhob sich ein für die Figur etwas zu großer Kopf mit stark markierten Zügen und einer auffallend entwickelten, mehr eckigen als runden Stirne. Lange, leichte, hellblonde Locken (sogenannte englische Locken, wie man sie damals viel trug) umschlossen – die starken Züge mildernd – zu beiden Seiten das Gesicht, dessen überaus zarter rosig angehauchter Teint mit der Farbe des goldigschimmernden Haares in voller Harmonie stand. Die blauen Augen blickten, obwohl sie erwartungsvoll auf mich gerichtet waren, beinahe schläfrig unter den schweren Lidern hervor. Weder die Gestalt, noch die Züge dieses merkwürdig ausgeprägten Charakterkopfes waren schön, eher das Gegenteil – aber die ganze Erscheinung trug den Stempel des Ungewöhn-

lichen und war damals von einem Hauche der Poesie umgeben, der – dem innersten Wesen entspringend – die Hülle verklärte. [...]

Verbunden mit diesem poetischen Eindrucke war der echtester, fast überzarter Weiblichkeit, die sich in Haltung, Kleidung, Stimme und Sprache, ja in jeder kleinsten Gebärde der Dichterin ausdrückte und auf die ich in diesem Maße nicht gefaßt war. Ich hatte mir Louise Otto nie als eine der »Emanzipierten« vorgestellt, die zu jener Zeit hier und da auftauchten und nicht nur das Wort in Mißkredit brachten, sondern die ganze Frauenbewegung in ein falsches Licht zu setzen drohten – aber ich hatte mir von ihr, die, damals fast noch alleinstehend, das Banner des Frauenrechtes, wie wir es jetzt verstehen, so unverzagt entfaltete, die seit dem Jahre 1845 zu den mutigsten Streitern für die politische Freiheit in Deutschland gehörte, die sich in ihren Schriften mit flammenden Worten der Armen und Bedrückten annahm, die man im Kreise der jungen österreichischen Dichter – dem Moritz Hartmann und Alfred Meißner angehörten, als »Lerche des Völkerfrühlings« feierte, von ihr, die so mitten im Kampfe des Tages stand, dennoch ein Bild gemacht, das sich mit der kleinen, fast zerbrechlichen Erscheinung, die mir hier mit augenscheinlicher Befangenheit gegenüberstand, schwer in Einklang bringen ließ.

Fast schüchtern bot sie mir, der Jüngeren, die feine weiße Hand zum Gruße, und nachdem sie mich eingelassen hatte – eine Tante, die bei ihr lebte und ihr die Wirtschaft führte – bekannt gemacht, forderte sie mich auf, in ihr Tuskulum einzutreten.

[nach einer langen Beschreibung des Zimmers, Möbel, Bücher, etc., auch Porträts von Lenau, Byron, Sand:]

Das also war die Werkstatt, aus der so viele kühne Worte und reformatorische Gedanken in die Welt hinausgeschickt wurden – Gedanken, die teils, durch die Einigung Deutschlands noch bei Lebzeiten der Dichterin ihre Verwirklichung fanden, teils bis jetzt eben Gedanken blieben, oder – wie das Programm der gegenwärtig so mächtig anschwellenden Frauenbewegung – zwar stetig und unaufhaltsam vorwärts dringen, vom vollen Siege aber noch weit entfernt sind.

Dies Programm, auf das wir, nach der Beratung der Albumangelegenheit, zunächst zu sprechen kamen, lag schon damals bis in seine letzten Konsequenzen klar ausgearbeitet vor dem Geiste der Dichterin. Mit gesenkten Augen, im Schoß gefalteten Händen, oft kaum vernehmbarer, leiser Stimme, ohne den geringsten

Anflug von Pathos und der ihr eigenen, zögernden Redeweise, die in so seltsamem Widerspruche zu ihrer geistigen Schlagfertigkeit ihrer Unerschrockenheit stand, entrollte sie vor mir nach und nach die Ideen, denen sie trotz aller Anfechtungen – zum Teil aus dem eigenen Lager – sowohl nach der praktischen, wie nach der idealen Seite hin unverbrüchlich treu geblieben ist und deren Verwirklichung sie ihr Leben, bis zum letzten Atemzuge, gewidmet hat. Wir, ihre Erben, werden unsere ganze Kraft und Beharrlichkeit einsetzen müssen, um die von ihr, vor einem halben Jahrhundert aufgestellten und angebahnten Ziele vielleicht in einem weiteren halben Säkulum zu erreichen. Wir dürfen Louise Otto, die erste Führerin der Frauenbewegung, mit gutem Rechte zu den Geistern zählen, die, wie das Dichterwort sagt, »an der Grenzscheide des Jahrhunderts stehen und warten, bis ein hinkend Volk ihnen nachkomme.«
Die Stunden des langen, uns doch so kurz erscheinenden Nachmittags verflossen im Austausch von Gedanken und Ansichten, die nicht immer die gleichen waren, über die es indessen doch leicht zur Verständigung kam. Louise Otto gehörte zu den Frauen, die anhaltend über ernste Fragen zu sprechen vermögen. Sie bekannte sich nicht zu der Maxime George Sands, nach welcher normale Menschen täglich höchstens zwei Stunden klug zu reden imstande sind und dann entweder Dummheiten sagen oder mit Kindern und Tieren spielen müssen; aber wir nützten doch beide gern die kleinen Unterbrechungen aus, die ein allerliebster, rotbrüstiger Dompfaffe (Gimpel) an diesem Nachmittage, wie später noch so oft, in unsere ernste Unterhaltung brachte. [...]
Eine längere Unterbrechung erlitt unser Gespräch durch die Einladung zum Kaffee seitens der Tante. Die alte Dame, wie mir Louise Otto sagte, eine Schwester ihrer verstorbenen Mutter und unentwegte Vertreterin alles Bestehenden und Althergebrachten, stand – trotz gegenseitiger verwandtschaftlicher Liebe und Anhänglichkeit – der Richtung und den Bestrebungen der Nichte durchaus abhold gegenüber. Um sie in ihren Überzeugungen nicht zu verletzen, beschränkten wir unsere Unterhaltung am Kaffeetisch auf das neutralere Gebiet der Kunst, und ich lernte in Louise Otto eine der begeistertsten Anhängerinnen Richard Wagners, des damals noch viel umstrittenen Komponisten des »Tannhäuser«, kennen. [...]
Nach dem Kaffee machten wir einen Spaziergang in der Umgebung Meißens, deren schönste Punkte sie mir voll tiefer Natur-

empfindungen und mit Stolz auf ihre Vaterstadt zeigte. Und dann kam der Abschied. –

Die Dichterin begleitete mich zum Dampfschiffe. Als wir uns beim Scheiden die Hände reichten, empfanden wir, daß unserem: »Auf Wiedersehen!« bald die Erfüllung folgen müßte – wußten, daß wir uns gefunden hatten, fürs ganze Leben – und hatten uns nicht getäuscht! Heute, wo ich dies Erinnerungsblatt auf den Grabhügel der Freundin niederlege, geschieht es mit dem Gefühl des innigen Dankes, daß es mir vergönnt gewesen ist, ihr nahe zu stehen.

DIE REAKTIONSJAHRE 1853–1864

Mein Zimmer, 1852. Skizze von Louise Otto
(aus: Max Großmann, Und weiter fließt der Strom*)*

1852/56	August Peters im Zuchthaus Waldheim, wo Louise Otto ihn etwa 2 bis 4 Tage im Jahr besuchen durfte
1853/56	Vertiefung in historische Studien und Quellen
	Verfassen von *Hexengeschichten* für eine *Dresdner Zeitung*
1856	8. Juli: Freilassung von August Peters; Wiedersehen mit Louise Otto in Jöhstadt bei seiner Mutter
	ANDREAS HALM, Roman
	ZWEI GENERATIONEN, Roman
1857	EINE GRAFENKRONE, Roman
1858	HEIMISCHE UND FREMDE, Roman
	24. November: Heirat von Louise Otto mit August Peters im Meißner Dom
	Umzug nach Freiberg: Herausgabe des Gewerbeblatts *Glückauf* von Peters
1859	NÜRNBERG, Roman
1860	Übersiedlung des Ehepaares Peters – Otto nach Leipzig, wo Peters zuerst den Leipziger *Generalanzeiger* herausgab
	DIE ERBEN VON SCHLOSS EHRENFELS, Roman
	AUS DER ALTEN ZEIT, Erzählungen (1860–61)
1861	Gründung der *Mitteldeutschen Volkszeitung* durch Peters (Louise Otto leitete das Feuilleton bis 1865)
	DIE SCHULTHEISSENTÖCHTER VON NÜRNBERG, Roman
	DIE MISSION DER KUNST, Kunstkommentar
1863	KUNST UND KÜNSTLERLEBEN, Novellen
1864	Ostern: Umzug in die Schützenstraße 4, Leipzig
	4. Juli: Tod von August Peters an einem Herzleiden; Tod des Witwers ihrer um 1860 verstorbenen Schwester Franziska: Übernahme (gemeinsam mit der Schwester Antonie) der drei hinterlassenen Söhne, 15 bis 20 Jahre alt
	MÄDCHENBILDER AUS DER GEGENWART, Novellen
	NEUE BAHNEN, Roman
	NEBENEINANDER, Roman

EINLEITUNG

Wenn Franz Brümmer, Herausgeber eines Lexikons der deutschen Dichter im 19. Jahrhundert, behauptet, daß Louise Otto während der Gefangenschaft von August Peters »nur für ihn« lebte, so könnte man ohne weiteres darüber hinweglesen, entdeckte man bei Louise Otto nicht genau denselben Ausdruck. Und wenn man weiter auf die auffallende Lücke zwischen 1853 und 1856 in ihrem sonst so veröffentlichungsfreudigen Leben stößt, so scheint bestätigt, daß Louise Ottos Interessen während dieser dunklen Zeit anderswo lagen als beim Romane- und Gedichteschreiben oder bei der journalistischen Tätigkeit eines bis dahin so aktiven liberalen Mitglieds der Gesellschaft. Aber auch die politische Tendenzwelle könnte für diese Lücke verantwortlich sein.

Daß die Reaktion allgegenwärtig und nicht untätig war, läßt sich am Fall Louise Ottos leicht beweisen. Es erschien keine *Frauen-zeitung* mehr, es gab keine feurigen Aufsätze für inzwischen untergegangene demokratische Blätter, und die Tendenzromane der vierziger Jahre mit Titeln wie *Schloß und Fabrik* und *Römisch und Deutsch* wurden ziemlich schnell durch ein neues Genre ersetzt, das sie den *kulturhistorischen Roman* nannte. Sogar die wenigen Biographen gehen kommentarlos über diese Zeit hinweg und begnügen sich vor allem mit verallgemeinernden Bemerkungen über ein dem historischen Studium gewidmetes Leben.

Die eben erwähnte Zeitspanne ausgenommen, hörte Louise Otto niemals auf, zu schreiben und zu veröffentlichen, wenn sie auch den Themenkreis änderte und sich oft hinter die indirekte Sprechweise des Gedichts zurückzog. Manchmal verfiel sie dem Kitsch, besonders in den Romanen aus den späten fünfziger Jahren; jedenfalls schrieb sie erst viel später offen und direkt über diese Zeit, wie zum Beispiel in dem 1876 erschienenen Werk *Frauenleben im deutschen Reich*, wo sie über diese Ära sagte: »Der schöne Traum [der 1848er Zeit] währte nicht lange – es kam die Reaktion, es kamen die Kämpfe um die Reichsverfassung – es kam Angst und Schrecken und Not für die einen – Hohn, Triumph und Übermut machten sich nun bei den anderen geltend.« (S. 78)

Neben ihren Vorstudien zu den kulturhistorischen Romanen, die Ende der fünfziger Jahre zu erscheinen begannen, füllte eine zunehmende Beschäftigung mit Kunsttheorien ihre Zeit aus. Letzteres führte zur Publikation einer erweiterten Fassung ihres 1852 erschienenen Werkchens *Die Kunst und unsere Zeit*, die sie im Jahr 1861 unter dem Titel *Die Mission der Kunst* herausbrachte. In gewissem Sinn war diese Neufassung typisch für die Zeit des Schweigens. Sie enthielt viel mehr Details als die frühere Ausgabe, war aber im Grunde entschärft, gemildert und stand in bemerkenswertem Gegensatz zu den oft revolutionären Worten des früheren Textes. Ein Satz in *Die Kunst und unsere Zeit* kann als Motto für diese schwierigen Jahre dienen: »Aber ich glaube an keine Utopien, ich halte mich an die wirkliche Welt, wie sie uns einmal jetzt noch umgibt.« (S. 46) Innerhalb einer verhältnismäßig kurzen Zeit war so Ernüchterung eingetreten, als Folge von Haussuchungen und Verfolgungen wegen Pressevergehen und auch wegen der qualvollen Besuche in den Gefängnissen, wo August Peters zwischen 1849 und 1856 einsaß, und wo die Liebenden meist durch zwei, erst viel später durch nunmehr ein Gitter voneinander getrennt waren, wo ihr Zusammensein auf jeden Fall sehr eingeschränkt wurde.
Bezeichnend ist, daß Louise Otto während ihrer vereinsamten Zeit Anfang der fünfziger Jahre auch sehr viel über Hexen las und schrieb, jene Frauen also, die von der unwissenden, angst- und haßerfüllten, von Ideologen verführten Gesellschaft gefoltert und ermordet wurden. In diesen Mitgliedern einer erniedrigten und mißhandelten Gruppe entdeckte sie Symbole ihrer eigenen Zeit. Die Frau als Hexe, dieses Thema wurde jetzt immer wieder betont, besonders in ihren Beschreibungen der Reaktionszeit; wesentlich später schrieb sie in den *Neuen Bahnen*: »Sie, das im tiefsten erniedrigte, recht- und hilflos erhaltene Geschlecht, mußte alle Schuld und Schmach auf sich nehmen.« (*NB* XXVI, 5 [1891], S. 34)
Diese Zeitspanne ist sowohl durch ihre Ehe geprägt wie auch durch sich erweiternde berufliche Verbindungen mit anderen Männern, vor allem mit dem ehemaligen Jungdeutschen Karl Gutzkow. Die Ehe eröffnete ihr andere gesellschaftliche Kreise, auch andere Interessensbereiche; und wäre August Peters nicht so frühzeitig gestorben, könnte man vermuten, daß Louise Ottos zweite Lebenshälfte vielleicht ganz anders verlaufen wäre als die erste. Man kann diesen veränderten Schwerpunkt ihres Interesses auch in ihren Beiträgen zur *Mitteldeutschen Volkszeitung*

bemerken. Oft schrieb sie so, als ob sie inzwischen die Argumente der männlichen Kritiker internalisiert hätte, als ob die frauenrechtlerischen Tage in der Tat hinter ihr lägen; oft aber scheint es eher so zu sein, daß sie in diesen Jahren eben mehr politisch als gesellschaftskritisch gestimmt und engagiert war. Der Ton ist auf jeden Fall ein anderer.

Louise Otto hat in dieser oft unglücklichen, verwirrenden Zeit eine kurze, aber offenbar glückliche Ehe geführt. August Peters, ein *Sohn des Volkes*, wie sie ihn nannte, war zumindest theoretisch der ideale Ehemann für sie, ein Mann aus der Arbeiterklasse, ein Autodidakt, ein lebendiges Beispiel für ihre Überzeugung von der Allmacht der Bildung, ein Mann etwa wie Ludwig, der Held ihres ersten Romans, oder der Arbeiterheld und Schriftsteller Franz in *Schloß und Fabrik*, oder auch der möglicherweise nach Peters gestaltete Volksheld Hermann in dem späten Tendenzroman *Drei verhängnisvolle Jahre.* Daß wohl nicht alles glatt und reibungslos in der Beziehung mit Peters verlief, ist aus den etwas zweideutigen Briefen an Kathinka Zitz zu erkennen. Wie dem auch sei, es wurde allgemein, auch von Louise Otto selbst, behauptet, die Verbindung sei gut gewesen. Es war eine kinderlose Ehe; beide Partner standen voll im Erwerbsleben, sogar im selben Beruf, denn meist arbeiteten sie zusammen an der von Peters begründeten *Mitteldeutschen Volkszeitung;* ihre Artikel waren nur mit A.P. und L.O. unterschrieben, und Peters' Tätigkeit als Redakteur durfte überhaupt nicht erwähnt werden. Es war eine Ehe, in deren Verlauf Louise Otto sich auf keinen »dem Weibe bestimmten Beruf« zurückzog, sich statt dessen weiter als Journalistin betätigte, vor allem als Kunstkritikerin, und zudem die besten Romane ihres Lebens verfaßte, nämlich die historischen *Nürnberg*-Romane von 1859 bis 1861 mit ihrem sorgfältig erforschten geschichtlichen Kolorit. Trotz der finsteren Jahre zu Beginn dieses Zeitraums war es also eine furchtbare Zeit, eigentlich auch eine, wohl die einzige, durch einen Mann geprägte Zeit; denn ihre Verbindung mit Peters bestand für etwas mehr als ein Jahrzehnt.

Es war aber vor allem die Zeit der indirekten, verhüllten Meinungsäußerung, in der Louise Otto die Kunst des »Ideenschmuggels« entwickelte und zur Vollendung führte. Sogar in den historischen Romanen kommen Ideen zur Darstellung, die man unmittelbar auf die Zeit beziehen konnte; das betrifft vor allem die Frauengestalten, denen wie den Heldinnen der Romane aus den vierziger Jahren immer noch dieselben Eigenschaften zugeschrieben wurden, Schönheit und Jugend ganz gewiß, aber nun viel wichtiger auch Bildung, ein reger Verstand und ein oft sehr freiheitsliebender und selbständiger Geist. Daß die Frauen Nürnbergs nur heimlich gegen die bedrückenden Repressionen der Stadtväter protestieren konnten, war kennzeichnend auch für Louise Ottos eigene Zeit; daß die Protestierenden *Patrizierinnen* waren, beweist, wie vorsichtig die Verfasserin geworden war.

Überall sind die niederdrückenden Sorgen zu spüren, aber auch die Erfolgserlebnisse, die die journalistische und schriftstellerische Laufbahn mit sich brachte, ebenso das Wachsen ihres Kunstverstandes und das Erlebnis einer glücklichen Ehe. Trotz spärlicher Hinweise, die vor allem in dem Verhalten der Frauengestalten in manchen Romanen dieser Zeit und in den wichtigen Untersuchungen über Hexen enthalten sind, zeichnet sich doch allmählich ab, warum Louise Otto die Entwicklung nahm, die sie in ihrer zweiten Lebenshälfte nehmen sollte.

Das historische Schicksal der Hexen zur Zeit der Hexenverbrennungen war ein geeignetes Symbol für die finsteren Jahre der Reaktion. Der folgende Aufsatz aus den Neuen Bahnen *bringt Louise Ottos eigenen, allerdings innerhalb einer Buchbesprechung versteckten Kommentar zu dieser Epoche – ein typisches Beispiel für die Politizität ihrer Aussagen zu einer Zeit, in der Indirektheit notwendig war.*

1

Mahnungen aus der Hexenzeit

Wohl liegt es im Geiste unserer Zeit, sich mit historischen Daten zu beschäftigen und an ihrer Hand Jubiläen feiernd, großer Menschen oder großer Ereignisse zu gedenken. Aus den stillen Werkstätten der Forscher, der Hüter der Geschichte, der Fachgelehrten gehen verdienstvolle Werke hervor, die auch von der Tagespresse benutzt werden, an die bewegten Vorgänge zu mahnen, manches wenig Bekannte an das Licht zu ziehen, neue Gesichtspunkte aufzustellen und vor allen Dingen sie durch interessante Darstellungen zu popularisieren.

Aber es liegt auch wieder im Geiste unserer Zeit – dieselbe als lesendes Publikum betrachtet – sich mit den oft flüchtigen Darstellungen der Tagespresse zu begnügen, die Hauptwerke nicht selbst zur Hand zu nehmen und statt sich z. B. durch ein Buch von nahe 400 Seiten über ein hochwichtiges und grauenvolles Kapitel in der Kulturgeschichte zu unterrichten – mit der Belehrung, die ein interessant geschriebener Feuilletonartikel im modernen Plauderton bietet, zufrieden zu sein.

Freilich! wer kann und will daraus einen Vorwurf machen bei unseren vielen Beschäftigungen, bei der Mannigfaltigkeit unserer Lebensaufgaben, die – wir müssen es zugeben – Frauen wie Männer ja ganz anders in Anspruch nehmen als vordem.

So ist es wohl auch geschehen, daß, als ein Jahrhundert um war, seitdem im deutschen Reich die letzte Hexe auf dem Scheiterhaufen verbrannte, dies Jubiläum, das durch einen Erlösungstag von der größten, Jahrhunderte alten Schmach bezeichnete, die man jemals den Frauen angetan und als dann 1889 vier Jahrhunderte um waren, seit durch den »Hexenhammer« in Deutschland die Hexenprozesse eingeführt worden waren, nicht viele davon Notiz nahmen. Wir aber wollen nicht verfehlen, unsere Leserinnen auf das Werk des von uns noch speziell als einen gleichgesinnten Mitkämpfer für das Frauenrecht, wie überhaupt in den weitesten Kreisen der gelehrten Welt hochgeschätzten Georg Längin (Stadtpfarrer zu Karlsruhe) aufmerksam zu machen: »Religion und Hexenprozeß. Zur Würdigung des 400jährigen Jubiläums der Hexenbulle und des Hexenhammers, sowie der neuesten katholischen Geschichtsschreibung auf diesem Gebiete. (Leipzig, Otto Wiegand 1888.)«

Diese kalten Winterabende, die in's stille Zimmer fesselten, waren so recht dazu angetan, sich in dies hochwichtige Werk zu vertiefen und ich möchte manche Leserin dazu veranlassen, das gleiche zu tun. Die darauf gewandte Zeit ist wahrscheinlich nicht verloren – auch nicht für den Dienst unserer Zeit.

Was mich betrifft – ich war nicht so unbewandert auf diesem Gebiete, wie es vielleicht manche Leserinnen sind. Schon einmal fanden mich lange Winternächte mit gleichen Studien beschäftigt.

Es war, als die Jahre 1852 und folgende mit ihrem Niederdruck schwer auf uns und allen Gesinnungsgenossen lasteten. – Alle Fortschrittsbestrebungen – auch die für die Frauenbewegung, waren gehemmt. Die »Frauenzeitung«, die ich 1849 gegründet, konnte nicht weiter erscheinen – auch sonst war mir die Gegenwart für mein Schaffen verleidet. Ich flüchtete in die Vergangenheit! Auf der Königl. Bibliothek in Dresden konnte ich mir alles nötige Material verschaffen. Ich fand den »Hexenhammer«, fand Bände von Hexenchroniken! – Für eine »Dresdner Vokszeitung«, die Erzählungen aus Sachsens Vergangenheit verlangte, schrieb ich Hexengeschichten nach den Quellen bearbeitet: Der erste Hexenprozeß in Sachsen – Sempronia – Auf dem Aspen – In drei Städten – Mathilde Malthasar – Anna Weber – Margaretha Krämerin und Anna Triebel. Sie sind später noch in unzähligen Blättern gedruckt worden, erschienen zum Teil auch in einer Sammlung von mir »Aus der alten Zeit« (Leipzig, H. Hübner 1871) und in Privatgeschichten der Weltgeschichte (Leipzig, H. Matthes 1868.)

In einer Einleitung schrieb ich unter anderem: Seltsamerweise ging in Deutschland, so unglaublich es auch klingen mag – der Hexenprozeß dem Hexenglauben voraus. In den vorhergehenden Jahrhunderten war der Glaube an Zauberei, Hexen und

Teufelserscheinungen nur sehr vereinzelt gewesen. Was Konrad von Marburg, der Ketzermeister, als Beichtvater der Landgräfin Elisabeth in Verfolgungswut gefrevelt (wie in Arras richterliche Bosheit 50 Personen in einen Hexenprozeß verwickelt war schon von den Zeitgenossen bekannt). Von allen Gebildeten und Gelehrten wurde die Hexenexistenz anfänglich selbst in Zweifel gezogen und von den aufgeklärten Schriftstellern nur deshalb später weniger Gewicht darauf gelegt, weil sie meinten: die menschliche Vernunft könne sich so etwas nicht bieten lassen, der Unsinn müsse in sich selbst zerfallen. Trotzdem ließ man es sich bieten, daß Innozenz VIII. 1484 den Hexenglauben durch eine Bulle förmlich gebot und den Pfarrern aufgab, »das Gotteswort von der Herrschaft des Teufels auf Erden« zu lehren und daß er die beiden Dominikaner H. Krämer und J. Sprenger zu Inquisitoren und Hexenrichtern in Deutschland einsetzte. Weder Kaiser noch Reich hatten gegen diese päpstliche Bulle, durch welche die deutsche Nation eigentlich für vogelfrei erklärt ward, etwas einzuwenden und der von jenen Dominikanern verfaßte »Hexenhammer« ward als Gerichtsordnung im Hexenprozeß samt der heimlichen Inquisition eingeführt an Stelle des öffentlichen deutschen Rechtsverfahrens.

Zu den Beschäftigungen mit der Hexenzeit trieb mich nicht allein meine Weltflucht – oder meine Vorliebe für Mittelalter und Romantik – es trieb mich auch dazu: die Frauenfrage. Die Resultate, die ich daraus für sie gewann, waren etwa die folgenden: Man darf niemals, wie und wo auch die gesunde Vernunft in's Gesicht geschlagen werde, leichthin denken, wie oben gesagt: »Der Unsinn müsse in und von sich selbst zerfallen!« – das geschieht nicht, es muß gegen ihn gekämpft werden. Die Hexenzeit beweist: der einmal umnebelte Menschenverstand läßt sich allmählich das Dümmste und Unsinnigste gefallen. Die Pfaffen suchten nach einem neuen Mittel, die Herrschaft über die Menge zu behaupten, da der Glaube vorbei war, mußte der Aberglaube helfen. Damit die Köpfe nicht zu denken anfingen, mußte man auf ihre Kosten die Phantasie mit gräßlichen Spukgeschichten erhitzen und quälen. Begierig hing sich die gelangweilte Menge an den neuen Unterhaltungsstoff – so konnte der Wahn epidemisch werden, so konnte man aus ihm geistlich und weltlich Nutzen ziehen.

Wo die Hexen- und Ketzerprozesse ineinander flossen, da verteilte sich natürlich das Märtyrertum auf Männer und Frauen. Aber der Hexenprozeß hat es zumeist mit Frauen zu tun. Sie, das

im tiefsten erniedrigte, recht- und hilflos erhaltene Geschlecht, mußte alle Schuld und Schmach auf sich nehmen. Bei unzähligen Vergehen der Männer waren diese schnell mit der Rechtfertigung zur Hand: ein Weib, eine Hexe habe sie dazu gebracht. Entweder durch Schönheit oder Zaubermittel, auf die sie sich verstand: Tränke, Salben, durch allerhand List und Künste Herrschaft über die Tiere, die Naturkräfte, Wettermachen, verwandeln und verschwinden. Die also Angezeigte ward dann als Hexe eingezogen – ihr der Prozeß als Hexe vor dem geistlichen Gericht mit Hilfe der Folter gemacht, sie verbrannt und die Kosten von ihrem Erbe genommen und – der Mann ging frei aus.
Aber auch ohne männliche Beteiligung – einer solchen ward ja meist nur der Teufel beschuldigt – wurden hunderttausende unschuldiger Frauen gefoltert, bis sie, um nur von den Martern befreit zu werden, bejahten, was man sie fragte, und danach als Hexen verbrannt. So mußten die Frauen jeder feindlichen Beschuldigung, die ebensooft von feindlichen Frauen, wie von Männern ausging, erliegen – Hexen nannte man nicht nur die Schönen, auch die Fleißigen und Klugen, denen die Arbeit gedieh, die Heilkundigen und jede, die eben mehr verstand und leistete – schon allein deswillen; Bosheit, Mißgunst und Habsucht taten das weitere. Das war eine doppelte Lehre auch für die Frauenfrage: die Frauen durften nicht klug sein, galten nicht fähig, Ausgezeichnetes zu leisten und zu können – wo es geschah, war es unnatürlich – was auffiel und vom Gewöhnlichen abwich, ward verdächtigt – gibt es nicht auch in der Gegenwart von solchen Beschuldigungen ein zivilisiertes Echo – gerade so, wie vor der üblen Nachrede der Frauen untereinander, ihr Mißtrauen ineinander?
Die weiteren Nutzanwendungen, die ich an dies alles knüpfte, kann jede Leserin sich selbst ziehen und zusammenstellen – mir sind sie in diesen vierzig Jahren nicht aus dem Sinn gekommen. Leider ist es auch jetzt noch nicht überflüssig, an sie zu erinnern und wenn wir auch »neue Bahnen« eingeschlagen haben und ein Teil der Zeitgenossen auf solchen geht wie wir, so ist doch immer noch vor den alten und einer Rückkehr zu überwunden scheinenden Standpunkten zu warnen.
Es gilt zu lehren, zu erziehen, zu bilden – vor allem das eigne Geschlecht – fortzuschreiten, zu kämpfen und stets eins zu sein: wach.
Und nun komme ich wieder auf das herrliche Buch zurück, das vor mir liegt. Nicht nur, daß die Geschichte der Hexenprozesse

in Deutschland noch nie so wahrheitsgetreu nach den verschiedensten Quellen und ihrer gründlichen Erforschung von der Hand eines gleich würdigen Gelehrten und Geistlichen geschrieben ist, sondern auch aus diesem Buch uns am Schluß die Warnung entgegentönt, auch jetzt noch eins zu sein: »wach!« [...]

Die Gedichte aus dieser Zeit waren oft genauso scheinbar tendenzlos und verhüllend wie die Prosa und die journalistischen Beiträge. Es folgen zwei Beispiele, die eine metaphorische Darstellung der politischen Lage zu geben versuchen.

2

Reaktion

Noch Februar – und schon von Frühlingsträumen
Ist rings die Flur aufatmend tief durchbebt.
Die milden Lüfte, die so lang oft säumen,
Sie haben schon die Fluren neu belebt.
Ist's eine Botschaft uns von Gott gesendet,
Daß auch der Völkerfrühling plötzlich endet?

Ich ging zum Wald – sieh, aus den Tannenspitzen,
Da schlägt es schon wie helle Flämmchen aus,
So ist der lichten, jungen Nadeln Blitzen.
Schneeglöckchen wagen sich im Moos heraus.
Die Blütenkätzchen an den Haselzweigen
Sich küssend zu den roten Knospen neigen.

Rings Frühlingsleben! Selbst die Vöglein locken
Einander schon das heim'sche Nest zu bauen,
Als lasse sich gewiß mit Eis und Flocken
Der strenge Winter heuer nicht mehr schauen.
Und hoch ob der ergrünend frischen Aue
Schwingt eine Lerche jubelnd sich ins Blaue.

Sie grüßt den Lenz, den sang- und blütenvollen;
Doch wo am Ufer just ihr Lied erklang,
Da liegen noch des Eises dicke Schollen,
Als von der Flut es berstend aufwärts sprang.
Aus Eisesritzen grüne Gräser blicken,
Wird nicht die mächt'ge Scholle sie ersticken?

Noch liegt der Schnee auf Höhen und in Schluchten
Zu festen Massen türmend aufgehäuft,
Wenn warme Lüfte nun umsonst versuchten,
Daß er sich still in Bach und Flur verläuft?
Das sind noch Zeichen, die gefährlich drohn –
Unheimlich ist's! – ich fürchte Reaktion!

Ich fürchte, daß die Lerche wird verstummen,
Das Schneeglöcklein erstarrt sein Köpfchen hängt,
Daß von den Käfern, die jetzt lustig summen,
Sich mancher noch in Schneelawinen fängt.
Ich fürchte, daß die Knospen an den Bäumen
Erfrierend büßen, daß vom Lenz sie träumen.

Und wenn die schönen Blüten auch verloren
Durch Winters Härte, der zurückgekehrt –:
Es werden neue in den Lenz geboren,
Der unausbleiblich ist, wie lang's auch währt
Oft bis er kommt – *einst* kommt er, wenn nicht *schon,*
Nur kurze Zeit währe jede Reaktion!

3
Nebel

Es lagert rings umher ein grauer Flor –
Ich weiß es nicht: bricht noch die Sonn' hervor?
Wird dieser Nebel heut sie ganz verhüllen?
Und ob er steigt, und ob er niederfällt?
So frag' ich wohl – doch schweigend ruht die Welt
Und Flur und Tal mit Dunst sich füllen.

Es dampft der Wald, ein rauchender Altar,
Einsam darüber kreist ein scheuer Aar,
Er möchte gern empor zur Sonne steigen –
Doch nur ein matter Punkt im Äthermeer
Erscheint sie heut, sonst alles grau umher –
Unheimlich bang ist dieses Schweigen!

Ein Bild der Zeit: Ein Nebel schließt uns ein –
Kein Wetter tobt, es glänzt kein Sonnenschein –
Die Welt gehüllt in eine weite Wolke!
Kein Adlerblick erspäht der Sonne Glanz –
Der Freiheit Sonne – sie verhüllt sich ganz –
Ein dumpfes Schweigen rings im Volke.

Die Mission der Kunst, *die neue Fassung des 1852 erschienenen Werkes* Die Kunst und unsere Zeit, *ist hier mit zwei Textproben vertreten; beide sind aus dem Kapitel* Brot *gewählt. Wieder zeigt sich das Pragmatische Louise Ottos, denn sie diskutiert die praktische Existenzfrage der Künstler schlechthin und der Schriftsteller im besonderen.*
Die anschließenden Beispiele von Kunstberichten stammen aus dem von ihr geleiteten Feuilleton der Leipziger Mitteldeutschen Volkszeitung, *die August Peters gründete und an der die beiden Anfang der sechziger Jahre zusammen arbeiteten. Louise Ottos besondere Kunstinteressen werden darin deutlich, und in diesen Textbeispielen tauchen Namen auf, die auch sonst mit ihrem Leben verbunden sind: Kleists* Käthchen von Heilbronn, *Wagner, ebenso der der berühmten und von Louise Otto bewunderten Schauspielerin Wilhelmine Schröder-Devrient.*

4

Und wenn Ihr den Künstlern Lorbeern und einen Namen gebt – habt Ihr auch bedacht, wie Ihr ihnen Brot gebt? –
O, ich sehe schon die großen Augen, die Ihr macht, weil die Überschrift dieses langen Abschnittes das kurze einzige Wort *Brot* ist! –
Und es ist ein prosaisches Wort, meint Ihr, eine Dichterin sollte nun es gleich gar nicht brauchen. –
Was soll hier das Wort? – Die Kunst ist ja vom Himmel gekommen auf die arme Erde, zu erheben über das gemeine Leben alle, die da Erhebung suchen, die da sich sehnen nach himmlischer Speise und nach edlen Genüssen, wie die Welt sie nimmer hätte, wenn nicht die Kunst darin wäre mit ihrer heiligen Sendung.
Was soll hier das Wort? – Ach, es wird heutzutage überall hineingeschrieen, hineingejammert in die Welt – es ist die Losung der Massen, es ist die Losung der einzelnen, es ist die Losung der Zeit geworden. Nicht nur im verrufenen Irland, auch in dem in Beziehung auf Volksbildung gepriesenen Deutschland sterben Hunderte, Tausende nur daran, daß sie kein Brot haben, und Tausende, die noch leben, preisen die Gestorbenen glücklich, daß für sie nun die Not ein Ende hat und die stille Mutter Erde sie wieder in ihren Schoß genommen, wo sie kein Brot mehr brauchen – und Tausende kämpfen ihn widerstrebend mit, den

allgemeinen Kampf um das Brot und sterben nicht körperlich daran, denn sie erbeuten genug, um den leiblichen Hunger zu stillen – aber sie sterben einen schlimmeren, einen zehnfachen Tod auf diesem Kampfplatz –: den Tod des Geistes. Sie gehen geistig daran unter, daß sie nichts anderes tun und denken dürfen, als was ihnen Brot schafft. Niemand kennt sie, niemand fragt nach ihnen, die diesen Riesenkampf vergebens rangen bis zum Tod, sie sinken in die Gräber unerkannt, unbeweint und unvermißt – sie haben umsonst gelebt. [...]

Oder meint Ihr etwa, es sei nicht wahr? Meint Ihr, der Genius durchbreche jede Schranke, kämpfe jeden Kampf siegreich und beruft Euch dabei auf viele Beispiele, wo großen Männern die künftige Größe auch nicht an der Wiege gesungen ward, die in der elenden Hütte stand? Beruft Ihr Euch auf die großen Genien, die ihr ganzes Leben lang mit bittern Sorgen zu kämpfen hatten und doch mit ihren Schöpfungen eine Welt in Erstaunen setzten?

[...unter den Beispielen von armen Künstlern:]

Würde jene blasse Frau, in deren Augen Strahlen der zartesten Poesie glimmen, sich so weit erniedrigen, französische sittenlose Romane zu übersetzen, wenn sie nicht wüßte, daß sie dadurch einen Verdienst fände, ihre verwaisten Kinder zu erziehen, während die Erfahrung ihr gelehrt, daß für ihre Poesien kein Buchhändler Geld hat? Muß sie es da nicht geradezu als ihre heilige Pflicht erkennen, die heilige Flamme der Dichtkunst in sich selbst zu ersticken und ihre Feder Dingen zu leihen, die ihrem edleren Wesen geradezu widerstreben, da sie nur so die Mittel gewinnen kann, für ihre hilflosen Kinder zu sorgen? [...]

Wer dem Schriftstellerstand angehört, der kennt auch die selbst im glücklichsten Falle nie ausbleibenden Leiden dieser Laufbahn.

Ich will nicht von Enttäuschungen und Demütigungen mit ihrem Gefolge von Zweifel und Verzweiflung sprechen, welche fast alle mit ihren Erstlingswerken erfahren, die von Verleger zu Verleger wandern und immer wieder als Manuskripte zu der stillen Werkstatt zurückkehren, aus der sie erst mit so viel kühnem Selbstvertrauen ausgeschickt wurden – um endlich im Kamin zu verbrennen oder im Schreibtisch zu verbleichen. In der Regel verdienen auch diese »ersten Versuche« kein anderes Schicksal.

Ich machte diese Erfahrung auch mit meinem ersten Manuskriptband »Gedichte«, und als ich fünf Jahre später, nachdem ich inzwischen Romanschriftstellerin geworden war, wirklich das ersehnte Goldschnittbändchen vor mir sah, da hatte ich aus jener früheren Sammlung nur vier Gedichte würdig befunden, darin einen Platz zu erhalten. Was mich damals wirklich oft verzweiflungsvoll stimmte, das waren bei meinen Erstlingsprodukten die Stimmen gütiger Kritiker, die mir sagten, daß ich Talent habe, aber einen zu kleinen Horizont, daß ich, wie es scheine, größeren Lebenskreisen zu fern stehe usw., ja, es waren auch die Stimmen meiner wenigen, solchen größeren Lebenskreisen angehörenden Bekannten, die mir dasselbe sagten und ebenso nach ihrer Art gutmütig ratend hinzufügten: ich dürfe nicht in meiner kleinen Stadt wohnen bleiben, müsse reisen, Welt und Menschen kennenlernen – nur dann würde etwas aus mir werden. – Wenn ich fragte, wo zu einer solchen Veränderung meines gewohnten Lebens die Mittel herkommen sollten? – dann freilich blieben sie mir die Antwort schuldig und zuckten bedenklich die Achseln. Und ja, ich gehörte noch zu jenen glücklichen Töchtern des angesehenen Mittelstandes, die gleich den Lilien auf dem Felde nicht zu arbeiten und nicht zu spinnen brauchten und die der himmlische Vater doch ernährt. Aber meine Mittel reichten nur nicht weiter als zu dem, was man »ein anständiges Leben« nennt – ein Begriff, der sich meist auf ein gewohntes Geleis bezieht und weder große Reisen noch kostspielige Kunstgenüsse einschließt. Wie viel habe ich damals unter jenen Bemerkungen und Ratschlägen gelitten, wie oft haben sie mich nahe zu dem entsetzlichen Zustand gebracht, wo man an seinem Genius – das Wort im bescheidensten Sinne! – verzweifelt und bereit ist, den Kampf mit dem Leben aufzugeben. Nun, Gott sei Dank! Außer meinen eignen Anstrengungen haben vielfach wechselnde, oft bis zur höchsten poetischen Tragik sich steigernde Lebensschicksale mir jenen »großen Horizont« gegeben, der allerdings eine Hauptbedingung für künstlerisches und zeitgemäßes Schaffen ist – aber nach dem selbst unter immerhin noch sehr günstigen Verhältnissen Erlebten bei Beginn meiner schriftstellerischen Laufbahn, kann ich mich in die Lage jener unglücklichen jungen Dichter versetzen, die, ganz auf sich allein angewiesen, nicht schaffen dürfen, wozu sie der Geist treibt, sondern schreiben müssen, was ihnen Brot gibt.

Wieviel Talente werden auf diese Weise nach den ersten hoffnungsvollen Keimen erstickt, ruiniert, in den Staub getreten!

Wieviele gehen in der niedern Sphäre einer beschränkten Existenz zu Grunde, wieviele sinken zu gewöhnlichen Lohnarbeitern herab oder lassen sich von der Verzweiflung, jemals das vorgesteckte Ziel zu erreichen, auf Wege locken, deren Ausgangspunkt Schmach und Schande ist! Und dann gehet hin und werfet einen Stein auf sie und brandmarkt sie noch mit dem Namen »untergegangenes Genie«, nachdem Ihr es vielleicht selbst waret, die Ihr sie zum Untergange getrieben, sie ihm wenigstens überlassen habt! [...]

Alles was hier gesagt, bezieht sich ebenso auf die Schriftstellerinnen, die dem gleichen Lose gewöhnlich in noch weit höherem Grade ausgesetzt sind, weil man teils unedel genug ist, sich ihre öftere Unbekanntschaft mit den Geschäftsverhältnissen zu Nutzen zu machen, und dem schwächeren Geschlechte glaubt man alles bieten zu können, teils weil ihnen gegenüber das Vorurteil, daß die Genies von der Luft leben können, noch mit einem viel größeren Schein der Berechtigung aufrecht erhalten wird, als bei den Männern, da in den gebildeten Ständen eine erwerbende Frau ja noch immer zu den Ausnahmen gehört.

Und da bin ich wieder bei den Worten, von denen ich ausging: das Wort *»Brot«* ist ein so prosaisches – eine Dichterin sollte es nun gleich gar nicht brauchen –

Ich aber habe es dennoch gebraucht. –

Und so schleudert nur Euer Anathem auf die deutsche Dichterin, die niemals selbst die schwerste Not des Lebens kennenlernte, die ihn niemals für sich selbst zu kämpfen brauchte den oft furchtbaren Kampf um das tägliche Brot und die dennoch ein Wort zu sagen wagte, das prosaisch und nüchtern klang und den poetischen Nimbus gefährdet – vielleicht wird ihr doch die Genugtuung, daß ihre Worte noch einige Wahnbefangene mehr aufgeweckt haben und daß man hier und da vielleicht den Stein hinter sich wirft, der das Brot ersetzen sollte und das Brot darbringt: nicht dem *Bettler*, der darum *kriecht*, sondern dem begeisterten *Arbeiter*, der es *verdient*.

5
Kunstbericht

Wenn ich nicht irre, war es im Jahre 1846, als *R. Wagner* den »Fliegenden Holländer« vollendet hatte, wo er unter des Komponisten eigner Direktion in Dresden zur Aufführung kam. Das Publikum hatte etwas Ähnliches wie den »Rienzi« erwartet, auf die Glanz- und Massenentfaltung der neufranzösischen Spektakeloper gerechnet und sah sich nun enttäuscht durch die Einfachheit und nordische Romantik des Gebotenen. Die neue Oper ward nur zwei-, dreimal gegeben, und der Komponist zog sie selbst zurück, weil sie den erwarteten Erfolg nicht hatte. Mir, die ich der zweiten Aufführung beiwohnte, war das Verschwinden des »Holländers« vom Repertoire unbegreiflich, denn auf mich war der Eindruck ein gewaltiger und bleibender durch die Schönheit der Dichtung wie der Musik. Aber freilich – ein junges Mädchen mußte sich mit dem Urteil erfahrener Opernkenner bescheiden [...]; ich mußte um so mehr verstummen, als es allgemein hieß, Wagner habe die Oper selbst zurückgezogen, weil er »eingesehen«, daß sie sich nicht halten werde. Was er eingesehen, war allerdings dies, daß die nach Raffinement verlangende Blasiertheit des Dresdner Publikums nicht der Boden war, auf dem die beabsichtigte Opernreform bald Wurzel schlagen konnte. Erst mehr als ein Jahrzehnt mußte vergehen und der »Holländer« erst von seinem Schöpfer in der Verbannung in Zürich auf die Bühne gebracht werden, ehe er wieder nach Dresden zurückkehren und auf vielen andern Theatern heimisch werden konnte. Mein Wunsch, die Oper wiederzusehen, sollte sich erst jetzt erfüllen, wo die Direktion unseres Stadttheaters nun endlich auch zur Aufführung derselben schritt und sich dadurch den Dank des Publikums erworben hat.

6
Kunstbericht

Stadttheater. Mit dem *Käthchen von Heilbronn,* einer der schönsten Perlen echt deutscher dramatischer Poesie, ist es wunderbar ergangen: ein Teil der sogenannten Gebildeten, obenan die Blasierten, hält es unter seiner Würde, »das abgedroschene Ritterstück« noch zu sehen und läuft dafür lieber in Possen, in *demi-monde*-Stücke oder in dramatische Dorfgeschichten, dem Duft der Ställe den Vorzug gebend vor der blauen romantischen

Wunderblume – nur die für tiefsinnige Poesie empfänglichen Herzen, die auch noch den Mut haben, dieser allgemach aus der Mode kommenden – Schwäche sich nicht zu schämen und der gesund gebliebene Sinn einer nicht geringen Anzahl der Leute aus dem Volke, der lieber an schönen Ritterbildern sich erfreut als an der realistischen Wiedergabe gemeinster Alltagsmisere – nur diese bilden noch das Publikum in Kleists Meisterwerk. Ref. legt ganz einfach das Geständnis ab, auch ohne die jetzige Pflicht, hier und anderwärts noch nie eine Vorstellung des Käthchens versäumt zu haben und darf mit Genugtuung die Bemerkung hinzufügen, daß die diesmalige eine der besten war. Fräulein *Katharina Bußler* vom Hoftheater in Weimar gastierte als »Käthchen« und vereinigt alle Eigenschaften in sich, die für diese Rolle erforderlich sind: eine zarte, echt jungfräuliche Erscheinung, ein sanftes melodisches Organ und jenen ganzen poetischen Hauch einer seelenvollen Innerlichkeit, ohne welchen ein Käthchen nun einmal nicht zu denken ist. [...]

7
Besprechung von Claire von Glümer, »Erinnerungen an Wilhelmine Schröder-Devrient«

Dem schön ausgestatteten Buche ist auch ein, nach einem Relief von Rietschel ausgeführtes Stahlstich-Porträt, das herrliche Profil zeigend, beigegeben, sowie ein Faksimile aus Frankfurt, März 1849, das die Worte enthält: »Alles für das Volk! Nichts für den Kaiser!« – Die Verfasserin dieser »Erinnerungen« war mit einer Freundin der Künstlerin erst in deren letztem Lebensjahre nahe getreten und teilt also nur mit, was diese selbst erzählte oder was aus Briefwechseln mit andern geschöpft ward. Die Leser der »Gartenlaube« kennen bereits den größten Teil dieser Mitteilungen, sowie die diskrete und freundschaftlich gemütliche Art, mit welcher dieselben geschrieben sind. Gegenüber der in neuester Zeit in der modernen Literatur eingerissenen Indiskretion, mit der man sich nicht scheut, Dinge an die Öffentlichkeit zu bringen, die besser für immer verschwiegen bleiben, oder noch lebende Personen durch Darlegung ihrer Privatangelegenheiten in die größte Verlegenheit zu versetzen, können wir den weiblichen Takt der Verfasserin, die sich von dergleichen fern hält, nur loben. Sie bewahrt denselben Takt dadurch, daß sie ihr Buch »Erinnerungen« nennt, da es eben nur eine Vereinigung von einzelnen Erinnerungen, Charakterzügen usw. ist, was sie bietet, keine vollständige Biographie. Wer eine solche erwartete, wird das Buch unbefriedigt aus der Hand legen, Interesse aber wird es allen gewähren, welche die große Künstlerin sahen und hörten und indem sie von ihr lesen, wieder das herrliche Bild erneuern, an das sie nie ohne Bewunderung, Rührung und Sehnsucht denken können. Denn in der Tat: wer so glücklich war, die *Schröder-Devrient* auch nur einmal auf der Bühne zu sehen, der kann sie nie vergessen. Mir selbst ist dies Glück unzählige Male und fast in allen ihren Rollen zuteil geworden – und wievielmal ich seitdem dieselben von andern Darstellerinnen sah: keine hat vermocht, ihr Bild zu verdrängen, viel weniger es zu ersetzen. Das ist die Offenbarung des wahren Kunstgenius; es war aber nicht genug, daß man sie bewunderte, man mußte sie auch lieben – und wer über »Vergötterung« spöttelte, verspottete sich nur selbst als Vandale. – Alle denn, die sie liebten, mögen aus diesem Buch herauslesen, wie berechtigt ihre Liebe war. Vorzüglich empfehlen wir es aber allen Künstlerinnen, namentlich allen Sängerinnen, sie werden viel daraus lernen können.

August Peters wurde auch auf dichterische Weise von seiner Frau gefeiert, wie die drei folgenden Liebesgedichte illustrieren. Eine andere, weniger idealistische Seite dieser Liebe wird durch die zwei interessanten Briefe an die Schriftstellerin Kathinka Zitz dokumentiert. Mehr Auskünfte darüber gibt es leider nicht, aber diese Briefe besitzen allein deshalb einen besonderen Wert, weil sie private Enthüllungen eines sonst so verschlossenen Menschen wie Louise Otto enthalten.

8
Geständnis

I.

Es ahnet niemand meines Herzens Regen,
Das dunkle Meer von meiner Seele Tiefen,
Wie seine Wogen endlos sich bewegen
Und wilde Stürme aus dem Grunde riefen!

Es ahnt es niemand – auch das Meer verhehlet,
Was es verbirgt in seinem tiefsten Grunde,

Zuweilen nur ist's, daß ein Sturm erzählet
Von seinem Innern mit beredtem Munde.

So ist wohl mir auch manch ein Lied entquollen,
Den Kampf des eignen Herzens zu begleiten,
Doch sah ich's gern vergessen und verschollen
Vor den Trommetenschmettern dieser Zeiten.

Ich stieß ja selber in die Lärmtrommete,
Die trägen Völker aus dem Schlaf zu rütteln.
Ich mahnte immerdar mit lauter Rede:
»Der Knechtschaft Ketten müßt ihr von Euch schütteln!«

Ich warf mich in das regste Weltgetriebe
Und sprach von Freiheit, Recht, vom Vaterlande!
Doch schwieg ich immer von der Glut der Liebe,
Die mir im Innern unverlöschbar brannte. –

Wohl weiß ich, wie die flache Welt entscheidet –
Was man nicht laut verkündet auf den Gassen,
Was nicht in Worten ihr vorüber gleitet,
Das kann sie nicht verstehen und nicht fassen.

Drum ahnet niemand meines Innern Regen,
Drum hat kein Herz das meine ganz verstanden!
Wo laut es pocht im stürmischen Bewegen,
Verstummt der Mund und liegt das Wort in Banden.

So muß ich unerkannt durchs Leben gehen,
Dem Strome gleich, der sich durch Felsen windet;
Die Nächsten mir seh' ich am Ufer stehen,
Wo jede Tiefe ja zur Sehnsucht schwindet.

Es ist mein Los! – ich kann um Lieb' nicht bitten,
Doch lieben kann ich noch aus tiefstem Herzen.
Um laut zu künden, was ich still gelitten,
Zu heilig sind mir meiner Liebe Schmerzen!

9
Dem toten Gatten
1864

II.

Noch einmal sprangen auf die Kerkerpforten,
Die um den freisten Geist sich einst geschlossen,

Zu neuer Freiheit führen neue Sprossen –
Und *»Sterben«* heißt es mit den Alltags-Worten.

So wie ein Wintersturm aus kaltem Norden
Den Blumen naht mit tötenden Geschossen,
So kam der Tod, das Glück, das wir genossen,
Mit einem einz'gen Schlage hinzumorden.

Jetzt bist Du frei und jetzt bin ich gefangen,
Gefangen noch, allein auf öder Erde,
Die Du verließt, mein herrlicher Gefährte!

Und möcht' ich Dir wie einst am Herzen hangen,
Mit Blumen schmücken Deine kahle Zelle,
So leg ich sie auf Deines Grabes Schwelle.

10

An Frau Kathinka Zitz

[29. August 1858?]

Verehrte Frau!
Ihren lieben Brief vom 25. Mai d. J. mit Ihrem Roman erhielt ich erst Ende Juli in Meissen, als ich eben im Begriff war, zu meiner Schwester, hierher nach Böhmen zu reisen, und ich kann Ihnen sagen, wie unendlich ich mich über dies Lebens- u. Freundschaftszeichen gefreut habe! Um es in der Eile zu erwidern, sandte ich Ihnen eine Probenr. d. »Jugendgarten« unter Kreuzband, den August Peters (Elfried von Taura als Schriftsteller) redigiert u. an dem ich Mitarbeiterin bin, wenn auch nur unter einem Pseudonym, da die sächs. Lehrer an meinem Namen Anstoß genommen. Inzwischen haben Sie hoffentlich auch von meinem Verleger meinen eben erschienenen Roman erhalten, »Heimische und Fremde, ein Gemälde aus der Schweiz«, wo ich vor 2 Jahren auf einer größeren Reise war. Da ich Ihnen aber gern recht ausführlich antworten wollte, so behielt ich mir dies vor, bis ich hier die nötige Muße dazu gefunden. Ihren klassischen Roman habe ich mir mitgenommen u. denselben mit großem Interesse zu lesen begonnen, will aber das Briefschreiben nicht erst bis nach dessen Beendigung verschieben.

Ihnen, wie der teuren Frau Duller u. der liebenswürdigen Familie Scholz und Strecker u. der damals in Mainz verlebten Tage habe ich immer indes mit gleichem Interesse gedacht und mich so oft in Ihren Kreis gesehnt, daß es mir vor 2 Jahren, als ich auf der Heimreise aus der Schweiz durch Frankfurt kam, große Überwindung kostete, nicht noch einen Abstecher zu Ihnen zu machen, da ich aber in Begleitung einer Freundin war, die heim mußte, so mußte ich auf diesen Lieblingswunsch verzichten.
Wie ich indes gelebt, ist bald erzählt, wenn es auch für mich ein inhaltsreiches Leben war. Wie wir uns persönlich kennenlernten, erinnern Sie sich des Gefangenen in Bruchsal, August Peters, meines Freundes – er nannte mich von da an seine Braut, obwohl ich eigentlich immer unvermählt bleiben und frei meiner schriftstellerischen Laufbahn folgen wollte. Einige Zeit nachher ward er nach Sachsen ausgeliefert und ist hier im Zuchthaus Waldheim gewesen, bis er vor 2 Jahren begnadigt ward. – Damals verbündeten die Zeitungen mit diesem Ereignis meine Verlobung u. ich war allerdings eine Zeitlang die seligste Braut. Indes war ich doch alt genug, die Verhältnisse des täglichen Lebens zu bedenken und mich vor einer sorgenvollen Ehe zu fürchten, in der alle Poesie zu Grunde geht. Das »Glückauf«, auf das wir einst rechneten, bringt so gut wie nichts ein u. so geht es ja mit dem meisten literarischen Verdienst – die Überlegung kam auf beiden Seiten und so sind wir denn vor der Hand übereingekommen, lieber nur in inniger Freundschaft geistig vereint, wie es fast schon ein Jahrzehnt geschehen, für unsere Ideale zu streben, als wie uns durch eine eheliche Vereinigung gegenseitig unglücklich zu machen. Ihnen, glaub' ich, kann ich dies sagen, was manche Freunde weder verstehen noch billigen, – ja, ich erbitte mir sogar Ihre Meinung darüber als die einer erfahrenen Frau, die auch Schriftstellerin ist und mit mir in vielen Dingen sympathisiert. Ich habe auch in dieser Beziehung tausendmal an Sie gedacht. Sie kennen ja das Leben – und auch die Ehe und die Männer.
Eine Dresdner Freundin von mir wünscht, daß ich den Winter mit ihr in der Schweiz zubringe – meiner Gesundheit, die gar keine Winterkälte verträgt, würde es sehr gut sein u. in manchen Beziehungen mir dies äußerst wünschenswert. Indes ist auch manches dabei zu bedenken. Sie geht schon Ende September dahin, indes würde ich ihr erst im November folgen können, also allein hinreisen. Wenn ich wüßte, daß ich bei Ihnen oder Frau Duller oder auch bei Scholz, wenn sie sich meiner noch erinnern, einige Tage Aufnahme fände, so käme ich auf der Hinreise im

November mit nach Mainz, in diesem lieben Kreise mich einmal auszuruhen u. zu erfrischen. Ich bitte darum, schreiben Sie mir aufrichtig in dieser Angelegenheit, ob u. bei wem ich in dieser Zeit die Mainzer Gastfreundschaft in Anspruch nehmen dürfte u. seien Sie meines Dankes im voraus gewiß – wenn ich auch noch nicht gewiß weiß, ob mein ganzer Plan ins Reich der Luftschlösser gehört oder nicht. Diesen Monat bleibe ich noch hier, indes ist doch auch dies nicht so ganz gewiß, u. ich bitte Sie unter meiner gewohnten Adresse nach Meissen zu schreiben, von wo mir Briefe nachgeschickt werden u. ich immer wieder hinkomme.

Mit der innigsten Hochachtung und Freundschaft

Ihre ergebene
Louise Otto.

11

An Kathinka Zitz

Meissen, [Oktober? 1858]

Geehrte Freundin!

Den innigsten Anteil habe ich an Ihrem Geschick genommen und hoffe zu Gott, daß er das gefürchtete Unglück von Ihnen wenden und Ihnen bald wieder das volle Augenlicht und damit die Möglichkeit der schriftstellerischen Arbeit, womit Sie sich und anderen das Leben verschönern, zurückgeben möge! Ich muß immer an Sie denken und bitte Sie, mir bald wieder Nachricht von sich zu geben – um so mehr, als ich auf das Vergnügen verzichten muß, Sie bald wiederzusehen und im goldenen Mainz gemütliche und erhebende Stunden mit Ihnen zu verleben. Ihnen, wie der gütigen Fam. Scholz u. Strecker den herzlichsten Dank für die mir erwiesene Güte u. zugedachte Gastfreiheit, von der ich wenigstens für die nächste Zeit keinen Gebrauch machen werde.

Vielleicht haben Sie schon wieder in den Zeitungen, die sich ohne unser Zutun wieder mit uns beschäftigen, gelesen, daß ich mich binnen kurzem verheiraten werde – ich bin heute schon zum zweiten Male aufgeboten worden u. so Gott will, werde ich den 24. Nov. getraut. Natürlich kann der Erwählte kein anderer sein, als August Peters (Elfried von Taura). Wenn Ihnen dies mit meinem letzten Brief in Widerspruch zu stehen scheint, so klagen Sie mich doch nicht des Schwankens u. der Wandelbarkeit an! Seit dem Jahrzehnt, daß ich ihn kenne, habe ich ihn immer unwandelbar treu geliebt – aber jetzt schien es mir, als ob eine andere, ein junges schönes Mädchen, mir ihn rauben wolle – von der Unauflöslichkeit unseres geistigen Bundes überzeugt, wollte ich versuchen, in diesem Genüge zu finden u. um es mir u. ihm zu erleichtern, wollte ich den Winter über zu einer Freundin in die Schweiz flüchten – u. auf dem Heimweg bei Ihnen in Mainz verweilen. Seien Sie froh, daß ich nicht kam, ich wäre doch nur als eine Verzweifelnde gekommen. Ich hatte diesen Entschluß noch gegen niemand ausgesprochen – ich fühlte aber, als ich in Böhmen war, daß ich nicht wieder hierher zurückkehren könne, ohne eine Entscheidung meines Schicksals zu haben – da plötzlich kam mir P. dorthin nach – er kam, um sich mir mit der alten Liebe zu Füßen zu werfen, zu erklären, daß er von mir nicht lassen könne und mich anzuflehen, so bald als möglich ganz die Seine zu werden. Jetzt erst sagte ich ihm meinen Plan u. wie, wenn ich ihn ausführe, auch die Welt wie die Bekannten keine Schuld auf ihn werfen würden – aber aus seinem ganzen Wesen sprach die alte heilige Liebeskraft – es waren die seligsten Augenblicke meines Lebens, in denen ich mich ihm zum zweiten Male verlobte. Seitdem ist es so glücklich und zukunftsfroh mit uns fortgegangen u. ich kam nur noch nicht dazu, Ihnen zu schreiben, weil ich nun natürlich in einem Wirrwarr von Arbeiten und Besorgungen lebe, wie diese Umgestaltung der Verhältnisse mit sich bringt. Ich werde P. nach Freiberg folgen; da ich dort schon seit einem Jahrzehnt immer ab u. zu ging, so finde ich auch dort liebe Bekannte u. Freunde. P. will dort bleiben, weil er neben dem literarischen Beruf sich auch einem wissenschaftlichen-bergmännischen widmet, der unsere Existenz für künftig sichern soll. Da man eben beginnt, von da die Eisenbahn nach Dresden zu bauen, das man in 1 St. erreicht, so hoffe ich auch von größeren Lebenskreisen nicht abgeschnitten zu sein.

Der »Jugendgarten« ist leider durch Verkauf der Schulbuchhandlung eingegangen, u. so muß ich Ihnen auch Ihr Manuskript unbenutzt zurücksenden. Es ist mir dies auch eine sehr schmerzliche Erfahrung gewesen. Ebenso leid tat es uns, daß wir nicht nach Mainz zu der Versammlung der »Junggermanen« konnten, denen wir uns angeschlossen, haben Sie etwas davon gehört? Wissen Sie in Ihrer Gegend etwa ein belletristisches Blatt, an dem wir mitarbeiten könnten?

Grüßen Sie Frau Duller u. die Obenerwähnten herzlichst von mir – mögen Sie alle auch fern mir Ihre Güte u. Teilnahme erhalten u. mir bald ein Zeichen davon senden! Ich bin u. bleibe unter allen Verhältnissen unverändert

Ihre ergebene
Louise Otto.

K. Adresse: Freiberg (K. Sachsen), Fischergasse

In der dunklen Zeit der Reaktion entstanden Louise Ottos vollendetste, ästhetisch befriedigendste Romane. Sie enthielten eine weit größere thematische Vielfalt, und die dargestellten Figuren, vor allem die Frauen, die hier nicht nur jung und schön waren, sondern durch Louise Ottos neugewonnene historische Perspektive an Tiefe gewannen, sind wesentlich komplexer als zuvor. In diesen Romanen hat die Otto gelegentlich auch arbeitende Frauen dargestellt. Das demokratische Engagement blickt der verhüllenden Darstellung zum Trotz an mehreren Stellen durch.

12
Ideenschmuggel
[NÜRNBERG]

Dies war vielleicht einer der Anzüge, über dessen Wohlanständigkeit und Zulässigkeit die Väter der Stadt auf dem Rathaus lange Sitzungen hielten und danach Kleiderordnungen erließen, welche die Länge der Kleider wie der Ärmel, der Schnäbel an den Schuhen wie der Locken an den Köpfen vorschrieben, die Zahl der Ringe, Armbänder und Haarnadeln genau bestimmten usw., um den Luxus zu steuern. Aber indes allerdings die gewöhnlichen Bürgerfrauen sich daran kehren mußten, weil sie sonst in Strafe verfielen und von der Straßenjugend verspottet wurden, lachten die übermütigen Patrizierinnen über den Eifer der Ratsherren und waren allerdings wohl damit zufrieden, daß jener Bürgerstand, von dem sie selbst sich streng absonderten, dadurch in Schranken gehalten ward, es ihnen nicht gleich zu tun. Sie selbst aber verspotteten in ihrer Kleidung oft mit um so größerer Absichtlichkeit die Vorschriften des Rates und als derselbe gar einmal darauf verfiel, eine Steuer auf diese Ausschweifungen zu legen, trieben sie erst recht arg, um zu zeigen, daß sie es bezahlen konnten. So mochte der Rat versuchen, was er wollte, er scheiterte damit bei den stolzen Frauen, und wenn sie ja vielleicht am ersten Tag nach einer solchen Bekanntmachung sich aus

Furcht vor dem gemeinen Haufen nicht auf die Straße wagten, so entschädigten sie sich dafür durch ihre häusliche Toilette. Elisabeth vor allen gehörte mit zu den eigensinnigen Frauen, die gerade nur aus Lust, einem Verbot zu trotzen, das übertrieben, woran sie sonst vielleicht gar nicht gedacht oder es selbst lächerlich oder unanständig, unpassend oder unschön gefunden hätten.
Denn in den alten Burgen selbst führten die Frauen und Töchter der Ritter ein höchst einförmiges Leben, das eben nur dann unterbrochen ward, wenn fremde Gäste anwesend waren, oder indem man dieselben verließ, sich an einer auswärtigen, dann allerdings immer mehrere Tage währenden Festlichkeit zu beteiligen. Aber den größten Teil des Jahres saßen die Burgfrauen und Fräulein doch daheim und führten ein Hauswesen, dem selbst oft jede Bequemlichkeit, noch mehr jeder Reiz gebrach. Im Vergleich zu den Wohnungen in den Städten, namentlich den Reichsstädten und nun zumal mit dem weit vorgeschrittenen Nürnberg, waren die Einrichtungen auf den Ritterburgen von einer Rohheit, die eben nur von denjenigen erträglich gefunden werden konnte, die nie Besseres gekannt hatten. Die Frauen waren nur bei großen Festlichkeiten als die reizendste Krone derselben geehrt – daheim mußten sie den Rittern dienen, ihre Launen und Unbilden ertragen und in ihrer Abwesenheit blieb ihnen keine andere Unterhaltung als mit den Mägden zu spinnen. Kein Wunder nun, daß Amanda im vorgeschrittenen Nürnberg sich gefiel, denn wenn auch die Frauen dort, die großen Festlichkeiten abgerechnet, auf's Haus beschränkt und von den Männern, wie der Rat sich gerne ausdrückte, »im Zaum gehalten«, so hatten sie durch ihre erhöhte Bildung und die allgemein verfeinerten Lebensformen doch ganz andere Unterhaltungen als die Ritterfräuleins – die, nur um ihren Neid zu verbergen, den Stolz zu Hilfe riefen, trotz alledem hochmütig auf sie herabzublicken. [...]

13
[NEUE BAHNEN]

Frau Reichmann, die Felicitas ein Asyl bei sich geöffnet, war die Witwe eines Malers und Photographen, dessen Kunst und Geschäft sie nach seinem Tode allein fortsetzte. Sie hatte in einer ziemlich unglücklichen Ehe gelebt, indem ihr Mann sich mehr und mehr dem Hange zu Müßiggang und Trunk ergeben hatte, während sie rastlos und vergeblich arbeitete. Dabei war er dennoch in seinem Fach durch seine guten Leistungen als vorzüglich anerkannt und würde noch mehr zu tun gehabt haben, wenn er nicht dadurch, daß man ihn selbst in seinem Geschäft zuweilen betrunken fand, das Publikum wenigstens teilweise abgeschreckt hätte. Es kam dabei schon oft vor, daß seine Frau, die zugleich seine Gehilfin war, seine Stelle ganz versah, obwohl er es sehr übel nahm, wenn sich etwa jemand gleich selbst an sie wenden wollte. Ein solches von Jahr zu Jahr immer peinlicher werdendes Leben ertrug die unglückliche Gattin nur um eines Kindes, einer kleinen Tochter willen, welche der Vater, der sie abgöttisch liebte, nicht von sich gelassen hätte, die der Mutter, wenn sie ihr Fortkommen suchen wollte, wohl hinderlich gewesen wäre und die sie dennoch um keinen Preis dem verwilderten Vater hätte übergeben mögen. Nun hatte der Tod seit ein paar Jahren die qualvolle Ehe gelöst – noch ein hitziges Fieber, der Ausbruch des *delirium tremens* und Reichmann starb als Opfer lasterhafter Selbstzerstörung. – Im Entsetzen über alles, was sie jahrelang und nun zuletzt noch doppelt Schreckliches durchgemacht, wagte Frau Reichmann kaum erleichtert aufzuatmen, da sie endlich frei und ruhig in ihren kleinen heimischen Räumen, die so unheimlich geworden waren, sich wieder bewegen konnte. Mit dem Gehilfen, den sie schon bei Lebzeiten ihres Mannes gehabt, setzte sie anfänglich das Geschäft fort – aber da sie nicht allein selbst alles besser verstand als dieser, der sich gleichwohl eine gewisse Vormundschaft, auf männliche Autorität gestützt, anmaßen wollte, weil er sich ihr unentbehrlich glaubte, verabschiedete sie ihn, um, wie sie erklärte, nie mehr ein männliches Wesen in ihrer Behausung zu dulden. Nach diesem Prinzip hatte sie dann junge Mädchen zu sich genommen, die sie in ihrem Fach unterrichtete. Eine derselben wohnte mit bei ihr, eine andere kam nur und half während der Tagesstunden. [...]

14
[AUS DER ALTEN ZEIT]

Vorwort.
»Aus der alten Zeit!«
Ein Rückblick, aber keine Rückkehr! Ja, recht eigentlich ein Rückblick, der getan werden soll, um mit beitragen zu helfen, daß die Rückkehr vermieden werde. –
Denn das weiß man wohl, daß mehr als eine Stimme, mehr als

eine Fraktion sogar: zur »Umkehr« rief auf allen Gebieten: daß Dinge geschahen und öfter noch versucht wurden, die, wenn die Kämpen auch nicht offen dieses Zeichen, in dem sie zu siegen gedachten, auf ihre Fahnen schrieben – schön geschmückte, breite Kirchenfahnen, wie sie die Wallfahrer bei ihren Prozessionen tragen, schwenkten sie zumeist – so doch alles versuchten, um rückwärts zu leiten.
Mitten unter solchen Bemühungen der Gegner richtete auch ich meine Blicke zurück in die gute alte Zeit, in das vielgepriesene Mittelalter –ja, ich scheue dies Geständnis nicht: auch ich flüchtete mich gern aus einer unerquicklichen Gegenwart in eine Vergangenheit – in der sich schließlich Erquickung finden mußte, weil jene zuletzt denn doch des Unerquicklichen noch mehr bot, als selbst die trostloseste Gegenwart. Die Geschichte ist immer die beste Lehrerin und Trösterin und in Zeiten, wo man dieser am meisten bedarf, ist man doppelt berechtigt, sich ihr zuzuwenden.
Und so habe auch ich in alten Chroniken und Historienbüchern gestöbert. Es ist wohl viel Staub dabei aufgeflogen, aber er hat meinen Blick nicht verdunkelt und der Moderduft, der ihn begleitete, ist für mich kein betäubendes Parfüm geworden, noch fühlte ich mich je versucht, ihn dazu zu verarbeiten.
Ich bin in den vorliegenden Erzählungen nicht über die deutschen Grenzen gewichen, ja ich habe mich sogar in den meisten auf Grund und Boden Sachsens, meines Heimatlandes, bewegt. Und so wie im Raume habe ich mich auch in der Zeit beschränkt; ich bin darin nicht weiter zurückgegangen als bis zum siebzehnten Jahrhundert – also nicht zurück zum Mittelalter, nicht in die Nacht, welche der Reformation voranging, sondern nur in diese – welche ihr folgte. Nicht allein, daß diese Reaktionsepoche manches Analoge für die Gegenwart bietet, das ihr zum warnenden Beispiel werden kann – so birgt auch gerade das siebzehnte Jahrhundert so viel Aberglauben und Rohheit, so viel aus beiden hervorgehende Greuel in seinem Schoße, daß wir doch mit einiger Befriedigung um uns blicken dürfen, weil unsere Zeit nach nur zwei Jahrhunderten kaum mehr eine Ahnung hat von der Verdummung des Volkes und den Grausamkeiten, die im Namen des Gesetzes verübt wurden. Wer die »gut« gepriesene alte Zeit sich einmal prüfend betrachtet, der schaudert vor ihr und vor jeder Umkehr zu ihr – und wie unbefangen und unparteiisch auch die Schilderungen der Vergangenheit sind, ich glaube, sie genügen, um die unna-

türliche Sehnsucht zu zerstören, die noch in manchen Köpfen spukt. Und so biete ich meinen Lesern diese Gabe mit derselben Hand und derselben Gesinnung, die sonst nur Bilder aus der Gegenwart entwerfen.

DIE VEREINSJAHRE: 1865–1890

Louise Otto, um 1871 (aus: Gartenlaube, *49/1871)*

1865 Februar: Besprechung mit Hauptmann P. A. Korn, Ottilie von Steyber, Auguste Schmidt u. a. über die Gründung eines Frauenbildungsvereins
7. März: öffentlicher Vortrag *(Leben ist Streben)* in der Buchhändlerbörse von Auguste Schmidt über die Frauenfrage; anschließend Gründung des Leipziger Frauenbildungsvereins mit Louise Otto und Ottilie von Steyber als Vorsteherinnen
21. August: Einberufung einer allgemeinen deutschen Frauenkonferenz
1. Oktober: Gründung in Leipzig der ersten deutschen Fortbildungsschule für Mädchen
16.–18. Oktober: Konferenz, anschließend Gründung des Allgemeinen deutschen Frauenvereins (ADFV): Louise Otto, 1. Vorsitzende, Ottilie von Steyber, stellvertretende Vorsitzende, Auguste Schmidt, Schriftführerin
Choleraepidemie: Tod von Anna Voigt, Mitglied des Vorstandes des Allgemeinen deutschen Frauenvereins

1866 Österreichisch-Preußischer Krieg
Gründung von den *Neuen Bahnen*, Vereinsorgan (erste Nummer Dezember 1865 als Nr. 1 des Jahrgangs 1866): Louise Otto und Jenny Heinrichs, später Auguste Schmidt als Herausgeberinnen
ZERSTÖRTER FRIEDE, Roman
DAS RECHT DER FRAUEN AUF ERWERB
Gründung des *Lette-Vereins*, Berlin *(Verein für Erwerbsfähigkeit des weiblichen Geschlechts)*

1867 10.–12. Juli: 1. Generalversammlung des ADFVs, Leipzig
DIE IDEALISTEN, Roman
DREI VERHÄNGNISVOLLE JAHRE, Roman
THEODOR KÖRNER, Operntext

1868 GEDICHTE
neue Auflage von SCHLOSS UND FABRIK
DIE DIOSKUREN, Roman

GESCHICHTE MEDIATISIERTER DEUTSCHER FÜRSTENHÄUSER
MERKWÜRDIGE UND GEHEIMNISVOLLE FRAUEN
15. Juli: 25jähriges Schriftstellerjubiläum für Louise Otto; Festrede von Henriette Goldschmidt, Leipziger Buchhändlerbörse, Großer Saal, ein Fest mit mehr als tausend anwesenden Frauen
19.–23. September: 2. Generalversammlung des ADFVs, Braunschweig

1869 EINFLUSSREICHE FRAUEN AUS DEM VOLKE GEISTLICHE FÜRSTEN UND HERREN IN DEUTSCHLAND [...]
AUS DER BÖRSENWELT, Roman
DER GENIUS DES HAUSES
VICTORIA REGIA, Novelle
Juni: Vortrag im Louisenstädtischen Handwerkerverein, Berlin, anschließend Gründung eines Arbeiterinnenvereins
2.–5. Oktober: 3. Generalversammlung des ADFVs, Kassel

1870 Deutsch-Französischer Krieg
DER GENIUS DER MENSCHHEIT
RITTERSPORN, Roman
neues sächsisches Pressegesetz: weibliche Redakteure wieder erlaubt

1871 Reichsgründung
Sommerreise an den Rhein
Gründung einer höheren Töchterschule (bis zum 18. Lebensjahr), Leipzig
Frauen als Hörerinnen in der Universität Leipzig zugelassen
DER GENIUS DER NATUR
NEUFRANZÖSISCHES UND ALTDEUTSCHES
MUSIKER-LEIDEN UND FREUDEN, Novellen
Pockenepidemie: 4. Generalversammlung des ADFVs vertagt, erst am 29.–31. Oktober, Leipzig

1872 SELTENE CHARAKTERE AUS DEUTSCHEN ADELSGESCHLECHTERN
DEUTSCHE WUNDEN, Roman
DIE STIFTSHERREN VON STRASSBURG, Roman
28. Mai: 1. Aufführung von THEODOR KÖRNER, Oper: Musik Wendelin Weißheimer, Text Louise Otto; München

1872 5.–7. Oktober: 5. Generalversammlung des ADFVs, Eisenach

1873 ROM IN DEUTSCHLAND, Roman

WEIHE DES LEBENS

(mit Auguste Schmidt:) QUELLEN DES VERGNÜGENS

5.–8. Oktober: 6. Generalversammlung des ADFVs, Stuttgart: Ab diesem Jahr bat der Vorstand jedes Jahr vergebens um Entlassung

1874 ZWISCHEN DEN BERGEN, Erzählungen

1875 EIN BEDENKLICHES GEHEIMNIS, Roman

2.–5. Oktober: 7. Generalversammlung des ADFVs, Gotha

1876 EINIGE DEUTSCHE GESETZES-PARAGRAPHEN ÜBER DIE STELLUNG DER FRAU (Louise Otto Verfasserin der Einleitung, evtl. auch des Textes)

FRAUENLEBEN IM DEUTSCHEN REICH

20. Juni: Tod der Schwester Antonie im Meißner Haus

Debatten im Parlament über das neue Bürgerliche Gesetzbuch

24.–27. September: 8. Generalversammlung des ADFVs, Frankfurt a. Main: zum erstenmal waren Delegierte des Verbandes deutscher Frauenbildungs- und Erwerbsvereine anwesend; der Entschluß gefaßt, die Frauentage abwechselnd mit den Erwerbsvereinen, also nur jedes zweite Jahr abzuhalten

1877 27.–29. September: 9. Generalversammlung des ADFVs, Hannover

1878 Sozialistengesetz

1879 5.–7. Oktober: 10. Generalversammlung des ADFVs, Heidelberg

Gründung eines ADFV Stipendienfonds für Universitätsstudium für Frauen

1881 5.–7. Oktober: 11. Generalversammlung des ADFVs, Lübeck

1883 AUS VIER JAHRHUNDERTEN, Erzählungen

25.–28. September: 12. Generalversammlung des ADFVs, Düsseldorf

1884 GRÄFIN LAURETTA, Erzählung

1885 19. Mai: außerordentliche Generalversammlung des ADFVs, Leipzig, um die neuen Satzungen des Vereins zu bestimmen, damit er das Recht einer juristischen

Persönlichkeit bzw. gesetzliche Anerkennung bekommen konnte
27.–29. September: 13. Generalversammlung des ADFVs, Leipzig
anonymes Geschenk von 1000 M für den Stipendienfond, für Verwendung von deutschen Studentinnen von Medizin, Chemie oder Pharmazie
(bis 1885: 20 000 M im Stipendienfond)
1886 weitere 30 000 M für den Stipendienfond erhalten
1887 DIE NACHTIGALL VON WERAWAG, Roman
24.–26. September: 14. Generalversammlung des ADFVs, Augsburg
1888 9. März: Tod des deutschen Kaisers Wilhelm I.
18. März: Tod von Moritz Schäfer, Verleger und Begründer der *Neuen Bahnen*
17. Juni: Tod des deutschen Kaisers Friedrich
Stipendienfond erhielt ein Geschenk von 80 000 M für die Gründung eines Mädchengymnasiums
1889 Stipendienfond jetzt mit einem Kapital von 130 000 M versehen
29.–30. September: 15. Generalversammlung des ADFVs, Erfurt
Gründung einer nach Louise Otto genannten Bibliothek in Troppau anläßlich ihres 70. Geburtstages (Prof. F. M. Wendt, Leiter)
1890 DAS ERSTE VIERTELJAHRHUNDERT DES ALLGEMEINEN DEUTSCHEN FRAUENVEREINS
18. Oktober: Festfeier für das erste Vierteljahrhundert

EINLEITUNG

Ab 1865 wird es manchmal schwierig, die Tätigkeit von Louise Otto und das Wirken der Vereine, die sie gründete, auseinanderzuhalten. Deshalb nennen wir diese Jahre am besten die Vereinsjahre; einen Einblick in das reiche Vereinsleben vermittelt die beigefügte Lebenstafel. Vom Individuum zur Gruppe: das war ja ihr ursprünglicher Plan, war ihr oberstes Ziel bereits in den Tagen der *Frauenzeitung*. Aber wie so oft, es ließ sich nicht alles im ersten Anlauf realisieren; es mußte aufgeschoben werden. Wie aus etlichen Schriften der fünfziger und frühen sechziger Jahre zu ersehen ist, war Louise Otto trotzdem nicht untätig, wenn auch ihre Arbeit sich damals im Verborgenen entfalten mußte. Die versteckten Meinungsäußerungen in ihren Romanen und die vereinzelten verhüllt-indirekten Bemerkungen in ihren Zeitungsartikeln waren immerhin zögernde Schritte in Richtung auf eine Zukunft, in der sie ihre Pläne und Ideen zur Erfüllung bringen wollte.

Wenn die vierziger Jahre eine Art Explosion darstellten, dann wiederholte sich dieser Vorgang in der Zeit der Vereinsjahre. Und wenn die *Frauenzeitung* einen Durchbruch bedeutete in ihrem Versuch, die Frauen herauszufordern und sie zu zwingen, an ihre Weiterbildung und Weiterentwicklung zu denken, dann brachten die sechziger Jahre und die folgenden den genauso entschlossenen Versuch, die Frauen zu organisieren und durch die Macht ihrer bloßen Zahl ihrem Ziel näherzubringen. Zunächst lag ihr die Bildung der Frauen am Herzen, dann deren Erwerbstätigkeit; wie sie selber in einem Bericht über die *Frauenzeitung* und ihre Zeit ausführte: »Damals ward in Deutschland mehr die Frage der politischen Mündigwerdung der Frauen in den Vordergrund gestellt, jetzt die der Erwerbsberechtigung ...« (*NB* IV, 13 [1869], S. 99) Aber der Bildungsidealismus blieb ein wesentlicher Bestandteil ihrer Lebenshaltung, und obwohl sie von radikaler Seite deshalb oft angegriffen wurde, ihr Lebensinhalt verdient Beachtung und Wertschätzung. Ohne die grundlegende Idee, sagte sie, also ohne das notwendige Wissen und begründete Überzeugungen könne man keinen Erfolg erwarten; deshalb sei es wichtig, die Bildung der Frauen zu betonen, Berufsausübung aber nicht nur als Broterwerb, sondern mehr als Ergebnis der Überzeugung zu betrachten, daß Arbeit Pflicht sei. Ihre Anhängerin Auguste Schmidt, die mit dazu beitrug, ihre Ideen zu verwirklichen und ihre Intentionen in die Tat umzusetzen, sagte in einer Rede anläßlich der Gründung eines Berliner Frauenvereins kurz vor Louise Ottos Tod: »Aber nicht allein des Brotes wegen, aus Noterwerb soll die Frau arbeiten, sondern um ihrer Selbstachtung willen, gleichviel ob im Hause oder in irgendeinem anderen Berufe. Jede Arbeit [adelt].« (*NB* XXIX, 6 [15. März 1894], S. 45) Der Idealismus blieb also stets im Vordergrund und beeinflußte nicht nur ihre eigenen Aktivitäten, sondern prägte auch das Gedankengut der sich entwickelnden Frauenbewegung.

Dieser Lebensabschnitt begann gleich sehr charakteristisch mit Vereinsgründungen; die Vereinsbewegung lag sozusagen in der Luft, denn es war Frauen nicht länger verboten, Vereine zu gründen und Versammlungsrecht auszuüben. Louise Otto nahm die neue Toleranz sofort in Anspruch und gründete mit Hilfe mehrerer Frauen und Männer zwei Vereine, die sie für den Rest ihres Lebens beschäftigten: den Frauenbildungsverein Leipzig, dessen Hauptzweck die Fortbildung aller Frauen und die Förderung des Frauenerwerbs war, und den Allgemeinen deutschen Frauenverein (ADFV), der auf nationaler Ebene dieselben Ziele verfolgen wollte. Die nächsten Jahre waren vor allem mit der Vereinsarbeit mehr als ausgefüllt, aber auch mit der Herausgabe des reichhaltigen Vereinsblattes *Neue Bahnen*, mit dem Abfassen einer zunehmenden Zahl von Romanen und Erzählungen und mit etlichen bedeutenden Schriften über Frauen, die Louise Otto entweder im Licht der Geschichte oder im Spiegel der Gegenwart betrachtete. Diese Jahre umfassen den bei weitem aktivsten Teil ihres Lebens; die Frucht ihrer langjährigen Lehrjahre reifte, und sie nutzte die Möglichkeit, das zu verwirklichen, was sie seit vielen Jahren gedacht und geplant hatte. Die aufgenötigte Vorsicht der Reaktionsjahre war nicht ohne Folgen auf diese Schaffensperiode; sie schrieb z. B. noch sehr oft über historische Frauengestalten, verfaßte auch weiterhin historische Romane über das Leben und Wirken deutscher Frauen und Männer, aber hinzu kamen wieder die thematischen Interessen der Revolutionsjahre, wie z. B. an dem Roman *Drei verhängnisvolle Jahre* abzulesen ist, der konsequent und auf ganz engagierte Weise die 48er Jahre nochmals behandelte und aus liberaler Sicht kommentierte.

Zu den wichtigsten Schriften dieser Zeit zählen allerdings weder Romane noch Erzählungen, sondern die konsequenten und bedeutenden Schriften für die neu organisierte Frauenbewegung, ganz besonders das *Recht der Frauen auf Erwerb* von 1866, zehn Jahre später das anschauliche und höchst interessante *Frauenleben im deutschen Reich* sowie das im gleichen Jahr erschienene, allerdings nur mutmaßlich von ihr verfaßte Büchlein *Einige deutsche Gesetzesparagraphen über die Stellung der Frau.* In all diesen Schriften kommt ihre Weltanschauung klar zum Ausdruck. Wären die drei Texte aufmerksam gelesen worden, so wäre die Behauptung, Louise Otto sei mit zunehmendem Alter immer konservativer, bedächtiger und vorsichtiger geworden, wohl nie aufgestellt worden. Sie blieb ganz im Gegenteil die beständige Kämpferin, die wir schon in den vierziger Jahren erlebt haben; ja, sie war sogar ihrer eigenen Nachfolgerin Auguste Schmidt darin voraus, daß sie sich klar und eindeutig für das weibliche Stimmrecht aussprach, eine Zukunftsvision, die sie eigentlich schon so genau und detailliert beschrieben hatte, daß an ihrer Ausführbarkeit nicht zu zweifeln war. Auch ihr Interesse für die Lage der Arbeiterinnen blieb wach und stark. Ein im Juni 1869 gehaltener Vortrag im Handwerkerverein in Berlin bewirkte sogar die Gründung eines ersten, wenn auch nur kurzzeitig erfolgreichen Arbeiterinnenvereins.
Die Hauptziele dieser Vereinsjahre sind am besten in den von Louise Otto verfaßten Satzungen des Allgemeinen deutschen Frauenvereins umrissen. Hier wird die Idee der Erziehung und Bildung als Zugang zum Erwerbsleben und zur Verbesserung des weiblichen Schicksals schlechthin propagiert. Die Politik, Männern eine begrenzte Mitgliedschaft mit beratender Funktion im Frauenverein anzubieten, kostete den Allgemeinen deutschen Frauenverein anfänglich Mitglieder; das Konzept der weiblichen Selbsthilfe dagegen blieb in der Vereinsphilosophie nicht nur erhalten, es trat immer stärker in den Vordergrund.
Daß Louise Otto seit dem Jahr 1873 wiederholt um Entlassung aus dem Amt der Vorsitzenden bat, war eigentlich sehr bezeichnend für sie; denn sie war und blieb am glücklichsten, wenn sie nicht vor die Öffentlichkeit treten mußte, wenn sie sich intensiv mit Theorien beschäftigen konnte, wenn sie Gelegenheit zum Schreiben fand. Ihre Bescheidenheit wurde Legende. Obwohl sie in diesen Vereinsjahren ständig unterwegs war, sei es zu Gründungen von Zweigvereinen des nationalen Vereins, sei es zu den jährlichen Generalversammlungen oder sei es auf Einladungen

hin, Vorträge zu halten, entstand in ihr kein Wunsch nach öffentlicher Aufmerksamkeit. Keine Selbstherrlichkeit ist in ihr zu entdecken, eigentlich nicht einmal Ehrgeiz, sondern nur ein sehr starker Wille, der sich durch die Prüfungen der früheren Jahrzehnte, die Entbehrungen, das geduldige Warten, das langsame Vorwärtsgehen gefestigt hatte.

Als die achtziger Jahre zu Ende gingen und sie das gesegnete Alter von siebzig Jahren erreichte, verminderte sich ihre Tätigkeit ziemlich rasch. Die lange Zeitspanne der Vereinsjahre endet deshalb 1890 mit der Veröffentlichung ihrer letzten großen Vereinsschrift, *Das erste Vierteljahrhundert des Allgemeinen deutschen Frauenvereins.* Diese Schrift markiert zwar nicht das Ende ihrer Vereinstätigkeit, denn Louise Otto blieb weiterhin aktiv, vor allem in der Angelegenheit der *Neuen Bahnen,* die ihr sehr am Herzen lag. Indessen neigte sich ihre körperliche Leistungsfähigkeit, ihre physische Stärke langsam dem Ende zu. Lag es an der Gründerin, daß nach fünfundzwanzig Jahren auch die Bewegung Anfang der neunziger Jahre an einen Wendepunkt kam? War Louise Ottos Kraft für den Verein so bedeutend, daß ihr Erlahmen sich auf ihn auswirkte? Damit wäre wohl zu viel behauptet. Louise Otto prägte zwar diese ersten Jahre der organisierten bürgerlichen Frauenbewegung in Deutschland; ihren Idealen und Plänen begegnet man überall im Wirken der Vereine, auch und vor allem in ihrer fortlebenden Philosophie. Aber die Bewegung wirkte auch nach dem Abebben ihrer Tätigkeit weiter. Daß sie im Grunde genommen ein Vereinsmensch war, trug zweifellos entscheidend zu ihrem großen Erfolg bei; daß sie durch ihre Aktivitäten innerhalb dieser Vereine sich erst wirklich entfaltete, ist ebenso wahr; und daß sie die Menschen um sich her formte und der Bewegung ihr Gepräge verlieh, ist ein Beweis ihrer persönlichen Stärke und des fortwirkenden Wertes ihrer Ideen.

Es existiert nur ein einziger eigenhändiger Lebenslauf von Louise Otto, dessen Inhalt die Zeit bis etwa Ende der sechziger Jahre beschreibt. Das in diesem Schreiben vorhandene Selbstlob wirkt angesichts ihrer bekannten Bescheidenheit befremdend – dasselbe gilt für die öfters nachweisbaren falschen Datenangaben. Trotzdem ist es gerechtfertigt, das seltene Dokument hier abzudrucken.

I

Louise Otto ward am 26. März 1819 in Meißen (Sachsen) geboren, das jüngste Kind eines daselbst hochgeachteten Juristen. Obwohl als jüngstes Töchterchen, wie weil sie ein sehr kränkliches, schwächliches Kind war, das erst mit dem vierten Jahr laufen lernte, geistig aber, wenigstens auf der Seite der Phantasie, sie sich sehr schnell entfaltete, ward sie von den ihrigen auf den Händen getragen, und da die Familie im glücklichen Wohlstand lebte, wurden die Tage ihrer Kindheit nur durch den Tod einer älteren Schwester getrübt. Vier Jahre später, als L. erst 17 Jahre alt war, starben ihre beiden Eltern binnen ¼ J., so daß dies Ereignis nur umso mehr beitrug, das stille, sinnende Gemüt des Mädchens noch ernster zu machen u. in sich zu vertiefen. Auch war es nicht ohne Einfluß auf dasselbe gewesen, daß sie als Kind die Juli-Revolution, die ja auch in Deutschland, speziell in Sachsen, nachzuckte, miterlebte u. schon damals hatte sie, als man zur Konstitutionsfeier illuminierte, ein politisches Gedicht gemacht, das zwar in der Form sehr mangelhaft war, aber doch einer bei einem kleinen Mädchen seltenen patriotischen u. freiheitlichen Begeisterung Ausdruck gab, die um so bemerkenswerter, als ihr Vater, obwohl er seine Töchter zum Zeitunglesen anhielt, doch eigentlich zum alten Regime gehörte. Ihre Jugend verlebte nun L. still, ohne die üblichen Jugendfreuden, wie Tanz u. Gesellschaft zu genießen, mit ihren älteren Schwestern meist auf einem der Familie gehörigen Weinberg. Hier hatte sie vollauf Muße, sich durch Lektüre zu bilden, zu vertiefen u. zu dichten. Als ihre Schwestern sich verheirateten, zog sie mit einer Tante zusammen. 1840 verlobte sie sich mit einem Advokaten, Gustav Müller, in Dresden, der selbst ein Stück Port u. sozusagen »ein Jünger Börnes« war. Leider mußte sie bald erkennen, daß er an der Schwindsucht krankte, sie pflegte ihn selbst auf einer Sommerwohnung bei Dresden, bis er in ihren Armen starb; stark erschüttert durch dies Geschick, da sie mit der ganzen Stärke ihres Herzens geliebt hatte u. beseligt gewesen war, krankte sie lange Zeit u. suchte allein Trost in der Dichtkunst u. da das persönliche Glück [...] war, in einem Leben für das Allgemeine. 1843 erschien ihr erster Roman, »Ludwig der Kellner« u. wie sie von da ab fast jedes Jahr einen Roman verfaßte, erschienen nun auch noch einzelne Gedichte von ihr in Zeitschriften, Musenalmanachen usw. 1847 erschien 1 B. Gedichte: »Lieder eines deutschen Mädchens« (Leipzig, Wienbrack). Alfred Meißner, dem sie gewidmet, nannte sie »ein Schwert in Rosen«. Es waren Freiheitslieder, wie eben damals überall, aber doch selten von Mädchen gesungen wurden. »Grüße der Toten u. der Lebenden – im Dienst der Freiheit – für die Armen – aus deutschen Landen – Wandrungen (enthält auch mehrere Balladen) – Wartburg –«, diese Abteilungen waren ihr Inhalt. Ein Kritiker schrieb ihr: »Singen Sie nicht von Schwertern u. Fahnen – das paßt nicht in unsere armselige Zeit« – ein andrer (Julius Hammer) fand es unnatürlich, daß sie für Schwarz-rot-gold schwärme – aber ½ Jahr nachdem die Lieder erschienen, kam die Revolution von 1848 u. überraschte viele – nur das deutsche Mädchen nicht, das sie prophezeit. Jetzt sang L. O. Freiheitslieder, die überall verstreut in Zeitschriften erschienen, »den Wettersturm des Jahres zu begleiten«. Dies u. daß sie sich überhaupt der demokratischen Partei anschloß, unter der sie ihre besten Freunde zählte, bald im Kleinen, bald im Großen mithalf u. eine Frauenzeitung herausgab unter dem Motto »dem Reich der Freiheit werb ich Bürgerinnen«, machte sie mißliebig und verdächtig. Haussuchungen, Ausweisungen, Preßprozesse usw. waren bei ihr an der Tagesordnung u. nachdem sie auch ein Heftchen Dichtungen, »Westwärts«, erscheinen lassen, das konfisziert ward, verstummten ihre Freiheitslieder, aber nicht ihr Streben. Sie schrieb hauptsächlich Romane – von denen man ihr »Nürnberg« eine Ballade im großen Stil nennen kann u. dichtete Balladen, die in Schads Musenalmanach u. anderen Sammelwerken wie »Pantheon« – »Dichterstimmen« usw. vereinzelt erschienen. 1848 hatte sie das gemeinsame Parteistreben mit dem Dichter August Peters, der im Zuchthaus von Waldheim den Namen »Elfried v. Taura«, sein Geburtsort, annahm, zusammengeführt – als sächsischer u. badischer Maikämpfer von 1849 ward dieser in Rastatt gefangengenommen, dann in Bruchsal u. Waldheim ins Zuchthaus gebracht, bis ihm nach 7 Jahren endlich die Stunde der Freiheit schlug. Während seiner Haft lebte L. O. nur für ihn, mit dem sie sich bei einem Besuch im Zellengefängnis zu Bruchsal verlobte – erst 1858 ward es dem schwergeprüften Paar vergönnt, sich zu vermählen. Sie gründeten in Leipzig eine demokratische Zeitung, an der sie vereinigt u. in der glücklichsten Ehe lebend wirkten, beide unwandelbar treu dem gemeinsamen Ideal u. bereit, es auf allen Gebieten zu hüten. Aber 1854 [sic – 1964] starb Peters im schönsten Mannesalter u. seiner Witwe ward die Aufgabe, nun alleinstehend wieder weiter zu leben u. zu wirken. Eine Zeitlang geschah es speziell im Dienst der Kunst, da sie an der erwähnten Zeitg. besonders für den belletrist. Teil, die Theater- u. andere Kunstberichte engagiert war, wie sie dann auch ein Werk, »Die Mission der Kunst« u. 2 Operndichtungen geschrieben: »Die Nibelungen« (schon 1850!) [sic – 1852] u. »Theodor Körner«, neuerdings von Weißheimer komponiert. – 1855 [sic – 1865] gründete sie den »Allgemeinen deutschen Frauenverein« u. sein Organ »Neue Bahnen«. So teilt sie jetzt ihr Wirken in eines für die speziellen Interessen ihres Geschlechts u. für die Kunst. 1868 erschien eine Sammlung »Gedichte«, Leipzig Rötschke, über welche wir einige Stimmen der Presse folgen lassen. Zu ihrem 25jähr. Schriftstellerjubiläum veranstaltete der Frauenver. eine besonders erhebende Feier in Leipzig, von auswärts sandte man ihr Lorbeerkränze, Blumen u. sinnige Andenken. Wir haben hier das Leben einer Dichterin vor uns, das gleichsam aus einem Gusse ist – Was L. O. als Kind, als Jungfrau poetisch gelobte, das hat sie als Frau u. Witwe gehalten: mittätig beteiligt bei allen großen Zeitfragen, sowohl durch Gedichte, Romane, Zeitschriften u. kühnes, energisches Handeln, ist sie überall bestrebt, das Ideal zu hüten auf allen Gebieten, ohne jemals einen Augenblick sich selbst oder dieser Mission untreu geworden zu sein. Wie 1868 L. ihr Roman, »Schloß u. Fabrik«, der 1846 erschien, jetzt auf speziellen Wunsch der Arbeiter eine zweite Auflage erleben konnte, so wird, je länger je mehr, ihr stilles, reklameloses, nur dem Idealen geweihtes Wirken zur Anerkennung kommen.

Die gedruckten und ungedruckten Materialien, die dieser Teil enthält, haben ausschließlich mit dem Vereinsleben zu tun. Dokumente aus der Zeit des Leipziger Frauenbildungsvereins eröffnen den Abschnitt: ein früher Bericht aus den Deutschen Blättern *und eine Auswahl mehrerer Bittschriften an den Leipziger Stadtrat.*
Zu Beginn des im Jahr 1865 gegründeten Allgemeinen deutschen Frauenvereins verlief nicht alles reibungslos; dies, trotz des idealistischen Tons, der in Louise Ottos erster Rede anläßlich der Gründungskonferenz zu spüren ist. Hauptmann P. A. Korn, der einen ersten Anstoß zu einem Verein gab, spielte eine zweideutige Rolle, die bis heute nicht ganz geklärt ist, und die grundlegende Idee des Vereins, Männer nur in beratender Position zu akzeptieren, war und blieb umstritten.
Was in der hier vorgelegten Sammlung bedauerlicherweise fehlt, ist vor allem die 1890 verfaßte Jubiläumsschrift, Das erste Vierteljahrhundert des Allgemeinen deutschen Frauenvereins, *deren Lektüre sehr zu empfehlen ist, denn die Geschichte dieser Organisation ist gleichzeitig Louise Ottos Geschichte und enthält manche Einblicke in ihr eigenes Denken und Tun. In dieser Zeit entstanden auch zahlreiche Gelegenheitsgedichte; manche, wie zum Beispiel* Für alle, *wurden in späteren Jahren nachgedruckt, aber andere, völlig zeitgebundene (wie* Drei Jahre *mit seiner allegorischen Darstellung eines Treffens der Jahre 1865, 1875 und 1965) haben auch historischen Wert und sollten wieder zugänglich gemacht werden.*

2
Frauenbildungsvereine

Wie es sich gegenwärtig wieder allenthalben im Interesse des Fortschritts regt, so kommen denn nun auch endlich wieder die Angelegenheiten der Frauen, namentlich in Bezug auf ihre Selbständigkeit und die Hebung der weiblichen Arbeitskraft, auf der allein eine wirkliche Selbständigkeit basieren kann, zur Sprache. Und wie auf allen Gebieten des politischen und sozialen Lebens die Bewegung der Gegenwart eine unendlich gesündere und praktischere ist, als sie es selbst in der jüngsten Vergangenheit vor fünfzehn und zwanzig Jahren war, so ist auch die Angelegenheit der Frauen jetzt in ein Stadium getreten, von welchem aus die Lösung einer schon so oft vergeblich aufgeworfenen und vergeblich durch exzentrische, meist nur der Lächerlichkeit anheimgefallene Bestrebungen einzelner beantworteten Frage von der Selbständigkeit und der Wirksamkeit der Frauen durch die Praxis zu erwarten ist. Nicht durch gelehrte oder spitzfindige Theorien, sondern von der ehernen Hand der *Notwendigkeit*, die sich in der Gestaltung, welche die sozialen Verhältnisse angenommen haben, fühlbar macht, wird man nun auch in Deutschland angetrieben, nachdem Amerika, England, Frankreich und die Schweiz längst mit dem Beispiel vorangegangen, den Frauen, selbst wenn noch kein anderes Recht, so doch das Recht auf Arbeit zu gewähren, von dem man sie bisher, die dienenden und tagelöhnernden Klassen abgerechnet, ausschloß.

Die Staatsökonomie hat es nachgewiesen, daß dem Staate dadurch, daß der größere Teil der zu ihm gehörigen Frauen feiert, d.h. keine produktive Arbeit verrichtet, ein ungeheures Kapital von Arbeitskraft verlorengeht, durch dessen Benutzung der Nationalwohlstand sich heben würde; aber ganz abgesehen von dem, was nicht gleich vor jedermann auf der Hand liegt, so lehrt es die Erfahrung des Alltagslebens, daß es dem weitaus größeren Teil der Männer – der Ehemänner und Väter – nicht mehr möglich ist, die weiblichen Mitglieder ihrer Familie allein zu ernähren; daß aus eben diesem Grunde viele Männer gar nicht heiraten und daß unverheiratet bleibende Frauen und Witwen darauf angewiesen sind, ihr tägliches Brot sich selbst zu verdienen und oft auch noch das für alte Eltern und Kinder. Und zwar weisen es ebenfalls die statistischen Tabellen nach, daß die Zahl dieser unverheiratet gebliebenen Frauen von Jahr zu Jahr größer wird. Diese Notwendigkeit, daß solche Frauen nun für sich selbst sorgen müssen, ist durchaus kein Unglück: das Unglück liegt allein darin, daß ihnen bisher so wenig Wege offen standen, dies zu tun und daß man sie nicht auf einen bestimmten Beruf vorbereitet, ihnen überhaupt fast alle diejenigen Gelegenheiten, sich aus- oder fortzubilden, entzieht, die man Knaben und Männern bietet. Was jenen Übelstand betrifft, so ist ihm von Seiten des Staates schon teilweise Abhilfe gewährt worden durch die Gewerbefreiheit, die Errichtung von Lehrerseminarien und die Anstellung von Lehrerinnen, durch die Berufung von Frauen zum Telegraphendienst usw., in Bezug aber auf jenen ist es Sache der Frauen selbst, mit Hand anzulegen zu einer Besserung der Verhältnisse.

An mehreren Orten Deutschlands – und das eben ist ein Zeichen von dem Vorhandensein des Bedürfnisses und der Unabweislichkeit der Forderung – ist man darum jetzt mit der Bildung von *Frauenvereinen* beschäftigt, welche im eigenen Interesse tätig zu sein beabsichtigen. So ist in *Pforzheim* ein solcher Frauenverein von Herrn *Moritz Müller* gegründet worden, so hat man weiter in *Magdeburg* und *Berlin* Frauenvereine zu Stande gebracht, denen nun auch in *Leipzig* die Gründung eines solchen Vereines nachfolgen wird. Es bezweckt dieser »Frauenbildungsverein« nicht allein den Frauen, welche sich über das, was in dieser Angelegenheit not tut, zusammen beraten und demnach gemeinsam handeln wollen, zu einem Vereinigungspunkt zu dienen, sondern er will auch den ungebildeteren Mädchen und Frauen Gelegenheit geben, die Lücken in ihrer Bildung auszufüllen und sich geistig zu erheben, Anregung und Genuß zu empfangen, und zwar ganz nach der Art, wie Fortbildungsvereine für Männer, namentlich Arbeiter, Handwerker usw. bestehen. An einem bestimmten Wochenabend werden befähigte Frauen Vorträge halten, an denen sich die Mitglieder und von ihnen eingeführte Frauen und Mädchen aller Stände beteiligen können. Ist nur einmal dieser Anfang gemacht, so werden sich daraus noch andere nützliche Veranstaltungen von selbst ergeben. Sind in Deutschland mehrere derartige Frauenvereine gegründet, so wird man sich untereinander in Verbindung setzen und die Gründung eines Fonds versuchen, aus welchem verdiente Lehrerinnen, Gouvernanten und diejenigen Frauen, die in Kunst, Wissenschaft und Industrie lange Zeit tätig waren und sich besondere Verdienste erwarben, im Falle der Hilfsbedürftigkeit unterstützt werden sollen. Es ist anzunehmen, daß gewiß manche Frau, die im Leben oder doch nach ihrem Tode ihren armen und verdienten Geschlechtsgenossinnen eine Wohltat erzeigen möchte, eine solche Stiftung in ihrem Testament oder sonst durch Schenkungen bedenkt und daß überhaupt, sobald nur ein solcher Pensionsfond existiert, er um seiner Notwendigkeit und Zweckmäßigkeit willen Unterstützung findet. So läßt sich noch manches Zweckmäßige anführen und auch ausführen, sobald nur der gute Wille da ist, bei den Frauen, wirklich etwas in eigner Angelegenheit zu tun, und bei den Männern, wenigstens dem Versuch dieser weiblichen Selbsthilfe keine Schwierigkeiten in den Weg zu legen.

3
Vereinsbittschriften

den 19. Juni 1865

An den Stadtrat allhier.

Für den hiesigen Frauenverein wenden wir uns nochmals an den geehrten Stadtrat mit der ergebensten Bitte, demselben eine Unterstützung seitens der Stadt dadurch zuteil werden zu lassen, daß ihm wöchentlich an einem Abend ein geeignetes städtisches Lokal überlassen werde.

Wie dem Stadtrat nicht unbekannt sein wird, geht das Bestreben des Frauenbildungsvereins dahin, den unbemittelten, namentlich den der arbeitenden Klasse zugehörigen Frauen und Mädchen Gelegenheit zur Fortbildung zu geben, und zwar zunächst dadurch, daß in jeder Woche an einem Abend ein Vortrag gehalten wird, an den sich kleinere musikalische Aufführungen anschließen. Um nun hierzu soviel Arbeiterinnen als möglich Zutritt gewähren zu können, erhält jedes Mitglied des Vereins neben seiner eigenen Einlaßkarte noch 4 Karten zur beliebigen Verteilung und da der Verein schon mehrere 100 Mitglieder zählt, so bedarf er, wenn auch nur die Hälfte der Mitglieder an den Vortragsabenden sich beteiligt, beziehendlich die ausgegebenen Einlaßkarten zur Verteilung bringt, eines Lokals, worin mehr als 300 Personen als Zuhörer Platz haben. Ein solches Lokal zu beschaffen, fällt aber, abgesehen von den Sälen der hiesigen Schulen, einenteils in Leipzig an und für sich nicht leicht und andernteils dem Verein pekuniäre Opfer auf, die außer Verhältnis zu seinen Einnahmen nach 5 ngr. vom Mitglied ca. 16 [...] monatlich stehen. Es müßte daher der Verein, wenn ihm eine Unterstützung, wie hier erbeten wird, befürchten, daß er seine Tätigkeit einzustellen sich gezwungen sähe, ein solches Schicksal wäre aber in der Tat zu beklagen. Der Verein verfolgt ein Ziel, das wohl einer Beachtung seitens der Gemeinde wert ist.

Läßt nun letztere fast allen den gleichen Bestrebungen, soweit sie der Bildung der Männer gewidmet sind, eine teilweise recht ansehnliche Unterstützung zuteil werden, so läßt sich zuversichtlich erwarten, daß das Bestreben, unter den Frauen und Mädchen Bildung zu verbreiten, eine gleiche Berücksichtigung finden.

Ist es doch von Bedeutung, ob die Frauen und Mädchen für die Zukunft besser imstande sind, sich selbst einen lohnenderen

Unterhalt, als sie meistens bisher zu verdienen vermocht haben, zu verschaffen, aber auch zweifellos, daß ihnen, wenn sie das Ziel erreichen sollen, ebenso gute Gelegenheit geboten werden muß, sich weiter zu bilden, als dies für die Männer der Fall ist. – In Betracht, daß ein geehrter Stadtrat seine Lokale nur zu Versammlungen, zu denen kein Entree gezahlt wird, bewilligt, will der Verein auf das bisher von Nichtmitgliedern mit 5 [...] bezahlte Eintrittsgeld im Genehmigungsfalle gern verzichten. Wir glauben deshalb einer gütigen Beachtung unseres Gesuchs hoffen zu dürfen und zeichnen mit großer Hochachtung

Der Vorstand des Frauenbildungsvereins
Louise Otto-Peters
Ottilie v. Steyber

An den Stadtrat zu Leipzig.
Nochmals wagt es der unterzeichnete Vorstand des Frauenbildungsvereins, sich an den Stadtrat allhier mit dem Gesuch um eine Unterstützung seiner Bestrebungen zu wenden. Nachdem der Verein durch eine zweijährige Wirksamkeit seine Lebensfähigkeit bewiesen und in den schweren Zeiten des vergangenen Jahres mit Anstrengung aller Kräfte versucht hat, soviel als möglich den Interessen des weiblichen Geschlechts zu dienen, ist er auch zu gleicher Zeit in seiner Überzeugung nur befestigt worden, daß unsre gegenwärtigen Verhältnisse eine solche Tätigkeit und Bestrebungen derart, wie die Statuten des Vereins dieselben erwähnt, durchaus notwendig machen.
Leider jedoch muß der Verein sich sagen, daß er in vielen Beziehungen sein Ziel zu erreichen nicht vermochte, daß er aber gar wohl hätte großen Nutzen stiften können, wenn ihm nicht jede Unterstützung gefehlt hätte; doch hält uns die Hoffnung aufrecht, daß Leipzig, welches in jeder Beziehung soviel zur Hebung der unteren Volksklassen tut, auch unser Gesuch nicht ganz unberücksichtigt lassen wird. Nochmals erneuern wir daher die Bitte um ein *Lokal für unsere Vereinsabende* oder um eine jährliche, wenn auch geringe Geldunterstützung.
Die Vereinsabende selbst sind dazu bestimmt, den Mitgliedern, welche für ihre Mitgliederbeiträge freien Eintritt haben, außerdem aber noch zur Verteilung an Frauen oder Mädchen, die an geistiger Unterhaltung Gefallen haben, aber die Beiträge als Mitglieder nicht zahlen können, 2 Billetts für jeden Vereinsabend erhalten, in jeder Beziehung den gewünschten Genuß zu gewähren, und zu diesem Behuf werden für denselben von Vereinsmit-

gliedern Vorträge über Gegenstände allgemeinen Interesses gehalten, auch wird durch Gesang, Pianofortespiel und Deklamationen für eine gute Unterhaltung gesorgt, so daß den Besucherinnen jener Abende, soweit sie namentlich zu den Arbeiterinnen gehören, eine den gewöhnlichen Vergnügungen weit vorzuziehende Erholung damit geboten wird. Bis jetzt hat der Verein dafür den Kleinen Saal der Buchhändlerbörse benutzt, und dieser hat kaum die Menge der Besucher eingefaßt, da aber für jede Benutzung desselben 6 [...] zu entrichten sind, außerdem auch während der 2 Hauptmessen der Saal anderweitig benutzt wird, so ist es für den Verein sehr wünschenswert, wenn ihm ein Lokal zur Verfügung gestellt wird.

Ferner haben wir seit einem Jahre eine Sonntagsschule gegründet, welche abwechselnd 20–40 Schülerinnen zählte und in welcher der Unterricht deutsche sowie französische Sprache, Rechnen und weibliche Handarbeiten umfaßte.

So eng der Lehrplan bis jetzt war, so stellte es sich trotzdessen bald heraus, daß die jungen Mädchen eifrig diese ihnen, zu einem sehr geringen Preise gebotenen Bildungsmittel benutzten und mit verhältnismäßig großem Erfolg an den Stunden teilnahmen.

Aber sie sprachen ebenso lebhaft den Wunsch aus, den Unterrichtsplan erweitert zu sehen. Allerdings gibt es hier bereits eine kaufmännische Schule, aber verhältnismäßig befinden sich nur wenig junge Mädchen in der Lage, ihre ganze Zeit dem Studium zu widmen und noch ein hohes Schulgeld bezahlen zu können. Jene Schule ist vortrefflich, doch sind von ihr alle diejenigen ausgeschlossen, welche sich ihr Brot schon in dem Lebensalter, für welches eine solche Bildungsanstalt berechnet ist, selbst verdienen müssen und die demnach den Wunsch und die Fähigkeit haben, sich zu einem höheren Erwerbszweige, der zu höherer Bildung, aufzuschwingen. Es gibt viele junge Mädchen, die nicht ohne Bildung sind, die aber durch die Notwendigkeit gezwungen sind, sich ein kärgliches, ungenügendes Brot zu erwerben; auch gibt es viele alleinstehende Mädchen, denen eine feste moralische Stütze notwendig ist und die vom Verderben durch eine nützliche, geistige Beschäftigung und Läuterung ihrer Gedanken abgehalten werden. – Aus diesem Grunde haben wir uns vorgenommen, auf die Bitten der jungen Mädchen einzugehen, den Plan der Sonntagsschule zu erweitern und die Wochenabende zu Hilfe zu nehmen, soll aber dies geschehen, so können wir das uns bisher vom Arbeiterbildungsverein überlas-

sene Lokal nicht mehr benutzen, weil dieser Verein zu derselben Zeit sein Lokal braucht.
Es soll den fähigeren Schülerinnen hier der Unterricht geboten werden, durch welchen sie für die Postkarriere oder zur Übernahme der Buchhaltung in kaufmännischen Geschäften vorgebildet werden, auch will sich der Verein bemühen, junge Mädchen zu guten, gediegenen Hüterinnen kleinerer Kinder bis zu 6–8 Jahren auszubilden. Den Schülerinnen des zweiten Kursus soll eine erhöhte geistige und moralische Einsicht, mehr Kenntnisse und Fähigkeiten gegeben werden, so daß sie besser imstande sind, ihre Pflichten zu erfüllen. Neben diesen praktischen Zielen der Schule wird es eine Hauptaufgabe der Lehrenden sein, die Schülerinnen zu guten verständigen Menschen heranzubilden, welche die Arbeit lieben und dieselbe als ihren Stolz und Freude betrachten lernen. Wir sind fest überzeugt, daß der fortwährende Hinweis auf die wahre Pflichterfüllung, daß der Einfluß gebildeter und humaner Frauen, die jungen Mädchen, welche unsre Schule besuchen, erheben und sie befähigen, freudiger und nützlicher zu wirken, als ihre zahlreichen Gefährtinnen.
Die Frauenfrage ist in der gegenwärtigen Zeit nicht mehr ohne Einwirkung auf das große Ganze des sozialen Lebens, darum drängt sie sich uns überall entgegen und fordert von uns die Hilfe, die wir hier gewähren können. Möchte der Stadtrat von Leipzig, der in so vielen Dingen mit unabhängigem Sinn die Initiative ergriffen hat, auch hier, wo es am dringendsten not tut, den anderen Städten Deutschlands auf der Bahn des Fortschritts vorangehen. Möchte er uns die Hilfe gewähren, die wir erbitten und durch welche wir unendlich segensreich zu wirken vermöchten.
Mit größter Hochachtung
Leipzig, den 1. März 1867

Der Vorstand des Frauenbildungsvereins
Louise Otto-Peters
[...]

An den Rat der Stadt Leipzig.
Vor 13 Jahren wurde hier der von dem ergebenst unterzeichneten Vorstande vertretene Frauenbildungsverein gegründet und ist dessen Ziel darauf gerichtet, den Frauen durch Verbreitung von Gesittung, Bildung, nützlicher Kenntnisse und Fähigkeiten, welchen ebensowohl dem Erwerbs- als auch dem Familienleben zugute kommen, hilfreich beizustehen.

Die Mitglieder des Vereins, deren Zahl zwischen 130 und 150 schwankt, haben monatlich 50 [...] zu zahlen und genießen hierfür das Recht, für ihre Personen an den von dem Vereine in Verfolgung seines Zweckes veranstalteten Abendunterhaltungen teilzunehmen, auch zu jeder derselben einen, auch zwei Gäste einzuführen. In den Abendunterhaltungen, welche alle 2–3 Wochen in einem öffentlichen Lokale – solange die Buchhändlerbörse den dortigen Kleinen Saal den Versammlungen zur Verfügung stellte, wurde dieser benutzt – stattfinden, werden von Mitgliedern des Vereins belehrende und anregende Vorträge gehalten, auch wird Gesang wie Musik geboten, und hat zu diesem Behufe der Verein schon kurze Zeit nach seiner Gründung ein Pianoforte angeschafft.
Natürlich muß für die Benutzung der Versammlungsräume nebst Beleuchtung usw. eine leider nicht unbedeutende Entschädigung allabendlich bezahlt werden, so daß hierfür sowie durch Auslage für Anzeigen in den öffentlichen Blättern und für das Einsammeln der Mitgliederbeiträge ein sehr großer Teil der Jahreseinnahme zu verwenden ist. Doch war es dem Verein gelungen, mit der Zeit ein kleines Vermögen zurückzulegen. Dies ermutigte mit Rücksicht darauf, daß die Abendunterhaltungen der Förderung des Vereinsziels noch nicht genügten, die Vereinstätigkeit zu erweitern und wurde als besonders wünschenswert erkannt, eine Abendschule für konfirmierte Mädchen, welche nach Verlassen der Volksschule die dort erworbenen Kenntnisse zu befestigen und zu erweitern wünschten, zu errichten.
Dies geschah vor einigen Jahren und der Erfolg entsprach den Erwartungen, da die Teilnehmerinnen sich ziemlich zahlreich meldeten, auch kann wohl ohne Selbstrühmen behauptet werden, daß die Leistungen der Schule gut waren.
Nun hat aber der Stadtrat in Anerkennung der Notwendigkeit, den Mädchen ebenso wie den Knaben die Möglichkeit weiterer Ausbildung zu bieten, auch wenn die Eltern große Kosten hieran zu wenden nicht vermögen, selbst eine Fortbildungsschule für Mädchen gegründet und der Verein mußte sich sagen, daß es nicht seine Aufgabe sei, neben der städtischen Schule die von ihm errichtete fortbestehen zu lassen, und es galt deshalb, für das Wohl der Frauen wieder auf andere Weise zu sorgen. Diese Möglichkeit schien geboten in der Errichtung einer nur für Frauen bestimmten Speiseanstalt. Zwar besitzt Leipzig schon zwei städtische Anstalten dieser Art und ist deshalb von vielen

anderen Städten gleicher Größe zu beneiden, allein verkennen läßt sich nicht, daß gerade für Frauen damit weniger gesorgt ist.

Betrachtet man die große Zahl hier lebender Frauen und Mädchen, welche außerhalb ihrer Wohnung einem Berufe nachzugehen genötigt sind, wie wenig Zeit diesen meistens für das Mittagessen geboten ist, so daß sie kaum vermögen, in die oft weit von der Berufsstätte gelegene Wohnung und wieder zurückzugelangen und daß sie deshalb gar oft mit einer Tasse Kaffee zum Mittag sich begnügen und die etwa noch übrige Zeit auf den Straßen zubringen müssen, berücksichtigt man zugleich, daß anderenteils auch viele in ihrer Wohnung beschäftigte Frauen und Mädchen, wenn sie für sich allein stehen, kaum vermögen, sich eine kräftige Kost billig herzustellen, außerdem aber mit deren Zubereitung ihre Arbeit vielfältig zu unterbrechen genötigt sind, so wird gewiß anerkannt werden müssen, daß eine solche Speiseanstalt für Frauen als eine vielen Einwohnerinnen Leipzigs höchst wünschenswerte Einrichtung bezeichnet werden muß. Hinzu kommt, daß mit einer solchen Anstalt ein weiterer namentlich für junge Mädchen wichtiger Zweck, das Lehren der Zubereitung der Speisen sowie der sonst in Küche und Haushaltung vorkommenden Arbeiten, deren mangelhafte Kenntnis oft später schmerzlich empfunden wird, verbunden werden konnte.

Der Verein beschloß daher, dieser Aufgabe sich zu unterziehen und hat seit November 1876 eine Speiseanstalt für Frauen – dermalen Neumarkt 34/2 – verbunden mit Kochlehranstalt gegründet. [...]

Was aber die Speiseanstalt selbst anlangt, so mußte daran gedacht werden, daß die Frauen und Mädchen, auf deren Besuch gerechnet werden könne, je nach ihren Einkünften verschiedene Ansprüche machen würden. Es sind deshalb zwei Speiseklassen eingerichtet, eine für 30 [...], die andere zu 50 [...]. In ersterer wird nur Fleisch mit Gemüse oder Braten mit Kartoffeln, im Sommer Salat verabreicht, in der zweiten Suppe und Fleisch oder Braten mit Gemüse und Kartoffeln oder Salat, stets aber auch Brot, außerdem kann für nur 6 [...] eine Tasse Kaffee genossen werden.

Dafür, daß die Speisen gut sind und daß sonst die nötige Ordnung und Sauberkeit herrsche, sorgen Mitglieder des Vereins, welche täglich zur Überwachung der Anstalt in den Stunden von 12–2 Uhr, an welchen die Anstalt, und zwar auch sonn-

und feiertags, den Besucherinnen geöffnet ist, anwesend sind und die Aufsicht führen.

Wenn nun anfänglich nur 10–20 Personen von unserer Anstalt Gebrauch machten, so ist dies in erfreulicher Weise gestiegen und nehmen jetzt schon 40–60 Personen, Lehrerinnen, Schülerinnen des Konservatoriums, Verkäuferinnen u. dergl. das Mittagessen in der Speiseanstalt, aber leider genügt dies noch nicht, und für den Mietzins zu sorgen bleibt immer noch dem Vereine überlassen.

So gerne er nun auch dies Opfer bringt, es liegt ihm ja daran, die Anstalt eher noch zu erweitern und in ihr namentlich für die Winterabende den Besucherinnen eine Zufluchtsstätte zu bieten, so muß er doch befürchten, daß er, nachdem die ersten Einrichtungskosten und der bisher bezahlte Mietzins das angesammelte Kapital sowie den Ertrag einer veranstalteten Lotterie aufgezehrt haben, nicht mehr lange vermag, die Anstalt zu halten, wenn ihm nicht von irgendeiner Seite Unterstützung zuteil wird. Könnte er den Mietzins für die Abendunterhaltungen, die als eins der wichtigsten Förderungsmittel des Vereinszweckes nicht aufgegeben werden können, dadurch, daß ihm ein Lokal unentgeltlich, wenn schon gegen Zahlung des Aufwands für Heizung und Beleuchtung, überlassen würde, ersparen oder wenigstens beträchtlich vermindern, dann dürfte er wohl hoffen, die Ausgaben so lange bestreiten zu können, bis die Anstalt sich vollständig selbst trägt, andernfalls muß er fürchten, daß er gezwungen ist, sie fallenzulassen.

In dieser Notlage wendet der Verein sich an den Rat mit der gehorsamsten Bitte, ihm wie so vielen anderen gemeinnützigen Anstalten eine *geeignete Unterstützung* für die Dauer der Speiseanstalt zu verwilligen; sie wird gewiß nicht an unrechter Stelle angebracht sein.

Mit großer Hochachtung

Leipzig, den 31. Mai 1878

verharrt

der Vorstand des Frauenbildungsvereins

Louise Otto-Peters

[...]

4

An Lina Morgenstern

[Leipzig, etwa Spätsommer 1865]

Geehrteste!

Seit vorigem Winter haben wir hier einen Frauenbildungsverein gegründet und uns überhaupt mit Auffindung der Mittel und Wege beschäftigt, wie am erfolgreichsten für die im großen Ganzen so vernachlässigten weiblichen Interessen zu wirken sei.

Wie Ihnen aus der von Herrn Hauptmann Korn redigierten »Allgemeinen Frauenzeitung« bekannt sein wird, ist der Plan angeregt worden, den 16. Oktober in Leipzig eine Frauenkonferenz abzuhalten. Der Vorstand des hiesigen Frauenbildungsvereins hat sich derselben angeschlossen und bereits aus Dresden, Düsseldorf, Berlin, Frankfurt usw. Anmeldungen zur Konferenz erhalten. Sollten auch durch eine erste solche Zusammenkunft nicht gleich große Resultate erzielt werden können, so ist doch schon namentlich bei der Schüchternheit und Verzagtheit der weiblichen Natur ein großer Gewinn für jede einzelne von uns Strebenden, zu wissen, daß wir mit unseren Bestrebungen und Ansichten nicht allein stehen, sondern daß dieselben auch in anderen Herzen einen begeisterten Widerhall finden. Begegnen sich doch gegenwärtig schon geistig viele deutsche Frauen in dem Wunsche, etwas zur Hebung des eigenen Geschlechtes durch Erweiterung seines Gesichtskreises, seines Wirkens, namentlich auch in Beziehung auf die ärmeren und vernachlässigten Schwestern zu tun, so daß es wohl an der Zeit sein dürfte, sich zum Zwecke einer gemeinsamen Besprechung persönlich zusammenzufinden. Die Vorlagen zur Beratung sind enthalten in Nr. 32–34 der erwähnten Frauenzeitung.

Wir laden Sie hiermit zu dieser Konferenz ein und bitten, bis spätestens 1. Oktober uns mit einer zusagenden Antwort zu erfreuen. Wir werden dann dafür Sorge tragen, daß die bis dahin angemeldeten Damen in der Wohnung hiesiger Damen oder Familien freundliche Aufnahme finden. Als Tag der Ankunft betrachten wir den 12. Oktober.

Mit schwesterlichem Handbieten zu gemeinsamem Wirken hochachtungsvoll

im Namen des Vorstandes des Frauenvereins,
Louise Otto-Peters
Schützenstr. 4

5

Verehrte Anwesende!

Wenn ich es wage, heute und hier das Wort zu ergreifen, ohne das Talent der Rede, ja selbst das dazu geeignete Organ zu besitzen – so muß ich mich gleich im voraus mit der *Pflicht* entschuldigen, die mir meine Stellung als Vorsitzende des Frauenbildungsvereins und des Komitees, welches diese Frauenkonferenz einberufen, auferlegt.

Allerdings muß ich sagen, daß zu dieser Pflicht auch das Bedürfnis des eignen Herzens kommt, der Drang, Ihnen allen, die Sie hier erschienen sind, den tiefgefühlten *Dank* dafür zu sagen in meinem eignen Namen, wie im Namen derer, die sich hier mit mir schon längst zu gleichem Werke verbunden haben!

Vor allen gilt dieser Dank den auswärtigen Damen, welche sich weder durch die verspätete Jahreszeit, noch durch andere Gründe haben abhalten lassen, unsrer Einladung Folge zu leisten. Sie haben durch Ihr Erscheinen hinreichend bewiesen, daß Sie da kein kleinliches Bedenken kennen, wo es gilt, sich an ein großes Interesse hinzugeben. Sie bezeugen dadurch, daß Sie nicht allein unserm Rufe, wie es ja des Weibes edelste Art ist und ewig bleiben soll, sondern vielmehr auch dem Rufe *Ihres eigenen Herzens* gefolgt sind. Sie fühlten und erkannten längst gleich uns, daß etwas geschehen müsse, den Wirkungskreis der deutschen Frauen zu erweitern und Sie sahen sich schon längst nach einem Mittel und Wege dazu um. Darum sind Sie jetzt, wo wir es gewagt haben, zu einer gemeinsamen Beratung über diese Mittel und Wege aufzufordern, bei uns erschienen – und schon durch dies Kommen allein beweisen Sie, daß wir auf Ihren ernsten Willen, auf Ihre Begeisterung für unsre Sache zählen können. Denn die Bedenklichen, die Begeisterungslosen, die Unentschiedenen, die Vorsichtigen, alle die dem beliebten Prinzip des *Abwartens* huldigen, jenem Prinzip, das, wenn es wirklich das herrschende wäre, die Welt zu ewigem Stillstand verdammte – diese sind natürlich zu Hause geblieben und werden erst später zu uns kommen – werden kommen, da Sie, verehrte Anwesende, ja gekommen sind. Darum Dank Ihnen, daß Sie ein würdiges Beispiel gegeben haben – *Ihr Kommen ist eine mutige Tat*, denn es ist der erste Schritt zu unserm Ziele.

Dank auch *Ihnen* allen, verehrte Mitbewohnerinnen unsrer Stadt, die hier erschienen sind, denn auch von Ihnen sind wir überzeugt, daß Sie Ihre Sympathie mit unsern Bestrebungen hergeführt hat und der Wunsch, sie zu teilen. Oder sollte ich mich täuschen und wären einige nur aus müßiger Neugier erschienen – nun, so werden auch sie hoffentlich, wenn sie das, was sie hier erfahren, wahrheitsgetreu weiterberichten, unsrer Sache dienen und mittelbar oder unmittelbar die gegen uns herrschenden Vorurteile vertilgen helfen. Denn eben nur darum haben wir die weibliche Scheu vor öffentlichen Verhandlungen überwunden, weil es besser ist, unsere Mitbürger können sich selbst über unser Vorhaben ein Urteil bilden, als daß sie aus Mangel an Gelegenheit hierzu blindlings glauben, was unsere Gegner fabeln! –

Dank auch den *Männern*, die uns ihren Beistand zu unserm Werke angedeihen lassen, *den* Männern, die nicht, wie so viele, nur den Fortschritt der *einen* Hälfte des menschlichen Geschlechts, sondern die den Fortschritt *der ganzen Menschheit* wollen und darum auch die Frauen nicht ausschließen von der gleichen Bahn! Dank besonders den Mitgliedern des *Arbeiterbildungsvereins*, die unserm Wirken schon so oft ihre Teilnahme bezeugten. Wie die Arbeiter überhaupt die Stütze der Nation sind, so erfüllt es uns mit gerechtem Stolz, gemeinsam mit ihnen zu wirken.

Und so eröffne ich die deutsche Frauenkonferenz mit dem Wunsche, daß die Begeisterung, die uns bis heute alle Schwierigkeiten überwinden ließ, die sich uns entgegenstellten, fortgesetzt unter uns walte, denn:

> Nur *die* Begeisterung allein hat Wert,
> Die niemals weicht – nur reiner sich verklärt.

Neue Bahnen, *das Organ des Allgemeinen deutschen Frauenvereins, wurde seit seiner Gründung im Jahr 1866 bis zu ihrem Todesjahr 1895 von Louise Otto geleitet, zuerst mit Jenny Heinrichs, aber bereits ab Mitte des ersten Jahres mit der engen Freundin Auguste Schmidt. Es folgt eine kleine Probe der Ottoschen Beiträge aus dieser heute nur noch in wenigen Exemplaren erhaltenen Zeitschrift: die Themenauswahl kann den Umfang ihrer Interessen nur andeuten. Sei es die gemäßigte und nüchterne Reaktion auf den Krieg von 1866 oder die Untersuchung einer populären Schriftstellerin, seien es Bemerkungen zur*

Frauenarbeit oder Kommentare zu ihrer eigenen späteren schriftstellerischen Beschäftigung oder die jährlichen Reden an die Vereine: Louise Otto demonstriert immer wieder ein Sendungsbewußtsein, das sie konsequent und mit wachsender Geschicklichkeit zum Ausdruck bringt.

6
An die Leserinnen
[Aus dem Vorwort]

[...]
Die Frauen, die nicht nur an sich allein, sondern auch an ihre Schwestern und an die ganze strebende Menschheit denken wollen und sich mitbeteiligen an der großen Arbeit des Jahrhunderts, sind aus ihrer Gesondertheit herausgetreten und haben sich zu einem großen Bunde vereinigt, weil nur durch Vereinigung ein allen gemeinsames Ziel zu erreichen ist.

Wir wollen dies Ziel nicht erstreben auf dem Wege, der einst von den Frauen eingeschlagen ward, die mehr mit ihrem individuellen Schicksal grollten, als daß sie sich ihrer durch Mangel an Arbeit und Erwerb unglücklicheren Schwestern zu Herzen genommen hätten, ein Weg, auf dem das Wort »Emanzipation« viel eher zur Warnungstafel als zum Siegesruf geworden – wir wollen auch nicht am Gängelbande irgendeiner politischen Partei auf vorgeschriebenen Pfaden für unsere Rechte in die Schranken treten – wir wollen allein im Dienste der Humanität, im Dienste echter Weiblichkeit die neuen Bahnen einschlagen, die den deutschen Frauen des neunzehnten Jahrhunderts zu wandeln ziemen.

Was das für neue Bahnen sind, das ist am Ende mit einem einzigen kurzen Schlagwort nicht zu sagen – und darum eben haben wir dies Blatt gegründet, damit wir die große Frage der neuen Frauenbewegung, ihrer Berechtigung, ihrer Grundzüge, ihrer Bestrebungen und ihrer Resultate vor aller Augen offen darlegen, Irrtümer berichtigen, unklare Vorstellungen aufhellen und unsere Ansichten über die Stellung der Frauen, über ihre Rechte und Pflichten entwickeln können.
[...]

7
Zur Kriegsbereitschaft

[...]

Deutsche Schwestern – wir haben schon ein Recht so zu fragen, wo noch die Schwerter in der Scheide ruhen, wo zwar ein Teil der Männer noch den Frieden will und die Schmach eines deutschen Bruderkrieges vermieden sehen, wo aber ein anderer doch schon zum Kriege drängen möchte – und doppelt müßten wir so fragen, wenn die Schwerter wirklich gegeneinander klirren.

[...]

Wir, deutsche Schwestern! haben damals bei jenen Festen nur eine Nebenrolle gespielt. Im gastlichen Aufnehmen der Fremden, im Fahnensticken, Girlandenwinden, Blumenwerfen und Zusehen bestand unsere ganze Teilnahme. Dennoch begeisterten auch uns diese Feste durch das Gefühl, in all' diesen Männern vom deutschen Einheitsgefühl durchglühte Patrioten uns zu denken. Je fröhlicher wir uns diesen Gedanken überließen, je schmerzlicher ist es jetzt, ihn als Täuschung zu bezeichnen.

Je weniger damals, wo die deutschen Männer einig schienen, eine Vereinigung der deutschen Frauen als Notwendigkeit betrachtet werden mochte, je mehr tritt nun jetzt diese Aufforderung an uns heran.

Können die Männer vergessen, daß sie deutsche Brüder: wir Frauen wollen nicht vergessen, daß wir deutsche Schwestern sind!

In dem allgemeinen deutschen Frauenverein haben wir einen Schwesternbund gegründet. An der Donau, wie am Rhein und in allen deutschen Staaten zählt er Mitglieder, und gerade jetzt, so ungelegen die Zeit vielen erscheinen möge, gerade jetzt wenden wir uns an unsere deutschen Schwestern in fern und nah, dieser Vereinigung beizutreten, schon um des idealen Zweckes willen: den Männern zu zeigen, daß wenn *sie* aufhören wollen, *deutsche* Männer zu sein, doch die Frauen keine Scheidewand, kein Ereignis kennen, mächtig genug, den Gedanken der Zusammengehörigkeit deutscher Frauen zu unterdrücken!

[...]

8
Aus der Rede von Louise Otto bei der 4. Generalversammlung (1869) des Leipziger Frauenbildungsvereins

Unser Verein ist, wie Sie wissen, auch ein Zweigverein des Allgem. Deutschen Frauenvereins, wir haben auch in diesen den vielfach angefochtenen Paragraphen aufrechterhalten, wonach uns dort männliche Mitglieder willkommen sind, aber nur mit *beratender*, nicht mit *entscheidender* Stimme. Wir haben das nicht aus Männerfeindschaft getan, sondern unter *Zustimmung*, ja, eben auch den Rat *solcher* Männer, die mit uns die Frauenbewegung unter dem idealen Gesichtspunkte auffassen: daß Mann und Weib nicht über- und untereinander, sondern nebeneinander stehen und daß die Frauen ihre eigenen Angelegenheiten auch nur selbst entscheiden und zu ordnen haben. Und nur mit Männern, welche so denken, ist ein vereintes Wirken möglich und uns hochwillkommen. So freut es uns denn auch, Ihnen melden zu können, daß die Mitglieder des Philosophischen Kongresses, an der Spitze Frhr. von Leonardi in Prag, uns aufgefordert haben, ihren Kongreß in Frankfurt a. M. durch einige unserer Mitglieder zu beschicken, und daß ebenso 3 Mitglieder des Philosophen-Kongresses für unsere Generalversammlung in Kassel uns ihre Beteiligung zugesagt haben. Nun, wenn wir so die Bannerträger der deutschen Wissenschaft auf unserer Seite haben und wenn sie nicht allein zu uns sagen: Ihr seid ganz auf rechtem Wege, wir wollen Euch weiterhelfen, sondern wenn sie auch sagen: Kommt mit zu uns und helft *uns* mit an der großen Arbeit, die ganze Menschheit weiterzubringen! so haben wir wirklich Ursache, uns ermutigt und gehoben zu fühlen, so können wir es wirklich ruhig über uns ergehen lassen, wenn kleinlich gesinnte und beschränkte Leute über uns witzelten. Und ich füge noch hinzu: – ganz mit derselben Freude, mit der mich diese Zustimmung der Männer der Wissenschaft erfüllte, erfüllte mich die eines Arbeiters, eines Mannes aus dem Volke, der mir erst in diesen Tagen für unsere Abendunterhaltungen dankte und sagte: *er* sei viel glücklicher seit diese beständen, denn es habe ihn immer gedauert, daß seine Frau gar kein Vergnügen habe, nun habe sie eins, und während sie sonst immer niedergedrückt gewesen, sei sie nun ganz zufrieden und freue sich von einer Abendunterhaltung zur andern. [...]

9
Aus der Rede von Louise Otto bei der 3. Generalversammlung (1869) des Allgemeinen deutschen Frauenvereins

[...]
Indem ich Rechenschaft ablegen soll von der Wirksamkeit unsers Vereins und dem, was er bisher geleistet, würde ich allerdings in Verlegenheit sein, wenn es sich dabei um sichtbare Resultate handelte. Nützliche Institute zu einer schnellen und augenfälligen Verbesserung des Frauenloses in's Leben zu rufen, kann wenigstens vor der Hand noch nicht Sache des Allgemeinen Deutschen Frauen-Vereins sein, solange derselbe nicht über große Geldmittel zu verfügen hat. Es ist dies vorerst nur Sache der Lokalvereine und um die Gründung solcher sich zu bemühen, ist mit eine seiner Hauptaufgaben. [...]
Denn eben diese *Anregung* zu geben, ist der *Hauptzweck* unsers Vereins. Er gibt sie zuerst schon durch seine Existenz, dadurch, daß in ihm ein Mittelpunkt gegeben für alle Frauen, denen es darum zu tun ist, an der Lösung der Frauenfrage mitzuarbeiten, wie denn wir fast alle, die wir hier aus Nord und Süd zusammengekommen sind, uns erst seit Gründung dieses Vereins kennengelernt und dadurch erfahren haben, daß es überall gleichgesinnte, begeisterungsfähige Frauen gibt, die bereit sind, einer gemeinsamen Idee ihre Kraft zu weihen und indem sie aus ihrer Vereinzelung heraustreten, im gemeinsamen Wirken ein Glück finden, nach dem sie bisher vergeblich sich sehnten. [...]
So folgte ich im Juli der Aufforderung des Handwerkervereins in Berlin, dort einen Vortrag über Frauenwirken im Dienste der Humanität zu halten, der daselbst die Gründung eines Arbeiterinnenvereins zur Folge hatte. [...]
Verzeihen Sie, verehrte Anwesende, wenn ich nicht umhin kann, noch erfüllt von dem unvergeßlichen Eindruck, den uns die eben erlebten Tage in Frankfurt [beim Philosophen-Kongreß, wo sie und Louise Gutbier waren und wo letztere eine Rede hielt] gewährten, dahin zu blicken und damit scheinbar von unserer Versammlung abschweife. Es ist eben nur scheinbar! Ich gestehe, daß ich schon von früher Jugend an immer etwas kühn gewesen bin in den Forderungen und Hoffnungen, die ich mit einer würdigeren Stellung des weiblichen Geschlechts verknüpfe – das aber, was wir jetzt erlebten, hatte ich weder zu fordern, noch zu hoffen gewagt! Ich hatte es nie für möglich gehalten, daß

deutsche Philosophen, Vertreter und Professoren der höchsten Wissenschaft, sich herbeilassen würden, *bei ihren Versammlungen die Mitwirkung der Frauen willkommen zu heißen*! Schon im vorigen Jahre hatten sie uns aufgefordert, mit in Prag zu erscheinen – wir wagten es damals noch nicht, hinzugehen – aber eine unserer dort weilenden Genossinnen, Frau *J. Hoff*, hielt daselbst einen Vortrag. [...] *Solchen* Erfolgen gegenüber verliert sich allmählich das Zagen auch für die deutsche Frau: ob es denn nun endlich einmal Zeit sei, das Wort *Selbsthilfe* als Losungswort auszusprechen und freudig und zuversichtlich, wenn auch immer noch nur Sandkorn tragend, mitzuarbeiten am Tempelbau der Humanität, der da errichtet werden muß, so wie von je unser deutsches Volk seine heiligen Dome baute, aus den Opfergaben der einzelnen, den Opfergaben von Mann und Weib, ein Dom, darin nicht allein der Traualtar steht, an dem Mann und Weib ihren Liebesbund heiligen, sondern auch der Hochaltar der Menschheit, an welchem nun Frauen und Männer zugleich sich weihen, dem Reiche Gottes zu dienen, damit es schon auf Erden sich verwirkliche. Und so vereinigen Sie sich mit uns, damit auch hier und heute Sandkörner getragen und Scherflein geopfert werden zu solchem Dombau! – Als ich unter das Programm dieser Versammlung das Wort schreiben konnte: im Saale des *Arbeiterbildungsvereins*, da ward mir schon *damit* eine besondere Freude, ich nahm das Wort als ein Zeichen guter Vorbedeutung! Wir stellen uns auf die Seite der Arbeit und der Arbeiter, wir proklamieren die *Heiligkeit der Arbeit und der Bildung auch für die Frau* und wir dürfen hoffen, daß diejenigen Arbeiter, in deren Lokal wir tagen, in uns keine gefährlichen Konkurrentinnen sehen, sondern Schwestern, die gerade so wie sie ein Recht haben, an die Verbesserung ihrer Lage zu denken, Hand in Hand mit ihnen. Und als ich nun hier sah, wie man uns diesen Saal mit freundlichem Grün geschmückt, da begrüßte ich auch darin ein Symbol: daß wenn auch jetzt noch unser Allgemeiner Deutscher Frauen-Verein einer Pflanze gleicht, der nur erst in Scherben gepflanzt wird und von uns wie von sorglichen Gärtnern noch vor zu viel rauher Luft gehütet werden muß, doch bald ein Baum daraus werde, im öden Garten der Menschheit zu blühen und Früchte zu tragen.

10
Eugenie John

E. Marlitt, ein Pseudonym, allen geläufiger als der wirkliche Name Eugenie John, starb am 22. Juni [1887] in ihrer Vaterstadt Arnstadt in Thüringen, wo sie am 25. Dezember 1825 geboren ward, die *populärste* Schriftstellerin der Gegenwart, deren Talent, Verdienst und Ruhm von vielen Seiten bekrittelt ward und wird, was aber nicht hindert, daß der Telegraph mit allen Redaktionen sich beeilte, die Trauerkunde wie eines der wichtigsten Ereignisse *in alle Welt zu tragen*. Sie gehörte nicht zu den uns speziell Verbundenen, sie hielt sich fern von der Frauenbewegung, wie sie ja durch körperliche Leiden gezwungen, fern von jedem persönlichen Verkehr, außer mit ihrer nächsten Umgebung, auch von jedem brieflichen mit Berufs- und Zeitgenossen lebte. Wie sollte uns das aber abhalten, ihr ein freundliches Andenken zu widmen? Als *Ernst Keil*, der Begründer der »*Gartenlaube*«, ihre ersten Erzählungen brachte: »Die 12 Apostel« und »Goldelse«, da hatten diese solchen Erfolg, daß sie von allen Seiten Anträge zur Mitarbeit erhielt und der weitsichtige Verleger der Gartenlaube sich beeilte, sie *einzig und allein seinem Blatt* durch einen glänzenden Kontrakt zu sichern. Verleger und Schriftstellerin hatten einander gleich viel zu danken, er, daß sein Blatt Tausende von Abonnenten gewann, besonders durch »Das Geheimnis der alten Mamsell« und die Bemerkung, daß man eben *nur* in der Gartenlaube etwas von der schnell beliebt gewordenen und sonst allen ganz unbekannten Verfasserin lesen konnte, – sie dadurch, daß ihre Werke durch das Weltblatt in alle Weltteile getragen wurden und daß ihr mit *einem Male* jeder »Kampf ums Dasein«, der ja in der belletristischen Literatur auch immer schwerer wird, erspart ward und sie in eine sorglose Lebenslage kam, die ihr bei ihrem steten Leiden – sie war ja bekanntlich taub, gelähmt und in jeder Beziehung körperlich hinfällig, doppelt nötig war. Es ist beispiellos in der Literaturgeschichte, daß ein solches Verhältnis über 20 Jahre, von 1865 bis zu ihrem jetzt 1887 erfolgten Tode, bestand ohne jede Unterbrechung und Unannehmlichkeit und es ist ebenso beispiellos, daß eine so leidende, so fern ab vom Weltgetriebe lebende Schriftstellerin so lange Zeit nicht nur zu schaffen, sondern das einmal gewonnene Publikum zu unterhalten, zu fesseln vermochte, – *allein durch Erzählungen*.

Wer *uns* kennt, weiß, daß wir nicht zu denen gehören, die immer und überall nur nach dem Erfolg urteilen, im Gegenteil, oft macht uns ein solcher gerade die Sache selbst und die Anbeter dazu verdächtig. Aber der Erfolg der Marlitt war kein mit unwürdigen Mitteln errungener. Sie dank ihn nicht allein der Gartenlaube. Wie viele Mitarbeiterinnen, zum Teil Nachtreterinnen von ihr, zum Teil in der Tat solche, welche die Kritik über sie stellen muß und stellt, wieviel Mitarbeiter mit großen Namen hat sie nicht aufzuzählen – aber nie ist einer dieser Namen so populär, so beliebt, namentlich in Mädchenkreisen geworden, wie der Name Marlitt! Sie verstand eben doch gut zu erzählen, zu packen, zu spannen. Ihre Naturschilderungen waren oft hochpoetisch, ebenso und lebenswahr zugleich die Schilderungen der Szenerien der Lokalitäten in kleinen Städten und Landgütern und das ist nicht so leicht, wie es sich heutzutage unsre Salonschriftstellerinnen machen, wenn sie die Salons und Wohnungen der oberen Zehntausend nach den Mustern der Modezeitungen und kunstgewerblichen »stilvollen Vorlagen« oder nach eignen Anschauungen – auf die sich viele etwas zu Gute tun – schildern. Anfänglich war die Marlitt durchaus original – auch später hat sie nicht *anderen*, wohl aber *sich selbst nachgeahmt*. Ihre Helden und Heldinnen wiederholten sich wie in den Charaktern auch in den Situationen, die alten respektfordernden Frauen kehrten mit denselben Ansprüchen und derselben Starrheit immer wieder; dieselben Unmöglichkeiten fanden sich in den neueren Sachen oft in gesteigerter Progression wieder – was auch an solchen und andern Fehlern ihr nachzuweisen sein mochte: es schwebte ihr immer ein sittliches Lebensideal vor, dem sie Rechnung zu tragen suchte. Wenn ihr von ihren Gegnern vorgeworfen ward, daß sie durch sentimentale Schilderungen und Überschwenglichkeiten verderblich auf die jungen Mädchen gewirkt, so bestreiten wir das. Die heutige Mädchenwelt neigt ja gar nicht zur Sentimentalität, zur Behauptung ihrer Mädchen- und Herzensrechte – sie denkt an andere Genüsse, macht andere Zukunftspläne, als die eines bescheidnen häuslichen Glückes – die vorerwähnten Schilderungen schöner Einrichtungen und gefeierter Salon-Schönheiten, wie sie jetzt in der Romanliteratur eingerissen, sind für sie viel gefährlicher, als die »unmöglich« gescholtenen Mädchenknospen der Marlitt! Ihr ist es mit ihren Romanen ergangen wie der Charlotte Birch-Pfeiffer mit ihren Schauspielen: es fehlte beiden der große Zug der Begeisterung, sie fanden überall Beifall, aber vor dem Richterstuhl der höheren Kritik bestanden sie nicht und vielleicht um so weniger als es Frauen betraf, die doch nicht größeren Erfolg haben sollten, als die auf gleichem Gebiet wirkenden männlichen Zeitgenossen.

[...]

Wissen denn nicht die meisten von uns aus Erfahrung, welche Wohltat es ist, in manchen peinlichen Momenten zu einer unterhaltenden Schrift greifen zu können, deren Lektüre nicht anstrengt, aber doch anmutet? Wie vielen in Palästen und Dachkammern samt allem, was dazwischen liegt, hat sie sich nicht als liebliche Fee erwiesen? Wie dankbar sind nicht die Tausende einsamen Frauen, die in langen Winterabenden keinen anderen Genuß haben, als zu lesen, die Mütter an der Wiege, die Ehefrauen, die am späten Abend auf den Gatten warten, die unzähligen Mädchen, von der Fabrikarbeiterin angefangen bis zu den elegantesten Damen in müßigen Augenblicken. Ihnen allen hat die Marlitt zahllose Wohltaten gespendet – sie hat jene vor dem Gift der Kolportage-Romane, diese vor dem realistischer, pikanter, unsittlicher Romane feineren Stils bewahrt, wie sie nicht nur französische, sondern nicht minder englische und deutsche Schriftsteller – leider auch so viele Schriftstellerinnen neuesten Datums, der Salonwelt liefern! So wird ihr, was sie getan und was sie nicht getan, zum Ehrenkranz.

Wir legen ihn anerkennend auf das Grab einer Dulderin, die bei allen Erfolgen doch auf so vieles resignieren mußte – vielleicht freiwillig mitresignierte auf das, was uns das Schriftstellertum so wert macht: mit der Feder einzutreten in den Kampf für unsre Ideale, für den Fortschritt auf jedem Gebiet und bei diesen Bestrebungen sich mit gleichen Genossen zusammenzufinden, ihnen dadurch nahezutreten im geistigen, brieflichen, persönlichen Verkehr, sich sozusagen als Mitglied einer »unsichtbaren Loge« der gleichgesinnten Mitkämpfenden im Dienst der Menschheit verbunden zu fühlen!

Wir wiederholen: die Marlitt stand *außerhalb* des Kreises unsres Bundes, unsrer speziellen Sympathien – aber darum konnten die »Neuen Bahnen« um so objektiver über sie schreiben!

II
Nähnadel und Schreibfeder

Als vor einigen Jahrzehnten da und dort Klagen laut wurden über die schlechte Bezahlung der weiblichen Handarbeit, besonders der feineren in den Stickereigeschäften, antworteten die Inhaber der letzteren, wenn von ihnen bessere Preise verlangt wurden: »Solange Damen von Adel, Beamten- und Offizierstöchter um *jeden* Preis für uns arbeiten, sofern wir nur ihre Namen nicht nennen, brauchen wir doch nicht mehr zu bezahlen!« Das war den Geschäftsleuten nicht zu verdenken. Die Tatsache aber, die sich durch ihre Äußerungen enthüllte: daß all die vielen Frauen und Mädchen nicht für den eigenen Bedarf, nicht einmal zu Geschenken für Befreundete, sondern zum Verkauf arbeiteten, wurde damals vielfach ventiliert und es gab viel Klage und Nasenrümpfen darüber.

Doch war die Erscheinung nicht gar so schlimm. Viele dieser Damen wollten nur nicht müßig gehen, wollten nur hübsche und unterhaltende Arbeiten in den Händen haben, ohne das Material dafür zu bezahlen; und das bißchen Taschengeld war ihnen, die als versorgte Gattinnen oder als Töchter im Elternhaus nicht darauf angewiesen waren, für Arbeit ernstlich bezahlt zu werden, als kleiner Zuschuß willkommen. Wenn sich dieser durch die Beschäftigung in müßigen Stunden erhöhte, so konnte dafür mancher kleine Toilettenartikel, den man sich sonst versagen mußten, angeschafft werden. Fand man es also auch einerseits »unwürdig«, es verlauten zu lassen, daß man für Geld arbeite, so war doch die Arbeit selbst eine Ehre: die Damen scheuten sich, müßig zu gehen. Die Sache hatte also immerhin auch einen schönen und guten Grund: Arbeit galt als Pflicht, auch bei den Vornehmen – und im Stillen freute man sich doch, daß man etwas verdienen konnte. Auch sammelte manche edle Seele das so Erworbene in ein niedliches Geldtäschchen, um seinerzeit anderen eine Freude zu machen.

Freilich galt dies nicht von allen; viele, auch aus den vornehmen Kreisen, stickten aus Not – sie brauchten den Verdienst und wollten gern etwas beitragen, die häuslichen Sorgen zu mildern; nur die Rücksicht auf die soziale Stellung ihrer Männer oder Väter verhinderte sie, ihren Namen zu nennen – und um ihretwillen stickten sie heimlich und mußten sich die gedrückten Preise gefallen lassen, unter denen nun wieder diejenigen zumeist litten, die offen für das tägliche Brot arbeiteten.

Seither spuken die sowohl zum Vergnügen für Geschäfte stikkenden Geheimratstöchter, als auch die Vertreterinnen der »verschämten Arbeit« in jeder Erörterung der Frauenfrage noch immer umher, gleich der Ahnfrau, obwohl sie, wie diese, fast nur noch Schemen aus vergangenen Tagen sind. Denn die Zeiten haben sich geändert und andere Zeiten, andere Sitten!

Sonst brachten es die an häuslichen Fleiß gewöhnten deutschen

Mädchen – auch wenn sie Geheimrats- oder Hofratstöchter waren – gar nicht fertig, in einer Gesellschaft ohne Nadelarbeit zu sitzen. Es wurde wirklich viel gestickt, gestrickt, genäht und gehäkelt bei den harmlosen Plaudereien oder in gemütlichen Lesekränzchen, wo die Vorleserinnen abwechselten und die Hörerinnen wie um die Wette die Hände regten – aber das ist jetzt aus der Mode! Der Salon hat die Wohnstube verdrängt. Im Salon schickte es sich nicht, zu arbeiten, wenn ein Besuch kommt, noch weniger als Besucherin selbst. Der Müßiggang gilt als vornehm, die Arbeit als wenig schicklich. Meist ist dieselbe ja auch den Maschinen übertragen worden, und wenn es sich einst in diesen Kreisen auch nicht schickte, für Geld zu arbeiten, sondern man es nur tat, weil man sich schämte, müßig zu gehen, oder doch das vorschützte – so schämt man sich jetzt umgekehrt, wenn man nicht versteht, mit Anstand müßig zu gehen. Hierdurch sind aber freilich auch jene gastfreien, gemütlichen Häuser verschwunden, in denen einzeln stehende Damen gleichsam Stammgäste waren. Wieviel Witwen und alte Fräulein, die für sich allein wohnten, gab es nicht in großen und kleinen Städten, die sich in jenen schon zum Mittag, zum Kaffee oder zum Abend einfanden und ihre Arbeit mitbrachten! Sie konnten ungestört fleißig sein, und es gab viele unter ihnen, die sich so beliebt zu machen wußten, daß sie ungemein gern gesehen waren und den Freunden nicht oft genug kommen konnten.
Auch das ist jetzt vorbei – im Salon ist kein Platz für solche Bekannte, die sich sonst der Haushaltung so leicht einfügten, den Kreis belebten und erheiterten. In die Hinterstube, wo die Nähmaschine steht, lassen sie sich doch nicht verweisen! Sie müssen jetzt einsam bleiben.
Die Zeiten haben sich geändert, aber das Bedürfnis nach einem Taschengeld oder das ernstere nach Brot ist nur noch gewachsen. Wie stellt man es nun an, in der gewohnten Häuslichkeit zu bleiben und nur nebenbei, ohne großen Zwang sich aufzuerlegen, ohne mit der Nadel zu arbeiten oder in einen bestimmten Pflichtenkreis einzutreten, sich gleichwohl Verdienst zu schaffen? Nun, wie die Damen einst zur Nadel gegriffen, so greifen sie jetzt zur *Schreibfeder.*
Vor vierzig, vor dreißig Jahren galt es als ein Akt verwegenster Emanzipation, wenn eine Dame sich literarisch beschäftigte. Jeder Schriftstellerin ward mit Mißtrauen in ihre wahre Weiblichkeit begegnet. Viele schrieben darum nur unter Männernamen oder ganz anonym. Auch brach sich dieser Schwierigkei-

ten wegen nur die höhere geistige Begabung Bahn, und bald gezählt waren die Namen der deutschen Schriftstellerinnen.

Jetzt findet man fast in jedem Salon unter zehn anwesenden Damen *mindestens* eine Schriftstellerin. Selten genug ist es spezielles Talent, Begeisterung und inneres Müssen, das sie auf diese Bahn geleitet.

Es ist nur eben die neue Generation der Geheimrats- und Offizierstöchter, die Beschäftigung für müßige Stunden und einen Toilettenzuschuß haben will. Sie versteht nach absolvierter »höherer Töchterschule« mit der Feder besser umzugehen als mit der Nadel und rechnet bei jener auf besseren Verdienst. Die einen nehmen nun eben aus diesem Grunde mit dem bescheidensten vorlieb, und wie ihre Vorgängerinnen sonst die Löhne in den Stickereigeschäften durch diesen Grundsatz herabgedrückt, so jetzt die Honorare in der Literatur. Es bringt ja doch immer etwas mehr ein als die Nadel – es erscheint feiner, mit Buchhändlern und Redakteuren zu verkehren als mit Verkaufsläden – Inhabern und Direktricen von Stickereigeschäften. Vielleicht ist es einmal mit einer Erzählung, einem Artikel in einer zahlenden geachteten Zeitschrift geglückt – das macht die Damen kühn – sie denken nun, das werde immer und überall so sein. Sie hören von Kollegen und Kolleginnen, wieviel diese bezahlt erhielten – und denken nicht daran, daß manchmal die Mark als Taler genannt werden und daß noch andere kleine Aufschneidereien dabei unterlaufen.

Auch hat man oft genug vergeblich gearbeitet oder das »Honorar« verdient diesen Namen wahrlich nicht, aber wer nur um ein »Taschengeld« arbeitet, kann das mit ansehen. Auch wird man ja gedruckt, gelesen und braucht das Schriftstellern nicht zu verheimlichen, wie das Sticken fürs Geld – so wird denn lustig darauf losgeschrieben und mit großen Einnahmen geprahlt. Daneben kann man in vertrauten Kreisen wie im Salon als bedeutende Frau gelten, und um diese Rolle in der Gesellschaft spielen zu können, bezahlt manche reiche Dame Druck und Illustration ihrer Dichtungen aus der eigenen Tasche! Es ist eben Mode, zur Schriftstellerwelt zu gehören, und daneben treibt ja auch viele, wie ich nochmals betonen will, die bittere Notwendigkeit.

Da eben die Frauen der sogenannten besseren Stände jetzt mehr als je darauf angewiesen sind, etwas zu erwerben, so schreiben sie eben, weil ihnen noch so wenig den Geist beschäftigende Erwerbsgebiete offenstehen.

Freilich ist die Kehrseite der Medaille eine düstere; sie sei hier nur angedeutet. Aus dieser Quelle fließt die Überproduktion in der Literatur, jene Produktion, zu der die Not treibt, nicht die Begabung, noch weniger die Begeisterung. Daher auch rührt jener Kampf ums Dasein, der auf diesem Gebiet entbrannt ist, wie auf jedem anderen. Der Erfolg und der Ruhm einzelner überstrahlt die Mißerfolge, das vergebliche Ringen von Hunderten und verlockt Tausende. Die Feder hat die Nadel verdrängt, aber sie hat so gut ihr Proletariat und ihre verschämten Armen, wie diese!

12
Weibliche Freundschaften

Wie so vieles im deutschen Mädchen- und Frauenleben, besonders was das Verhalten der Geschlechtsgenossinnen unter sich betrifft, obwohl von anderen Nationen als auch von den Angehörigen der eigenen falsch beurteilt und bekrittelt, ja verspottet wird, so ist dies auch immer den weiblichen Freundschaften ergangen.
Der unverdorbenen weiblichen Jugend lag es stets näher, die Bedürfnisse des Gemütes und der Seele zu befriedigen als nach realen Genüssen zu trachten – diese Befriedigung ward zunächst in der *Freundschaft* gesucht und gefunden. Auch Schwestern, wenn sie noch so gleichgesinnt und im innigsten Vertrauen miteinander aufgewachsen, liebevoll und treu zusammenhalten und in jedem Leid einander opferfreudig beistehen, finden daneben noch in der Freundschaft ein neues Glück und schlingen ein frei gewähltes Band. Schon der naturgemäße Altersunterschied unter Schwestern macht ein solches wünschenswert – wieviel mehr wird nicht die Alleinstehende, der vielleicht auch kein Bruder geworden, ein Freundschaftsband unwillkürlich knüpfen oder suchen. Schule und Pension bieten da die erste Gelegenheit es zu finden. Wenn auch in jener, zumal in den kleineren Städten, wo die Töchter der schon oft unter sich bekannten Honoratiorenfamilien meist dieselbe Schule besuchen, der Verkehr sich leicht fortsetzt, so festigt dieser im Jugendalter das in der Kindheit geschlossene Band. Ist es nicht immer eine ganz ausschließliche Freundschaft, so bleibt doch das »Du«, das gegenseitige Vertrauen und Verstehen bis in die Tage des Alters und dabei eine Fundgrube schöner Jugenderinnerungen, selbst wenn die eine Freundin der anderen nicht mehr

gleichsteht in Erfassung höherer Lebensinteressen und Aufgaben.
Ein jahrelanges Zusammenleben und -lernen in der Pension führt oft die aus den verschiedensten Verhältnissen und Ländern stammenden zusammen und wird nach der Trennung in brieflichen Ergüssen fortgesetzt, wenn möglich durch gegenseitige zeitweise Besuche neu gefestigt, und die Freude ist groß, wenn sich die so gemütvoll seit der Jugend Verschwisterten irgendwie und wo wieder zusammenfinden.
Mädchen- und Frauenfreundschaften, hoffen wir, werden nie aus dem Leben schwinden, aber auch sie nehmen mit dem Wechsel der Zeit- und Kulturepochen verschiedene Formen an.
Damals, als an das Mädchenleben der mittlern und höhern Stände in Deutschland noch keine anderen Aufgaben gestellt wurden, als im Haus zu walten, in nützlicher Tätigkeit darin durch die Arbeit ihrer Hände Ordnung zu halten, wie auch durch Pflege und Ausbildung ihres Geistes und künstlerischer Fertigkeiten das Haus verschönern und dem Familien- wie Gesellschaftsleben die Weihe der Poesie, der Anmut und Begeisterung zu geben – damals stand im deutschen Mädchenleben der Kultus der Freundschaft in höchster Blüte. Er ward begünstigt durch die einfachen Lebensformen, durch häusliche und gesellige Anspruchslosigkeit, durch die engen Kreise und kleineren Verhältnisse, in die alles gebannt war. In einer Zeit, wo es keine Eisenbahnen und Dampfschiffe gab, wo Reisen nur mit Post und in Equipagen gemacht werden konnten oder zu Fuß und in Stellwagen, mit denen kaum schneller vorwärts zu kommen war, da wurden solche nur von den reichsten Leuten oder in Geschäften usw. unternommen; nur Bäder gab es für die Heilbedürftigen – aber Sommerfrischen für niemand! Die Patrizier großer und kleiner Städte hatten als solche eigne Landhäuser in der Nähe ihres Wohnorts, zudem auch einen Garten an der Stadtwohnung – die solches nicht besaßen, mieteten einen Garten in der Vorstadt oder eine kleine idyllische Sommerwohnung der nächsten Dörfer. Außerdem ward der Bedarf an Naturgenuß gedeckt durch weite Spaziergänge, Landpartien usw. Die Hausmütter und Hausväter nahmen sich dazu allerdings nicht viel Zeit – sie bestellten nicht nur das Haus, sie bestellten auch den Garten selbst, zogen Blumen und Gemüse nach eignem Ermessen – kein Kunstgärtner waltete schablonenmäßig und gebieterisch darin, die Töchter halfen auch da, aber auch auf den Landbesitzungen

ward abgewechselt mit der Arbeit für das Haus und den Garten. Wie konnte doch bei dem allen das Nachdenken, wie das Gefühlsleben, wie die Freundschaft gedeihen! Die jungen Mädchen, die Freundinnen besuchten einander oft den halben, auch den ganzen Tag. Sie verloren dabei keine Zeit – sie waren mit nützlichen Handarbeiten beschäftigt – Nähmaschinen und dergleichen lärmende und tyrannische Hilfsmittel gab es noch nicht und bei der jetzt verhöhnten Nähweise »Stich für Stich« wurden die Gedanken nicht absorbiert – man konnte dabei so hübsch plaudern, träumen, schwärmen, sich in sich selbst vertiefen, je nach der Anlage und wenn man sich dabei wechselnd vorlas, so vertrugen sich Handarbeit und literarische Weiterbildung sehr wohl zusammen. Gemeinsame Spaziergänge und Landpartien wurden da gern, wie auch oft von ganzen Familien unternommen, wo weibliche und männliche Jugend sich zusammen mit Gesellschaftsspielen und der allereinfachsten Kost begnügte. Und bot der Winter auch mehr allgemeine Geselligkeit in gastfreien Häusern usw., so gediehen auch in ihm die Freundschaften in Mädchenkränzchen bei Lesen und Handarbeit und noch mehr, wenn die speziellen Freundinnen im heimischen Mädchenzimmer ungestört zusammenweilten und vielleicht nur zum Abendessen sich mit am Familientisch einfanden. Da gab es denn in der Tat für zwei so in Seelenfreundschaft Verbundene oft gar kein höheres Vergnügen, als solch einsames Beisammensein – da gestaltete sich oft das Verhältnis zur zartesten Schwärmerei. Es schien, als könne eine nicht mehr ohne die andere leben – man mußte wenigstens einmal wöchentlich sich sehen und aussprechen können und eine Trennung auch nur auf ein paar Wochen erschien man kaum zu ertragen. Sehnsucht und Eifersucht – je nach der Naturanlage – spielten auch oft hinein, gerade wie bei der Liebe. Und so ward von manchen solche Freundschaft deutscher junger Mädchen gewissermaßen als Vorläufer der Liebe zum Manne, als »unbewußtes«, nur sinnliches Verlangen bezeichnet und herabgezogen oder doch als Hypersentimentalität belächelt – als ungesund verspottet oder gar verdammt.

Das heutige Geschlecht, dessen »gesunder Realismus« die Jugend anders will und auch findet, als sie in der Vergangenheit war, weiß nichts mehr von dergleichen Überschwenglichkeiten und sentimentalen Bündnissen. In denjenigen Kreisen, wo die Töchter nicht nötig haben, sich für den Erwerb vorzubereiten, sondern ihre Jugend nur genießen in der Hoffnung auf »eine gute Partie«, gibt es heutzutage andere Genußmittel als Harmonie mit

edlen Seelen und idyllische Stunden. Man geht wochenlang in ferne Sommerfrischen, Bäder oder auf Reisen, und solange man in der schönen Jahreszeit sich in seinem Wohnort aufhält, verlocken die billigen Tagesbilletts zu kleinen und großen Ausflügen – in den Vorbereitungen, auch der Toiletten zu dem allen, vergeht die etwa dazwischenliegende Zeit – es ist ein stetes Abhetzen und Nicht-zur-Ruhe-Kommen, was man da Vergnügen und Sommergenuß nennt. Die andern aber, die sich auf einen Erwerbsberuf vorbereiten oder schon in ihm sind, die Lehrerinnen an Schulen, wie sonst aller Fächer auch privatim, die in Geschäften und Industrien beschäftigt, sind meist mit Arbeit überbürdet und mit der freien Zeit so beschränkt, daß sie keine Zeit haben, Freundschaften in der früheren Weise zu pflegen – was ja auch die Weitläufigkeit der sich stets vergrößernden Städte erschwert – auch haben sie nicht das Bedürfnis nach Seelenaustausch und Herzensergüssen. Das Leben ist für sie nicht inhaltslos ohne Freundschaft und Liebe, wie es das für das vor 50 Jahren lebende Geschlecht war. Sie haben dafür den Segen der »Beschäftigung« und nützlichen Arbeit, das erhebende Bewußtsein, auf eigenen Füßen zu stehen. In den Ferien suchen und finden sie Stärkung dazu, daß »die Beschäftigung auch nie ermattet«, in Sommerfrischen, Reisen und ruhevoller Stille, wo es ja schon ein Genuß ist, einmal Herrin ihrer Zeit zu sein – und die Erholung zu wählen, die ihrer Individualität am meisten entspricht.
Die Sehnsucht früherer Zeit nach seelischer Hingebung an ein anderes Wesen, die zum Teil aus dem Traumleben der früheren Mädchenwelt entstand, ein Traumleben, das sich sehr wohl auch mit dem größten Fleiß im Hauswesen vertrug – es gedieh oft am besten, wie schon erwähnt, beim stundenlangen Wäschenähen »Stich für Stich«, wobei es nichts zu denken gab, diese Sehnsucht ist nicht mehr vorhanden und wer sich vorbereiten muß, selbst für sich zu sorgen und ernste Lebenspflichten zu übernehmen, denkt wohl auch oft mehr an diese und an sich selbst, als an gemütvolle Seelenverschwisterungen.
Sind indes die Zeiten enthusiastischer Jugendfreundschaften vorbei (die, wohlgemerkt, doch damals bis in das höchste Alter aushielten – wie ich selbst noch heute mit solchen, sogar mit Schulfreundinnen schwesterlich verbunden), so haben sie für die gereifteren Jahre dagegen jetzt eine realistische und dennoch ideale Form angenommen, die früher nicht existierte.
Die unvermählten Glieder der Familie blieben sonst immer in dieser, selbstverständlich im Haus der Eltern oder wenn sie diese

verloren, bei Geschwistern, die einen eignen Haushalt besaßen, wo sie sich als wirtschaftliche Schwestern oder helfende Tanten nützlich machten. Aber jetzt, wo eine Hauswirtschaft meist nicht mehr solcher helfenden Hände bedarf, ist es weder rätlich noch angenehm, für die Aufnehmenden, noch Aufgenommenen solche Verhältnisse einzugehen.

Da ist es nun jetzt sehr üblich geworden, daß zwei so alleinstehende Freundinnen ziemlich gleichen Alters, gleicher Lebensanschauungen und Gewohnheiten, als auch gleicher pekuniärer Verhältnisse, oft auch gleichen Berufes zusammenziehen und einen gemeinsamen Haushalt einrichten. Zuweilen auch ist es ein gemeinsames Wirken, die Errichtung einer Lehranstalt, einer Mädchenschule für alle Disziplinen, eines Kindergartens mit und ohne Seminar, einer Musik- oder andern Fachschule, das sie zusammenführt – und sie bleiben auch dann noch verbunden, wenn diese Tätigkeit geendet. Dann genießen sie zusammen einen friedlichen Feierabend, sind bewahrt vor dem oft schweren Los eines vereinsamten Alters.

Schon unter unseren Vereinsmitgliedern und Abonnentinnen kennen wir viele solcher Genossinnen, einige sogar, Schriftstellerinnen, Lehrerinnen, Musikerinnen, die schon über ein Vierteljahrhundert so treu zusammengehalten haben. Außer der idealen Seite des freundschaftlichen Zusammenlebens kommt noch die sehr praktische dazu, daß so der Haushalt viel weniger kostet und dabei größere Annehmlichkeiten bietet, als wenn jede der Damen einen solchen für sich allein führt. Schon die Wohnung kostet keineswegs das doppelte – auch wenn jede der Damen 2 Zimmer für sich allein hat – Salon, Küche und Vorratsräume werden sie doch gemeinsam benutzen. Statt 2 Dienstmädchen genügt eine Bedienung. In Krankheitsfällen ist jede der Damen die zarteste Pflegerin der anderen, Reisen, Ausfahrten und Sommerfrischen – bei allen wird durch dies Gemeinsame gespart. Und wieviel größer sind noch die Vorteile im Alter – wo alte Damen nicht mehr allein ausgehen können oder auch nur nicht wollen.

Zuweilen wohl, aber doch verhältnismäßig selten, haben wir von der Lösung solcher Bündnisse gehört. Aber wir müssen zugestehen, daß es immer edle und nicht egoistische Charaktere sein müssen, die sich so ineinander finden und fügen, daß keine der anderen Anlaß zur Unzufriedenheit gibt. Wenn wir vorhin sagten, daß der Egoismus auch im Mädchenleben jetzt eine größere Rolle spiele als ehedem, so ist doch zu betonen, daß gerade zu solchen Frauenbündnissen für gemeinsames Leben (so hieß man es schon im Mittelalter, wo nicht nur 2, sondern oft 3 bis 5 gereifte Frauen freiwillig so zusammenwohnten) sehr viel mehr Selbstlosigkeit und Opferwilligkeit gehören und so wenig Ichsucht, wie zu einer glücklichen Ehe. Man möchte darum auch hier warnend sagen: »es prüfe, wer sich ewig bindet.« Denn wenn es auch leichter ist, daß zwei Freundinnen, die sich nicht mehr »zusammen vertragen können«, ihr gemeinsames Leben aufgeben, als daß ein Ehepaar sich trennt – so wird es doch bei jenen Trennungen schmerzliche Aufregungen geben, welche den Freundinnen die Erkenntnis bringen: die Freundschaft würde nicht erschüttert worden sein, wenn man nicht ein so enges Zusammenleben geführt hätte.

13
Frauenfrage und Belletristik
Eine offene Antwort

[...]

Ich werde in dem aus *Königsberg* – der Stadt der reinen Vernunft – stammenden Schreiben interpelliert: »warum ich nicht als Führerin der modernen Frauenbewegung lieber Tendenzerzählungen in ihrem Dienst geschrieben habe, anstatt, wie zumeist geschehen, Romane aus dem Mittelalter usw.«

Ich bin zu bescheiden, um anzunehmen, daß die Briefschreiberinnen viele meiner Romane kennen. Und wenn ihnen gerade die mittelalterlichen bekannt, so mag das daran liegen, daß diese wie »Nürnberg« – »Die Töchter des Schultheißen von Nürnberg« – »Geistliche Kurfürsten« u. a. mehrere Auflagen gehabt und also überall bekannt geworden sind.

Als ich diese abzufassen »wagte«, hatte ich bereits von 1843 an bis 1857 fast alljährlich einen modernen und zeitgemäßen Tendenzroman geschrieben. Freilich war deren hervorragende Tendenz nicht die spezielle der Frauenfrage, am wenigsten derjenigen Richtung, die sie gewissermaßen als »Fachfrage« realistisch behandelt im Leben und in Schriften. Meine Tendenz hatte immer allgemeine Fortschrittskämpfe und Ziele im Auge: *politische* und *patriotische*, *soziale* und *religiöse* und nicht nur die Helden, auch die *Heldinnen* dieser Romane waren die Träger dieser Ideen. Damals aber hieß dies Versündigung an der Kunst, Herabsetzung der Poesie; zum mindesten galt der Tendenzroman als ein untergeordnetes Genre und viele, mir sonst

freundlich Gewogene bedauerten, daß ich meinen Parteistandpunkt in Erzählungen hineintrug, bei denen man nur Unterhaltung suchte, ja, sie bedauerten, daß ich mein junges Talent so töricht verschwende. Ich ließ mich dadurch nicht irre machen. Obwohl vom Schaffens- und Kunstdrang beseelt, ja, ich wage es auszusprechen – auch nicht ohne Ehrgeiz – setzte ich doch einen *höheren* Ehrgeiz darein, dem Fortschritt und meiner Zeit in ihren weitblickenden Bestrebungen zu dienen, als mich im alten Gleis festgebannt und darin beschützt und gestützt zu finden. Ich suchte eben *damals* schon nach »neuen Bahnen« und es machte mich nicht unglücklich, daß auch die Kritik an mir Tendenz und Partei verübte, – daß mich bald ihre Stimmführer alter Zustände und Anschauungen tadelten und ignorierten. Da die Gleichgesinnten und Zukunftsparteien mich gleichzeitig gern zu den ihrigen zählten, ward ich ja durch diese Sympathie reich entschädigt! Inzwischen ist die ganze Gattung der Tendenzromane zu Ehren gekommen – unsere größten Schriftsteller haben sie geschrieben, Ästhetiker und Kritiker erkennen sie an – und so ist es sehr natürlich, daß auch die Leserinnen danach und also auch im Dienst der Frauenfrage danach verlangen. Was die ersteren betrifft, so stellen sie natürlich immer die Forderung voraus, daß um der Tendenz willen weder der Kunstform noch der ethischen Wahrheit Gewalt geschehe – und die allgemeine Forderung ist, daß der Autor für seine Ansichten nicht persönlich auftrete, sondern sie resultieren lasse durch seine Charaktere, ihre Handlungen und deren notwendige Folgen. Ein anderes Verfahren ist längst und ein für allemal durch das landläufige geflügelte Wort verurteilt: »Man merkt die Absicht und man wird verstimmt.«
Ich habe mich nun stets bemüht, diese Absicht nicht merken zu lassen, aber ich habe gemeint, niemand könne auch nur einen meiner Romane gelesen haben, ohne den Eindruck zu empfangen, daß der Verfasserin eine wahre und edle Weiblichkeit gar nicht denkbar sei ohne *innere Selbständigkeit* im Empfinden, Denken und Wollen und ohne die Überzeugung, daß es das Menschenrecht jeder Frau sein müsse, nach Erringung, Bewährung und Bewahrung dieser Selbständigkeit zu streben. Wurzelte nur erst solche Gesinnung fest in allen gebildeten Frauenseelen, meine ich, so würden sie alle würdig und fähig sein, die Vorurteile, Hemmnisse und Schranken zu überwinden, die ihnen entgegenstehen, in Gleichberechtigung mit den Männern ihrer Menschenwürde zu leben. Wenn also in jenen Romanen aus der Zeitgeschichte der Standpunkt festgehalten ist – und aus den

weiblichen Charakteren hervorgeht, daß es nicht das einzige Sehnen und Ziel jedes Mädchens ist, in die Ehe zu treten, ja daß es ein Verbrechen ist, eine Entwürdigung der Weiblichkeit, ohne Liebe Gattin zu werden – und zwar gerade, weil Liebe und Liebesglück im Gegensatz dazu in ihren ganzen beseligenden und veredelnden Einflüssen vorgeführt werden – so würde schon allein, wenn diese Ansicht Wurzeln faßte, ein großer Teil Entwürdigung aus dem Frauen- und Familienleben entfernt. Wenn Beispiele von Frauen aus der Gegenwart, die sich mit den Männern am patriotischen, politischen und sozialen Wirken begeisterten, zeigen, was jene selbst *ohne* jede Gleichberechtigung mit ihnen leisteten, so mag dies wohl zur Nachahmung ermutigen, vor allem aber zu dem Bemühen, die Schranken zu entfernen, die noch heute wie damals solche Beteiligung erschweren. So, allerdings als Idealistin noch heute wie früher, schrieb ich über dies und anderes Weibliche, immer von einem höheren und weiteren Gesichtspunkt aus als von den engen praktischen Tagesbestrebungen auch in der Frauenbewegung.
Um nun aber auf die Frage bezüglich meiner Bevorzugung des Mittelalters zu kommen, so hatte ich mich bereits in den Jahren der Reaktion von 1852 an dahin geflüchtet und Erzählungen darauf geschrieben, die zuerst vereinzelt in Zeitschriften, dann in je 2 Bänden gesammelt erschienen: »Aus der alten Zeit« und »Zwischen den Bergen«. Die ersten schilderten zumeist Hexenprozesse und damit die ganze Schmach, welche jahrhundertelang unschuldige Frauen durch die Gesetze erfahren. Dann schrieb ich die vorerwähnten kulturhistorischen Romane aus *Nürnberg* und zum erstenmal war mir die Kritik, abgesehen von jedem Parteistandpunkte, günstig und ebenso der Erfolg. Ich hatte zu dem Buch die gründlichsten Zeit- und Ortsstudien gemacht und schon unterm Schreiben empfand ich das größte Glück. Man sprach nicht mehr von Tendenz dabei – und ich diente ihr doch so nebenher wie früher. Denn indem ich wirklich historische Frauenbilder Nürnbergs Chroniken entnahm, wie: Elisabeth Behaim, die hochstehenden Patrizierinnen, Charitas und Clara Pirkheimer, die gelehrten Nonnen u. a., schilderte ich, was damals die Frauen leisteten und wagten, welcher Ehren sie teilhaft waren usw.
Nicht minder habe ich diesen Standpunkt festgehalten in meinen letzten historischen Romanen. »*Gräfin Lauretta*« ist geradezu eine Ehrenrettung der historischen Burgherrin von Sportheim und Erbauerin der Starkenburg an der Mosel, von der selbst im

»Baedecker« berichtet ist, wie sie als selbständige Witwe waltete, sich Recht verschaffte gegen den Kurfürsten von Trier und ihn gefangennehmen ließ. Aber es wird nicht erwähnt, daß die Burgherrin sich verhaßt gemacht, weil sie alle Bewerbungen ausschlug und ihren Ruhm darein setzte, als Witwe *selbständig* ihr Eigen zu verwalten für sich und den heranwachsenden Sohn.
In meinem letzten historischen Roman aber, »*Die Nachtigall von Werawag*«, der im 14. Jahrhundert spielt, ist die Titelheldin Lütgarde, die Nichte des bekannten Minnesänger *Hug* und *Otto von Werawag*, nicht minder eine aus alter Chronik hervorgeholte historische Gestalt. In welcher Beschränkung auch die Frauen auf ihren Burgen lebten – hatte ihnen doch niemand gewehrt, in Wissenschaft und Kunst mehr zu lernen, als die Männer derselben, die meist nur das Schwert zu führen verstanden. Hochgesinnt wollte Lütgarde nur ihrer Kunst leben an der Seite ihrer Mutter, der umsichtigen Burgfrau, die alle Mannen und Nachbarn und Hörigen, wenn der Gemahl fern war, im Zaume hielt – und die stolze Jungfrau folgte dann dem Zug des Herzens von ihrer Burg ins Haus des Freiburger Bürgers, der ihr geistig ebenbürtig, aber den ihm selbst vom Kaiser gebotenen Adel verschmähte. In Freiburg aber sprach die Tochter des Bürgermeister *Besser* (auch historisch) durch ihn wie ihren Gemahl in aller Resolutheit einer schlichten Bürgerfrau manch nützliches Wort mit hinein ins Stadtregiment. Und weiter sieht man auf Meßkirch *Anna von Zimmern* (auch historisch) Arzeneien brauen, Kranke beraten und pflegen, als hilfreicher Engel der ganzen Gegend. Dazu hochangesehene Äbtissinnen, gelehrte Nonnen und weissagende Frauen aus dem Volke – so entrollt sich auch ein Bild der *Frauenfrage* im Mittelalter, bei dem manche Leserin wohl nachdenklich fragen kann: soviel lernten und übten und vermochten die Frauen damals, soviel *Freiheit* nahmen sie sich selbst bei all ihrer Einschränkung – und nun wir nach 5 Jahrhunderten? Können wir Frauen denn nicht wieder erlangen, was wir schon in alten finstern Zeiten besaßen? – Und da ist noch gar keine Beschönigung dieser Zeiten dabei, ist noch gar nicht die Rede von den romantischen Bildern der ritterlichen Verehrung und all den Huldigungen, die den Edelfrauen dargebracht wurden. –
Und nun bitte ich um Verzeihung für diese Auseinandersetzung – da ich mich nicht entschließen kann, um Verzeihung zu bitten, daß ich solche poetische Tendenzromane zugleich im Interesse der Frauenfrage und der Kunst geschrieben und nicht Schilde-

rungen unseres Alltagslebens, die ja ihre Berechtigung haben. Aber für diese bin ich eben – auch seit 40 Jahren in Schriften eingetreten, die nicht zur Belletristik gehören.
Wer aber die »Neuen Bahnen« liest, sei es seit ihrer Gründung, sei es erst seit neuerer Zeit, weiß auch, welche anerkennenden und günstigen Beurteilungen in der »Bücherschau« diejenigen belletristischen Werke meiner Kolleginnen, soviel sie für das Gesamtpublikum oder speziell für die weibliche Jugend geschrieben, finden, deren Tendenz es ist, durch Stoffe aus dem unmittelbaren Leben der Gegenwart zur Aufklärung und Lösung der Frauenfrage beizutragen. – Dies füge ich nur bei, um nicht durch die hier abgegebene erklärende Antwort neue Mißverständnisse hervorzurufen.
Es diene und dient eben jedes, das gleiche hohe Ziel verfolgend, am besten nach *eigener* Anschauung und Kraft der gemeinsamen Sache!

Zusätzlich zur Schrift über das erste Vierteljahrhundert des Allgemeinen deutschen Frauenvereins gab es einen früheren, weit verbreiteten Beitrag zur Frauenbewegung, das 1866 erschienene Recht der Frauen auf Erwerb. *Da größere Auszüge aus dieser Schrift in jüngeren Jahren nachgedruckt wurden, vor allem in Gisela Brinker-Gablers* Frauenarbeit und Beruf, *sind hier nur besonders wichtige Dokumente zitiert. Der beigefügte Brief mit seiner Anfrage an einen Verleger widerspricht der überlieferten schönen Veröffentlichungsgeschichte dieser Schrift: Ob Louise Otto tatsächlich nur widerwillig den Titel abänderte, bleibt eine offene Frage. Daß das dem Werk beigefügte Vorwort von Joseph Heinrichs mit seinem mildernden Ton geholfen hat, einen Verleger für das kontroverse Werk zu finden, muß man wohl als Tatsache hinnehmen.*

14

[Leipzig, o. D. – etwa 1866]

Geehrter Herr!
Beiliegend schicke ich die gewünschte Photogr. Was die Faksimile betrifft, so teilen Sie mir mit, welche Schauspielerinnen u. Schriftstellerinnen Sie *noch nicht* haben u. wenn ich Sie habe, sende ichs Ihnen; Sie ersparen uns so unnütze Arbeit, da Sie

ja schon so viele besitzen. Ich hoffe, daß Sie auch im Interesse des Allg. d. Frauen-Vereins wirken u. sende nur vorläufig die Statuten. Schreiben Sie mir, wenn Sie etwas in der Sache tun können. Fragen Sie doch auch Herrn Mauke, ob er vielleicht einen Roman von mir od. eine Broschüre, an der ich jetzt schreibe, »Das Recht der Frauen auf Erwerb« [sic!] verlegen wolle? Ist er nicht abgeneigt, so teile ich das Weitere mit. Bitte antworten Sie mir bald darauf.

Mit Hochachtung Ihnen ergeben

Louise Otto-Peters

15
Das Recht der Frauen

Seitdem die Frauenfrage mit im Programm der Zeitfragen Aufnahme gefunden, haben die obigen vier Worte wohl schon so vielen Zeitungs-Aufsätzen und Broschüren zur Überschrift gedient, daß man sich wundern wird, ihnen nun auch noch in den »*Neuen Bahnen*«, die eben dieses Recht seit 27 Jahren vertreten haben, heute wieder zu begegnen. Vielleicht wundert man sich aber auch darüber, daß eine Schrift von mir unter diesem Titel vor einem Vierteljahrhundert keinen Verleger finden konnte – obwohl ich damals gerade am allerwenigsten um einen Verleger in Verlegenheit war, d.h. für Romane, Novellen, Kunstschriften.

Aber eine Schrift unter dem Titel »*Das Recht der Frauen*, Blicke auf das Frauenleben der Gegenwart von *Louise Otto*« – das war bedenklich.

Wir hatten damals 1865 in Leipzig den *Allgemeinen Deutschen Frauenverein* gegründet. Es erschien mir notwendig, darauf nicht nur in Zeitungen, sondern in einer größern Schrift aufmerksam zu machen und über die Gründe, welche diese Vereine ins Leben riefen und über den ersten Frauentag Rechenschaft abzulegen, dadurch die Ansichten zu klären und weitere Kreise dafür zu gewinnen, wenigstens zum Nachdenken anzuregen. Was mich selbst betrifft, so war für mich ja der Kampf für die Würde und das Recht der Frauen nichts Neues. Ich hatte ihn begonnen, als ich 1843 zuerst mit meiner Feder in die Öffentlichkeit trat, hatte meine Ansichten in Romanen, Gedichten, vielen Zeitschriften, ja von 1849 an bis 1851 [sic] in einer von mir selbst redigierten »*Frauenzeitung*« mit dem Motto: »Dem Reich der Freiheit werb ich Bürgerinnen« vertreten und hatte auch in den folgenden Jahren immer denselben Standpunkt verfochten. Aber sozusagen nur für mich allein an meinem Schreibtisch und ohne Bundesgenossen.

Nun fanden sie sich 1865 plötzlich ungeahnt und ungesucht. Die Frauenbewegung lag in der Luft und die Frauenfrage ward reif zur öffentlichen Diskussion. Die Frauen wagten es selbst, sich im Dienst ihrer eignen Interessen zu regen und mit ihren Bestrebungen an die Öffentlichkeit zu treten. [...]

Ich brauche hier also nicht zu wiederholen, wie es auch hier sich zeigte »aller Anfang ist schwer«, wie klein die Zahl der deutschen Frauen war, die sich zuerst zum gemeinsamen Werk zusammenfanden, wie noch viel kleiner die Zahl der Männer, die diesen Bestrebungen Teilnahme widmeten, wie viele verletzte Ansichten und Urteile über unsere Bestrebungen laut wurden.

Daher faßte ich unter allseitiger Zustimmung der Gleichgesinnten den Entschluß, eine Schrift wie die obenerwähnte erscheinen zu lassen. Geschrieben war sie sehr bald im Drang der Begeisterung, mit der mich die Bewegung, die nun endlich einen tatsächlichen Anfang nahm, erfüllte und mit Hilfe des Materials, das ich schon in meinen früher vereinzelt gedruckten Artikeln über Frauenlos, Beruf und Stellung zur Hand hatte.

Als ich nun aber das fertige Manuskript den Verlegern anbot, mit denen ich schon in Geschäftsverbindung war, so lehnten sie den Verlag ab, weil sie ja ausschließlich belletristische Literatur verlegten usw. Einer oder der andere wies mich wohl an einen Kollegen, für dessen »Fach« die Schrift vielleicht passen möge, aber überall, wo ich auch anfragen mochte, mündlich oder brieflich, erhielt ich höflich einen ablehnenden Bescheid: Wer möge eine solche Schrift in die Welt schicken? Wer werde sie kaufen? Wer sich überhaupt für ein solches Thema interessieren? Wer werde nicht hinter diesem Titel und mit meinem Namen gefährliche Umsturzideen vermuten? Ich war in Verzweiflung, doppelt, weil ich solche Mißerfolge nicht gewöhnt war und weil mich die Vereinsgenossen, die meine Absicht kannten, mit Fragen quälten: wann und wo denn nun meine Schrift erscheinen werde?

Darunter befand sich denn auch Herr *Joseph Heinrichs* aus Lissa, der den Frauentag 1865 in Leipzig mitgemacht und bei der Gründung des Vereins daselbst nebst *Ludwig Eckardt* sich in dankenswerter Weise verdient gezeigt. Er versprach auch, sich um einen Verleger für die Schrift zu bemühen und schrieb,

dies zu erleichtern, selbst ein Vorwort dazu. Dasselbe war auch aus letzterem Grunde zahmer und vorsichtiger gehalten, als mir lieb war. Aber ich machte diese Konzession der Sache willen.
Und in der Tat – er konnte mir bald melden, daß keine geringere Firma als die hochangesehene von *Hoffmann und Campe* in Hamburg den Verlag übernehmen wolle – aber auch unter der Bedingung, daß ich den Titel ein wenig ändere, indem ich ihm noch zwei Worte hinzufüge. Er solle nicht heißen kurzweg »Das Recht *der Frauen*«, sondern »Das Recht der Frauen auf Erwerb.« Ich machte auch diese Konzession – die ja auch im Grunde dem Vorwort besser entsprach, wenn auch nicht meiner Schrift – und erlangte von Hoffmann dagegen nun wieder die Konzession, daß auf dem Titel »Das Recht *der Frauen*« mit großen Buchstaben stand, das »auf Erwerb« in zweiter Linie, aber mit ganz kleinen!
Unwillkürlich seufzte ich, an die Vergangenheit der Firma denkend: »Auch du, Brutus!« War doch einst von Bundeswegen zur Zeit der Zensur ihr ganzer Verlag kurzweg verboten worden und ziert doch meine Schrift das Anzeigeblatt mit den Namen *Börne, Gutzkow, Herzen* usw.
Aber ich war glücklich, in so gute Firma und so gute Gesellschaft zu kommen. [...]
Der Erfolg war ein überraschender. Die Schrift »ging« gleich im Anfang sehr gut. Als ich das Jahr darauf persönlich in Hamburg war, erfuhr ich das von den Vertretern der Firma selbst und fand bei ihr das liebenswürdigste Entgegenkommen. Ja halb und halb ward eine zweite Schrift im Fraueninteresse, ein stärkerer Band verabredet. Aber es kamen die Folgen des Krieges von 1866 und obwohl »Das Recht der Frauen« bald ganz vergriffen war, zögerte die Firma doch mit einer 2. Auflage, ließ auch das obige Projekt fallen. Aber ich schrieb dessen ungeachtet das größere Werk: »Der Genius des Hauses«, denn nun war schon die Zeit vorüber, wo ich auch in der Frauenfrage um einen Verleger in Verlegenheit gewesen wäre. Eine nicht minder hochgeachtete Firma: *A. Hartleben*, Wien und Leipzig trat mit mir in die freundlichste Verbindung und wie bei ihr 1869 das obenerwähnte 20 Bogen starke Buch »Der Genius des Hauses« mit ebenso großem Erfolg erschien, so folgten ihm noch der »Genius der Menschheit« 1870 und »Der Genius der Natur« 1872.
Dies alles erwähne ich hier, weil man neuerdings auf jene Schrift »*Das Recht der Frauen auf Erwerb*« speziell aufmerksam

gemacht hat, und zwar seitens eines anderen Vereins, der ähnliche Tendenzen verfolgt, wie der Allgemeine deutsche Frauenverein und öffentlich auf die Frage: warum er sich nicht diesem anschlösse, antwortete: das könne man nicht, weil die obengenannte Schrift der Vorsitzenden auf Seite 62 eine Stelle enthielte, welche den prinzipiellen direkten Widerspruch zu den Grundsätzen des andern (von der Rednerin geleiteten Vereins) bilde.
Als man mir vor fast Jahresfrist diese Mitteilung machte, schien mir diese Sache keiner Beachtung wert. Da nun aber eben dadurch meine Schrift sozusagen neu ans Licht gezogen ward und dieselbe im Buchhandel total vergriffen ist, ich selbst nur noch ein Exemplar besitze und also die dafür Interessierten – wie mir viele schrieben – nur in öffentlichen oder Privatbibliotheken Einblick in dieselbe erhalten konnten – so lasse ich hier die Seite 62, auf welche hin man den obigen Vorwurf gründete, folgen. Zu näherem Verständnis beginne ich mit dem Schluß der vorhergehenden Seite 61. [...]
Ich schrieb dies 1866 und unterschreibe es noch heute nach 26 Jahren. – Ich sagte im Anfang dieses Aufsatzes, daß ich, um die in Rede stehende Schrift nur überhaupt zum Druck zu bringen, manche kleine Konzessionen machen mußte; ich konnte darauf gefaßt sein, daß man besonders nach *25 Jahren* manches davon aufgreifen werde und zu bedachtsam, bescheiden oder kindlich finden würde – nach einem Vierteljahrhundert ist dies ja wohlfeil und natürlich – aber daran zu denken, daß man mir gerade die obigen Seiten verüble und ihretwillen vor einer Vereinsbildung mit mir warne, wäre ich nie gekommen. Viel eher könnte ich daran denken, daß man die öftere Anführung des »Ewig-Weiblichen« bemängele und belächele – ohne zu bedenken, daß ich dies eben vor einem Vierteljahrhundert niederschrieb und in diesem Zeitraum von *anderen*, »die nach mir kamen«, dies Doppelwort so oft wiederholt worden ist, daß es nun wie ein Gemeinplatz aussieht. – [...]
Als 1866 meine Schrift erschien, fand sie nur wenig Widerspruch. Das Publikum *kaufte* und verschlang sie. Die Kritik sprach sich günstig darüber aus. Es ist nicht meine Art, weder jedes Blättchen aufzubewahren, das über mich geschrieben wird, noch mit Anführung all der hochgeachteten Namen derer zu prunken, die mir öffentlich oder privatim ihren Beifall gewidmet. Nur *ein* Urteil eines Berliner, mir fremden Schriftstellers greife ich heraus, das mich besonders hoch erfreute:
»Dieses Buch sollte allen Mädchen zur Konfirmation geschenkt

werden. Es schildert die würdelose soziale Stellung der Frau ausgezeichnet, maßvoll und doch allseitig. Zur Lösung der Frauenfrage ruft Verfasserin die Selbsthilfe an. Die Frauen sollen sich vereinigen, ihr Recht geltend machen, das kein andres ist, als das Recht auf Arbeit usw. Alles sehr gut. Die Schwäche des Buches, wenn man wirklich von einer solchen reden will, liegt darin, daß nur die Selbsthilfe angerufen wird und nicht auf die gesamte politische und soziale Lage der Dinge eingegangen wird. Verfasserin hegt die Meinung, daß jeder, der *will*, auch Arbeit und Verdienst *findet*. Das ist nur leider heute nicht einmal mehr für das männliche Geschlecht der Fall und aus der puren Furcht vor der Konkurrenz ergibt sich bei vielen Männern die Abneigung und Ablehnung, die Bestrebungen der Frauen zu unterstützen. Ich bin der Meinung, daß die Frauenfrage auch nur in und mit der ganzen sozialen Frage gelöst werden kann – und wird. Eine Ahnung dessen hat allerdings auch L. Otto. Wenn sie aber dies Gebiet nicht streift, sondern sich darauf beschränkt, die Frauen zur Erwerbstätigkeit aufzufordern, so hat sie Recht; denn es gilt erst, die Frauen aus ihrer zum großen Teil selbstgewollten Sklaverei aufzurütteln. *Die Frauen müssen helfen, die soziale Frage zu lösen, indem sie die Lösung ihrer eignen in die Hand nehmen.*«

Um auf die Gegenwart zurückzukommen, so habe ich eben seit neuerdings von einer Seite, von der ich es nicht erwarten konnte, daß diese Schrift so neu an das Licht gezogen ward und auch sonst nicht nur vielfache Anfragen: wie und wo das Buch zu erhalten?, sondern auch die weitergehende empfing. Ob ich nicht eine 2. Aufl. veranstalten wolle? und warum ich dies nicht getan?

Die Antwort ist, daß ich inzwischen die vorerwähnten 3 Bände oder Bücher »Genius« geschrieben und damit diese kleinere Schrift durch mich selbst »überholt« fand, außerdem auch, daß manches darin der Fortschritt der Zeit überholt und endlich, weil ja jetzt wirklich kein Mangel ist an Schriften, welche die Frauenfrage erörtern. Indes erhielt ich unter vielen andern auch darauf *eine* Antwort von maßgebender Seite, die ich gern wiederhole:

»Gewiß hat die Zeit den Inhalt in mancher Hinsicht überholt. Aber da eine Umarbeitung sehr gut möglich ist und den Gegenstand weit detaillierter behandeln wird als in dem neu aufgelegten Stuart Millschen Werk [d. h. »Die Hörigkeit der Frau«], so sehe ich nicht ein, weshalb das wertvolle und der Aufklärung ungemein dienende Buch nicht von neuem auf den Markt gebracht werden sollte? Natürlich müßte nach wie vor in ihm der naturalistischen Anschauung einer geistigen Demimonde gegenüber sein ausgesprochener idealistischer Standpunkt festgehalten werden. Damit würde es nach wie vor den größten Nutzen stiften.«

Wenn ich einmal Zeit dazu finde, werde ich diese Wünsche und Ratschläge in nähere Erwägung ziehen.

[...]

Der folgende Auszug aus dem Vorwort zu der kleinen Schrift Einige deutsche Gesetzesparagraphen über die Stellung der Frau *(1876) stammt aus einem mutmaßlich von Louise Otto verfaßten Heftchen. Sie hat auf jeden Fall die Einleitung geschrieben, denn diese erschien auch in den* Neuen Bahnen *(*NB *XI, 14, S. 105 bis 108), und der übrige, allerdings unsignierte Text war in den folgenden sechs Heften nachgedruckt* (NB *XI, 15–20).*

Louise Ottos Beschäftigung nicht nur mit der Bildung und den Pflichten, sondern auch mit den Rechten ihrer Mitschwestern spiegelt die wachsende Auseinandersetzung des Vereins mit der rechtlichen Stellung der deutschen Frau wider: Auch die Neuen Bahnen *befaßten sich vor allem in den achtziger Jahren zunehmend mit dem zur damaligen Zeit im deutschen Parlament debattierten Bürgerlichen Gesetzbuch und fanden immer mehr Anlaß, gegenüber den Paragraphen über Ehe- und Familienrecht (also schlechthin Frauenrecht) kritisch zu sein.*

16
Einige deutsche Gesetzes-Paragraphen über die Stellung der Frau

Schon bald nach Gründung des *allgemeinen deutschen Frauenvereins* [...] und seines Organs »Neue Bahnen« [...] wurde auch von einzelnen der Wunsch ausgesprochen, man möge die auf die Tagesordnung gesetzte *Frauenfrage* nicht allein von der Seite des Rechtes auf *Bildung* und *Erwerb*, sondern auch des *Rechtes* schlechthin, wie des *Rechtes* vor dem *Gesetz* beleuchten. Nicht allein liefen bei der Redaktion der Neuen Bahnen wie auch sonst beim Vorstand unzählige Klagen und Beschwerden von Frauen, besonders Ehefrauen und Müttern ein, welche unter der Ungunst oder der ihnen ungünstigen Auslegung und Handhabung der Ehe- und Vormundschaftsgesetze zu leiden gehabt hatten oder noch litten – auch fast auf jedem *Frauentag* [...] erhoben sich einzelne Stimmen, welche es für dringend notwendig erklärten, auch in den deutschen Gesetzbüchern Umschau zu halten und zuzusehen, welche Stellung durch diese den deutschen Frauen zugeteilt sei.

Und zwar wurden diese Ansichten und Forderungen nicht allein gestellt von einzelnen unglücklichen Frauen, welche in dieser Beziehung selbst die traurigsten Erfahrungen gemacht hatten, auch nicht allein von solchen Frauen, die in ihrer Begeisterung für die wahre Würde des weiblichen Geschlechts und in ihrer Empörung über die durch Herkommen und Gesetz der Bewährung derselben entgegenstehenden Vorurteile statt nur bedachtsam reformatorisch unbedacht revolutionär verfahren möchten – sondern von Männern, Männern der Wirtschaft und des Rechtes. [...]

Dennoch hat der Verein in seiner nun bereits über ein Jahrzehnt langen Wirksamkeit dieselbe vorzugsweise darauf beschränkt, den Frauen mehr und mehr das Recht und die Gelegenheit zu verschaffen, ihre eigenen Fähigkeiten und Kräfte zu entfalten, sich dadurch unter allen Lebensverhältnissen und Wechselfällen des Geschickes zu nützlichen Mitgliedern der menschlichen Gesellschaft zu machen, arbeits- und erwerbsfähig und selbständig im Innern wie im Äußeren. Man hielt sich streng allein an die Ausführung des auf dem ersten deutschen Frauentag in Leipzig beschlossenen Programms.

Man dachte zuerst daran, den Kreis des weiblichen Wirkens durch Übernehmen neuer Pflichten zu erweitern in der Voraussetzung, daß endlich ganz von selbst diese treugeübten Pflichten auch Rechte und deren Erweiterung bedingen würden.

Wer sich erinnert, welchen Vorurteilen, welchem Mißtrauen der erste deutsche Frauentag sich entgegenzustemmen hatte und wie bescheiden zugleich seine Forderungen waren, wird es nur billigen können, daß in diesen Kreisen immer ängstlich darüber gewacht ward, jeden Schritt und jedes Wort zu vermeiden, welche dem Vorurteil neue Nahrung gegeben hätten. Wer sich aber auch ferner erinnert, wieviel seitdem und nicht etwa nur durch den allgemeinen deutschen Frauenverein und seine Zweigvereine, sondern auch durch andere, mit ihm in keinem direkten Zusammenhang stehende Frauen- und Erziehungsvereine wirklich im Interesse der Bildungs- und Erwerbsfrage der Frauen erreicht ward und wie die gesamte Presse, die sich in der Mehrheit früher ablehnend und absprechend gegen die Frauenfrage verhielt, nun ihre Berechtigung anerkennt und kaum selbst mehr zugeben will, daß sie erst anders über diese Bestrebungen geurteilt – wer dies alles überlegt, wird sich nicht mehr wundern, wenn auch unser Verein sich nicht mehr ablehnend gegen die an ihn schon so oft herangetretene Frage nach dem Frauen*recht* verhält und nach der *gesetzlichen* Stellung, welche die Frau gegenwärtig in Deutschland einnimmt.

[...]

Es handelt sich also auch jetzt nur um die *gesetzliche Stellung der deutschen Frauen als Gattinnen und Mütter*, also gerade in denjenigen Lebenssphären und Wirkungskreisen, auf welche die Frauen immer in erster Linie als auf ihren natürlichen Beruf hingewiesen werden und es ist darum ja gewiß – um den herkömmlichen Ausdruck festzuhalten – auch äußerst *weiblich*, so mitten in der Frauenfrage stehend auch endlich einmal *nachzufragen*: wie es um die Gesetze bestellt ist, welche diese Lebensverhältnisse betreffen, nachzufragen, welche Pflichten die Frauen übernehmen, die sich verheiraten, welche Rechte und welchen Schutz ihnen die Gesetze gewähren, zuerkennen oder verweigern.

Bis jetzt sind fast in jedem deutschen Staate verschiedene Gesetze hierüber zu Recht bestehend und bei der Dehnbarkeit, wie bei der veralteten Fassung von manchen derselben ist auch ihre Handhabung eine sehr verschiedene und so hängt vorkommenden Falles auch manches in der Ausführung derselben noch von der Ansicht und Einsicht der betreffenden Richter ab. Dies ist mit einer der Hauptgründe, welcher die Kenntnisnahme derselben so erschweren, sowohl für die einzelnen im einzelnen Staate, als noch mehr für uns, die wir einen Überblick gewinnen und geben möchten über die gesetzliche Stellung in ganz Deutschland. Es ist dies auch einer der Gründe, warum die einen einen Schrei der Mißbilligung und sittlichen Entrüstung über diese Stellung ausstoßen, sie eine Beleidigung des Jahrhunderts, ein mit Füßen treten der weiblichen Würde, nennen und warum die andern wieder die bestehenden Gesetze ganz in der Ordnung, dem weiblichen Wesen vollständig entsprechend finden. Ja, sehr oft und eben erst jetzt von verschiedenen Seiten, seit unsere Absicht bekanntgeworden ist, um Prüfung beziehentlich Abänderung und Verbesserung dieser Gesetze nachzusuchen, ist uns entgegnet worden: es könne dies leicht ein sehr überflüssiges Unternehmen sein, die Frauen hätten im Laufe der Zeit bereits ein Recht nach dem andern erhalten und es läge nur an ihnen

selbst und ihrer Unkenntnis der staatlichen Weiterentwicklung, wenn sie davon keinen Gebrauch machten und über eine Bedrückung oder Nichtachtung klagten, welche längst nicht mehr, weder zu Recht noch tatsächlich, bestehe.
Solchen Tatsachen, Anschauungen, Klagen und Widersprüchen gegenüber blieb uns eben nichts anderes übrig als – was immer und in allen Fällen das Beste und Geratenste ist! – den Weg der *Selbsthilfe* zu betreten, d. h. uns zunächst selbst Einsicht in die betreffenden Gesetze zu verschaffen und unsern Mitschwestern zu derselben zu verhelfen.
[...]
Dieser Aufruf hat in der Hauptsache die gewünschten Erfolge gehabt. Unsere Ausschußmitglieder in den verschiedenen deutschen Staaten haben sich in der Mehrzahl angelegen sein lassen, uns das so erbetene Material je aus den Gesetzbüchern des Staates, welchen sie angehören, zu verschaffen, und so stellen wir dasselbe in dieser kleinen Druckschrift zusammen, die zwar nicht auf Vollständigkeit Anspruch macht, weil wir nicht zu weitläufig werden wollten, noch in allen Labyrinthen staatlicher und städtischer Gesetzgebung uns zurechtzufinden vermochten, die doch aber immerhin auch in ihrer bescheidenen Gestalt eine *Denk*schrift im vollsten Sinne des Wortes werden mag.
Eine *Denk*schrift für die Frauen, durch welche sie erfahren und dabei bedenken lernen, welche gesetzlichen Folgen ihr Schritt in die Ehe nach sich zieht. Es ist in der Tat merkwürdig und bezeichnet mehr als alles den Zustand der Unreife und blinden Vertrauensseligkeit oder fragloser Unterwürfigkeit unter das bestehende Herkommen, darin sich nicht allein liebende und heiratslustige Mädchen, sondern darin sich auch die doch sonst gern und zärtlich über ihre Töchter wachenden Mütter befinden, daß jene so oft in die Ehe treten und diese sie darein treten lassen, ohne zu bedenken und zu wissen, welche Rechte sie dadurch verlieren oder empfangen und inwieweit sie ihre Selbständigkeit und alles, was ihnen gehört, nur hinzugeben und einem andern Willen unterzuordnen haben. Daß ein liebendes Mädchen dem Manne seiner Wahl vollständig vertraut, daß es zu jeder Hingabe wie des ganzen Wesens, so auch der des äußeren Besitzes und der bisher genossenen Freiheit und Selbständigkeit, mit einem Worte zu jedem Opfer bereit und daß ihm selbst das größte eigentlich keines ist – das liegt in der Natur jeder echten Liebe und niemals möchten wir der deutschen Frauenliebe diesen schönen Zug beeinträchtigt sehen – ja ohne einen solchen erscheint uns schon

die Schließung des Ehebundes entweiht und bedenklich; aber es ist ja eben ein anderes, ob ein solches Opfer der Hingebung *freiwillig* gebracht oder ob es ein *gesetzlicher Zwang* ist, wodurch es ja nicht allein an Wert für die verliert, die es darbringen, als vielmehr auch für den, dem es dargebracht werden *muß*. Ein wirklich zartfühlend und edeldenkender Mann wird von den ihm zustehenden Rechten keinen andern Gebrauch machen, als welchen die geliebte Gattin selbst gut heißt – allein welchen Gebrauch davon die minder edeln und die rohen machen, das lehrt leider ein Blick in das Leben!

Und wenn er es nicht schon vorher gelehrt hätte: die Augen wären uns darüber aufgegangen, nachdem wir den obigen Aufruf erlassen. Denn es sind uns darauf aus den verschiedensten deutschen Staaten, aus großen und kleinen Städten, von Edelsitzen und Dörfern, aus Hütten und Palästen eine Unzahl von Briefen unglücklicher Ehefrauen und Mütter zugegangen, welche in ähnlicher und oft noch weit schlimmerer Weise, als es von einer Mutter in Nr. 2 der Neuen Bahnen erzählt ward, unter den Ehe- und Vormundschaftsgesetzen und deren Handhabung gelitten haben. Dies Material weiblichen Martyriums reichte aus, um Bände damit zu füllen – einzelnes davon werden wir gelegentlich mitteilen. Die vollständige Mitteilung muß aber unterbleiben, nicht allein, weil sie der Raum gar nicht zuließe, sondern weil unsere Feder sich sträubt, in diesen Schmutz zu tauchen und es uns unmöglich ist, selbst um eines guten Zweckes willen, Scham, Ekel und Abscheu so weit zu überwinden, als wir es müßten, wenn wir veröffentlichen wollten, was andere, fremde Frauen uns doch nur als Frauen vertraut. Diese Mitteilungen – und das ist die Hauptsache – sind zwar mit voller Nennung der Namen, Orte und Zeit gemacht worden, aber doch mit der Bitte, nur *ohne* diese Nennung davon öffentlich Gebrauch zu machen. Und das ist natürlich, denn sowohl das weibliche Zartgefühl sträubt sich dagegen, ein unglückliches Ehe- und Familienleben zu veröffentlichen, als auch Furcht und Angst sprechen mit, das eigne oder der Kinder Schicksal noch zu erschweren durch Erinnerungen, welche Zorn und Rache auch des geschiedenen Ehegatten noch reizen könnten.

Wenn wir also auch hiervon absehen und statt der Erfahrung des Lebens zuerst die Gesetze sprechen lassen, so hoffen wir, daß unsere Denkschrift doch vorerst den *einen* Zweck erfülle: zuerst die Frauen über ihre Stellung vor dem Gesetze einigermaßen aufzuklären und sowohl sie selbst als auch die Männer, die nicht jeder Fortschrittsbewegung abhold sind, zum Nachdenken und zur Prüfung aufzufordern: ob wohl hier nicht auch eine Verbesserung der Gesetze rätlich und nicht allein im Interesse der Frauen, sondern auch im Interesse der Humanität geboten sei.

Louise Ottos Geschichtsstudium während der Reaktionszeit wirkte auch in späteren Jahren noch nach. Es erschienen mehrere Bücher über historische Frauenfiguren. Der folgende Auszug aus einer Einleitung vermag den Umfang ihrer historischen Kenntnisse nur anzudeuten.

17
Aus der Einleitung: »Einflußreiche Frauen aus dem Volke« (1869)

[...]

Wenn wir im Buche der Geschichte blättern, so begegnen uns zwar viele Frauen, welche zu Einfluß gelangten und deren Namen mit unverlöschlichen Zügen eingeschrieben sind – aber wir finden sie zumeist auf den Thronen oder doch neben ihnen und die Geschichtsschreiber haben, wir müssen sagen leider! sich gerade zumeist mit denjenigen beschäftigt, welche ihren Einfluß entweder nur durch den Zufall der Geburt oder durch den Zufall der Fürstengunst erlangten –: die Namen von Prinzessinnen und Maîtressen sind am zahlreichsten verzeichnet in den Registern historischer Erinnerungsblätter, die den Frauen gewidmet sind.

Wir aber sehen hier gerade von diesen beiden ab und zwar nicht allein deshalb, weil deren Leben schon am öftesten und ausführlichsten geschildert ist, sondern auch, weil die einen meist nur durch den Zufall der Geburt, die andern nur durch den Zufall fürstlicher Launen eine Rolle spielten; – die letzteren eine umso unwürdigere, je mehr sie eben ihren Einfluß auf einen einzelnen wie auf ein ganzes Land, nur auf ein unsittliches Verhältnis gründeten – uns aber liegt es ob, zu zeigen, daß es auch Frauen gegeben hat, welche ohne jene besondere Gunst des Schicksals und ohne diese Beleidigung der sittlichen Würde imstande waren, die öffentliche Aufmerksamkeit der Zeitgenossen zu erregen: genügend, um ihren Namen und einiges aus ihrem Leben in die Bücher der Geschichte einzuzeichnen. Gerade sie heben wir hervor, um wenigstens in einzelnen Beispielen zu zeigen: daß es trotz aller Ungunst der Verhältnisse, die immer und überall das weibliche Geschlecht von den öffentlichen Angelegenheiten und Bestrebungen ausschließen, doch den Frauen nach ihren Anlagen und Fähigkeiten möglich ist, sich mit an der Arbeit ihrer Zeit zu beteiligen.

Solange man gewöhnt war, die fürstlichen Geschlechter überhaupt als Wesen höherer Gattung zu betrachten, solange war es auch natürlich, daß man auch fürstlichen Töchtern und Frauen nicht allein eine höhere Stellung einräumte, sondern auch höhere Fähigkeiten zuschrieb als anderen Menschenkindern, daß man es also ihnen neidlos gönnte, sich sowohl durch eine eigene höhere Bildung auszuzeichnen, als auch Kunst und Wissenschaft zu beschützen, ebenso wie sich selbst direkt oder indirekt mit an den Geschäften der Regierung zu beteiligen. [...] Es hat unzweifelhaft höchst würdige und edle Prinzessinnen und Fürstinnen gegeben, die es verdienen, von Mit- und Nachwelt gekannt und geliebt zu werden und sie sind überhaupt die Bürgschaft dafür, was Frauen zu leisten vermögen, sobald sie die nötigen Mittel dazu und den Spielraum erhalten, dessen sie zur Betätigung ihrer Kräfte und Fähigkeiten bedürfen – aber es ist gleichwohl dabei zu bemerken, daß es aus eben diesen Gründen den meisten von ihnen auch *leicht* geworden ist, beliebt und berühmt zu werden und daß man sie immer und in allen Dingen unter dem Gesichtspunkt einer Ausnahmestellung betrachtet hat, die zu all dem berechtigte, was man in Hütten und Bürgerhäusern, ja selbst in gewöhnlichen Edelsitzen geborenen und verharrenden Mädchen und Frauen versagte und für verpönt hielt.

[...]

»*Erst männliche und weibliche gleichförmige Bildung in freiem harmonischen Wechselspiele ist der Triumph der Menschheit.*«

Solange dieses Ziel noch nicht erreicht ist, sind die Frauen als Ausnahmen zu betrachten, welchen es entweder mit oder ohne Absicht gelang, ihren Namen in das Buch der Geschichte zu schreiben, und solange dürfen wir uns auch weder wundern, noch es allzuhart verurteilen, wenn Tausende von Frauen die Sittlichkeit beleidigen, weil sie nur so einen Wirkungskreis, der sie der engsten Beschränktheit entrückte, erhalten konnten. Unter den zahlreichen Namen berüchtigter und berühmter Maîtressen, welche die Geschichte uns aufbewahrt hat, finden wir nicht bloß Frauen, die zu dem Auswurf ihres Geschlechts gehörten, nur Unheil stifteten und nur Flüche ernteten, weil sie allein sich selbst im Auge hatten und den eigenen Lüsten und Begierden dienten – sondern wir finden auch solche, die durch hohe Gaben des Herzens und Geistes ausgezeichnet waren, welche Gutes taten und stifteten und die hochgestellten Männer, welche sie liebten, oft auf die Bahn des Rechtes und der Humanität lenkten und so ebensoviel Segen um sich verbreiteten und empfingen als jene Flüche – und diese edleren weiblichen Naturen sind es, deren Entwürdigung und Schande nicht allein auf sie und ihr Geschlecht fällt, sondern auf die inhumane Unterdrückung und Beengung desselben in seinen edelsten Fähigkeiten; sie sind es, welche, wenn sie einen andern Weg offen gefunden hätten, ihn gewandelt sein würden, so daß wir sie jetzt als Muster weiblicher Größe hinstellen und preisen könnten, indes wir ungezwungen sind, sie, wenn nicht zu verdammen, doch zu bemitleiden.

Die Welt, die sich eben von jeher lieber von den Schwächen der Menschen – und namentlich der Frauen – als von ihrer Stärke und ihren Tugenden unterhalten ließ, hat namentlich sowohl um dieses Geschmackes willen als auch veranlaßt durch jene immer noch herrschende männliche Ansicht, welche die Frauen nur nach ihrer Naturbestimmung und also in der Geschichte nach ihren Liebesverhältnissen betrachtet – in unzähligen historischen Sammelwerken wie in noch zehnmal mehr Romanen und Novellen die Lebensbilder interessanter Maîtressen erhalten – und sowohl darum, als eben weil dieser Gesichtspunkt so wenig der unsrige ist, wie derjenige, welcher fürstlichen Personen eine höhere und Ausnahmestellung einräumt, sehen wir hier von der Schilderung der einen wie der andern ab.

[...] es lag uns daran, aus allen Jahrhunderten eine Frauengestalt vorzuführen, die von Einfluß war auf die Zeit, in der sie lebte und dieselbe darzustellen im lebendigen Zusammenhang mit dieser Zeit, um dadurch zu zeigen, daß die Frau dazu befähigt sei und entweder in der Befolgung eines dunkeln Dranges oder in selbstbewußter Erkenntnis auch die Macht und das Recht – trotzdem es ihr noch so oft bestritten wird – habe, handelnd mit einzugreifen in den Gang der allgemeinen Entwicklung. Und es lag uns doppelt daran, auch mit unsrer weiblichen Hand und Auffassung diese Lebensbilder zu entwerfen, weil die Männer gerade *die* Frauen am wenigsten richtig beurteilen und ihnen mindestens nicht nachempfinden können, die von der Sehnsucht geleitet wurden, aus dem beschränkten Familienkreis herauszutreten, in den man mit Gewalt sie bannen wollte. Daß diese

Sehnsucht in unzähligen Frauenherzen lebt, und zwar als eine vollständig berechtigte *menschliche* lebt, wollen und können so viele Männer, die sich selbst noch von alten Vorurteilen beherrschen lassen, nicht zugeben und begreifen, ja, es ist den meisten von ihnen auch nicht einmal zuzumuten, daß sie sich in die Lage eines Wesens versetzen können, welches in sich den heiligen Drang nach Wissen und Wirken fühlt und doch nirgend Gelegenheit findet, denselben zu betätigen – und daher kommt es denn, daß sie den Frauen für ihre Handlungen ganz andere Motive unterschieben als diejenigen sind, welche sie wirklich haben. Einmal ganz von der Annahme beherrscht, daß die Frauen nur eine Naturaufgabe hätten, eine Kulturaufgabe aber ihnen nur mittelbar zuteil geworden, durch die Macht ihres Einflusses auf den Mann, schieben dann jene Männer als Historiker selbst *den* Frauen, welche auf irgendeinem Gebiet, sei es auf dem des Wissens oder der Tat etwas Außerordentliches leisteten, auch meist ganz falsche Motive unter. Eine Jungfrau von Orleans wird da entweder ganz geleugnet oder zu einem Werkzeug der Pfaffen gestempelt, eine Charlotte Corday soll sich nur deshalb für die französische Republik geopfert haben, weil sie einen Girondisten geliebt und was dergleichen absichtliche oder absichtslose Geschichtsfälschungen mehr sind. Wir, eine Frau, welche über Frauen schreibt, können hoffen, die Trägerinnen berühmter Namen, denen wir unsre Feder widmen, von diesen Fälschungen gereinigt und es zumeist unsern *Leserinnen* anschaulich gemacht zu haben, aus welchen allgemein menschlichen, nicht speziell weiblichen Motiven die seltensten Frauentaten hervorgegangen sind.

[...]

So richten wir Denkmäler auf, die nicht allein schon in die Tafeln der Geschichte eingegrabene Frauennamen tragen, sondern Denkmäler der Tatsache: daß trotz aller Hemmnisse edle und strebende Frauencharaktere ihre Bahn nach dem Ziele der Menschheit zu wandeln wissen, welches kein anderes ist als: neben der Erfüllung einer speziellen männlichen und einer speziellen weiblichen Bestimmung auch der allgemein menschlichen Bestimmung gerecht zu werden.

Die sogenannten Genius-*Bücher:* Der Genius des Hauses *(1869),* Der Genius der Menschheit *(1870) und* Der Genius der Natur *(1871) wurden von Louise Otto selbst als Fortsetzung zu ihrem* Recht der Frauen auf Erwerb *bezeichnet. Wie aber schon in der Einleitung zu diesem Band angedeutet wurde, kann man sie am besten als eine Art Homilie bezeichnen, voller predigthafter Sprüche und idealisierter Visionen über die Stellung der Frau. Der folgende Auszug aus dem* Genius des Hauses *ist vor allem persönlicher Natur und bringt autobiographische Auskünfte über Louise Otto selber, wodurch die heutzutage etwas altmodisch erscheinende Schrift mit ihrem Grundsatz: »Diesem Genius des Hauses zu dienen war von allen Zeiten her und ist noch immer die Mission der Frauen!« (S. 22) Interesse gewinnt.*
Wenn man allerdings den Text dieser drei Bände aufmerksam liest, merkt man, daß nicht nur pathetische oder plakative Sprüche, sondern auch präzise und abgewogene Ideen zum Vorschein kommen. Sogar in diesen eher milden Schriften aus der konservativen Bismarckzeit ist eine Art »Ideenschmuggel« vorhanden, sind innerhalb eines in seiner Ruhe und Ordnung tröstenden Rahmens Überzeugungen verbreitet, die eine freiere Denkweise verraten (z. B. Genius des Hauses, *S. 302).*

18

Wenn ich das andere Geständnis hinzufüge, daß ich eigentlich so ziemlich von der Zeit an, wo ich nur überhaupt lesen konnte, Schillers Dramen las – so entsetze man sich nur nicht. Ich halte es auch noch jetzt für kein Unglück, daß es geschehen und, ohne meinen persönlichen Entwicklungsgang etwa als ein Muster aufstellen oder zur Nachahmung anraten zu wollen, oder vielleicht meiner Mutter nachzusagen, es sei, was sie nur duldete, von ihrer Seite eine pädagogische Maßregel gewesen, muß ich doch jetzt auf mich selbst zurückkommen, weil ich die Erfahrung für mich habe und sich nichts mir so sehr eingeprägt hat wie alles, was eben von frühester Jugend an auf meine Verhältnisse zu den Büchern Einfluß hatte; – und ich muß oft daran denken, wenn jetzt so viel die Rede ist von der Schädlichkeit des Eindruckes, wenn Kinder und junge Mädchen etwas lesen, das nicht extra für sie geschrieben ist. Wenn ich das nicht verwehrt wissen will, so bin ich doch auch weit entfernt davon, etwa unsere ganze heutige Kinder- und Jugendliteratur zu verdammen. Man hat ja auch darin Fortschritte gemacht und manches

Gute und Verdienstliche ist erschienen, daneben freilich auch vieles Unnütze, Seichte, Realistische; [...]
Und mit den Büchern geht es nicht anders wie mit den Menschen – man bewundert und liebt diejenigen, die bewußt oder unbewußt geeignet sind, uns zu sich emporzuziehen, aber man hält nicht viel von denen, die sich geflissentlich zu uns herabstimmen und wenig Vertrauen in unsere Fassungskraft setzen. Nicht das ist das Gefährliche, wenn ein jugendlicher Geist unter dem Lesen zuweilen fühlt: Das versteh' ich nicht! sondern das ist es, wenn er zu leicht zu dem Resultate kommt: das weiß ich alles schon, darüber bin ich hinaus! [...]
Noch heute sind mir die Stunden unvergeßlich – obwohl sie der frühesten Jugend angehörten, in denen ich Schillers Dichtungen las und wieder las. Ich war zuerst dazu gekommen, weil immer eine oder die andere auf dem Arbeitstisch der Mutter lag, und dann dazu, wie zu vielem andern, weil meine Schwestern 6–8 Jahre älter waren als ich und mich gleichwohl von ihrer gemeinschaftlichen Lektüre nicht ausschlossen. – Wir waren keine Wunderkinder, die etwa alles verstanden hätten, was sie lasen – aber wir waren von unreinen Eindrücken und Vorstellungen bewahrt geblieben und so verstanden wir nicht allein nicht nur einzelne Philosopheme, Charakterentwicklungen usw. in unserem Schiller nicht, sondern wir verstanden auch die Andeutungen sinnlicher Verhältnisse und Kämpfe nicht, wie sie im »Fiesko« und »Carlos« vorkommen. [...]
Das Pathos der Bibel und das Pathos Schillers – man lasse es doch immerhin frei auf die jugendlichen Gemüter wirken – *denn wehe einer Jugend, die keine Ideale hat und glaubt*, die nicht das Bedürfnis hat, sich zu ihnen zu erheben! [...] Wehe einer Nation, in der kein Pathos und keine Begeisterung mehr gilt, wehe einer Nation, die keine Ideale hat und glaubt! wehe besonders dem weiblichen Geschlechte, das seinen Beruf so verleugnen kann und statt Hüterin des Ideals zu sein, dasselbe wie ein unheimliches Schemen behandelt, an das zu glauben in eine Kategorie fällt mit dem Aberglauben überhaupt. [...]
Bei der Lesefreiheit, der ich mich mit meinen Schwestern zu erfreuen hatte, kam wohl auch zuweilen – die erwähnten Jugendschriften nicht hierher gerechnet – Seichtes und Mittelmäßiges in unsere Hände, aber wir lehnten es ab und merkten uns wenigstens für künftig den Verfasser oder die Verfasserin, wenn sie etwas boten, das allzu diagonal entfernt war vom Schillerschen Aufschwung. Wie in der Poesie seine Muse, so schützte uns die

keusche Muse eines Walther Scott, Cooper, Bulwer usw. vor dem Geschmack an gewöhnlichen oder gar lasziven Romanen. Übrigens gerade weil wir die von so mancher älteren Hausfreundin nur mit Kopfschütteln bemerkte Lesefreiheit hatten, so wußten wir dieselbe zu schätzen und setzten eine Ehre darein, nur *das* zu lesen, was wir als das Beste und Edelste hatten nennen hören. Da wir in Feierstunden lesen und zuweilen bei der Arbeit einander vorlesen durften und also ebenso wenig nötig hatten, heimlich zu lesen, wie unsere Bücher zu verstecken, so blieben wir dadurch auch davor bewahrt, sowohl zur Unzeit zu lesen, wie überhaupt vor der ungleich größeren Gefahr zu Heimlichkeiten, zu Lüge und Hinterlist die Zuflucht zu nehmen. Mit welchem Schauder entdeckte ich einst, daß mehrere meiner Schulkameradinnen unter ihren Schulbüchern Räuber- wie Geistergeschichten, Romane von Verfassern, die bei uns zu den mit einem Makel behafteten gehörten, die wir darum zu *stolz* waren zu lesen, verborgen hatten, die sie sich heimlich aus der Leihbibliothek holten und in denen sie nicht etwa in den Zwischenstunden, sondern während des Unterrichts lasen, – in Geschichts- oder Religionsstunden, bei denen ich mit ganzer Seele war, lag vor ihnen auf dem Tisch vielleicht die Bibel und halb unterm Tisch auf dem Schoß ein äußerlich wie innerlich schmutziger Roman, darin sie lasen und kein Wort hörten von dem, was vorgetragen ward. [...]

Anders aber ist es mit dem Lesen überhaupt. Vor allen Dingen halten wir es für nötig, daß in jedem Hause wenigstens eine gute Zeitung gehalten und gelesen werde, und zwar nicht nur von den männlichen Bewohnern desselben, sondern ebenso von den weiblichen. [...]

Wenigstens *eine* gute politische Zeitung gehört in jede Familie; einmal schon um der Männer, dann aber auch ebensogut um der Frauen willen. Ein Mann, der in seiner Familie keine Zeitung findet, sei er nun Vater, Gatte oder Sohn, wird sie am andern Orte suchen, und so wird nur zu oft das Zeitunglesen sowohl eine begründete Veranlassung zu manchem kostspieligen Wirtshausaufenthalt, als auch nur ein Vorwand dazu. Oft aber lesen die Männer auch die Zeitungen auf ihren Comptoren, Büros und wo sonst sie ihr Beruf außer dem Hause beschäftigt und finden es dann nicht nötig, auch zu Hause noch deren zu halten, der Tatsache oder auch nur der Annahme derselben gegenüber: daß die Frau sie doch nicht läse! [...]

Auch mein Vater las die Zeitungen in seiner Expedition; aber er brachte sie jeden Abend mit in das Wohnzimmer, gab sie nicht nur der Mutter, sondern auch uns Töchtern – vier Schulmädchen, und oft sagte er, dabei uns auf die wichtigsten Zeitereignisse aufmerksam machend: »Lest das ja, denn wenn Ihr davon sprechen hört und wißt nichts davon, müßtet *Ihr Euch ja schämen*!« So mein Vater, der durchaus kein Mann des Fortschrittes, überhaupt kein Mann der Partei war und nur den speziellen Interessen seines juristischen Berufes und seiner Familie lebte. Er war ein Mann nach altem Schrot und Korn, geradaus und geradezu gegen jedermann – nichts konnte ihm ferner liegen als der Trieb der Neuerung – und ich glaube, er war ein unbeweglicher Konservativer. – Zwei Äußerungen aber von ihm, die er in einer Zeit tat, die so weit hinter der unsern zurückliegt und nach denen er auch handelte, beschämen noch heute Tausende sogenannter Demokraten, die, wie weit voraus sie sich dünken mögen, noch immer nichts vom *weiblichen* Fortschritt wissen wollen. Die erste Äußerung war die obenerwähnte, zu *Schulmädchen* gesprochene, – die andere lautete für *dieselben* ebenso kurz und bündig: »Lernt etwas, dann braucht Ihr nicht zu heiraten, wenn Ihr nicht wollt!«

Erst in späteren Zeiten habe ich begriffen, welch ein *seltener Mann* mein guter, so schlicht und einfach erscheinender Vater war, daß er schon vor 30 und 40 Jahren Ansichten hegen und in seinem Hause selbst zur Geltung bringen konnte, um derentwillen noch heutzutage *unzählige* sogenannte »demokratische« Väter ihren Töchtern zürnen und sie ihnen auszutreiben versuchen!

Der Brief an den Schriftsteller Ignaz Hub leitet diesen kleineren Teil über das dichterische Werk dieser Epoche ein. Bis 1864 war Louise Otto als Schriftstellerin weit bekannt; ihre Werke wurden nachgedruckt, sogar übersetzt, und vor allem durch den literarischen Erfolg ihrer historischen Romane Nürnberg *und dessen Fortsetzung* Die Schultheißentöchter von Nürnberg *hatte sie sich einen Ruf erworben. Wie die Lebenstafel zeigt, war sie während dieser Jahre äußerst produktiv: Von dem Tendenzroman* Drei verhängnisvolle Jahre *(1867), einer Fortsetzung des 1852 erschienenen Romans* Vier Geschwister, *der die Revolutionsjahre und die Anfänge der Reaktion schildert, zu dem letzten Roman* Die Nachtigall aus Werawag, *einer historischen Geschichte aus dem*

Mittelalter mit ihrer bis dahin bekannten starken, selbständigen Frauenfigur, der Nachtigall-*Sängerin Lütgarde, gibt es auch immer mehr Beweise einer erfolgreichen Mischung des schwärmerischen politischen Optimismus der vierziger Jahre und der objektiven Möglichkeiten der Reaktionsjahre.*
Zwischen den beiden erwähnten Romanen erschienen Werke, in denen Frauenfiguren mit den für Louise Otto typischen Zügen häufig auftauchten; Frauen, die nicht mehr zu heiraten brauchten, um glücklich zu werden, Frauen, die nicht nur schön, sondern auch geistig begabt waren. Mit zunehmendem Alter interessierte sich Louise Otto nicht nur für Frauen aus verschiedenen Generationen, die auf ähnliche Situationen anders reagierten, sondern auch für eine größere Vielfalt von Typen: Man trifft ältere, geschiedene oder alleinstehende Frauen, man entdeckt, daß der Ottosche Idealismus manchmal auch der Wirklichkeit entsprechen konnte.

19
An Ignaz Hub

Geehrter Kollege,

Leipzig, 30. 6. 71

Zuerst empfangen Sie den schönsten Dank für Ihre Sendung u. die von Ihnen gegebene Charakteristik meines Wirkens. Es tut wohl, sich verstanden zu sehen u. man ist um so dankbarer dafür, in einem geschätzten Dichterwort in solcher Weise auf die Nachwelt zu kommen, je schwerer es jetzt überhaupt ist durchzudringen u. je öfter man – selbst wenn das gelungen – verkehrtes Zeug über sich gedruckt liest. Ich habe übrigens seitdem in der Polit. Frauenztg. zur Wiener Tagespresse »Erinnerungen« aus meinem Leben gegeben u. holländische Zeitg. haben eine Biographie von mir gebracht usw. [...]
Mit nochmaligem Dank u. Gruß

Ihnen ergeben
Louise Otto-Peters

20
Die Beschreibung einer Witwe
[DREI VERHÄNGNISVOLLE JAHRE]

Frau Hedwig war nun zwar eine gute Katholikin, gleich den meisten Bewohnern der Urkantone, aber sie unterschied sich doch sehr wesentlich von ihnen in der Art, wie sie Pfaffen und

Jesuiten von den wahren Dienern des Christentums zu unterscheiden wußte. Frau Hedwig war überhaupt eine Frau ganz eigenen Schlags und es gab weit und breit nicht eine zweite in der Runde, die sich an Vorurteilslosigkeit mit ihr messen konnte. Sie war sehr glücklich verheiratet gewesen, jetzt war sie schon seit acht Jahren Witwe. Als 1839 in dem bis dahin liberalen Kanton Luzern eine Gährung eintrat, war ihr Mann bei einem tumultarischen Auftritte verwundet worden und gestorben; seitdem lebte Frau Hedwig mit ihrem einzigen Töchterchen allein in diesem kleinen Wirtshaus und blieb allein, trotzdem sie in den Jahren war, welche die Freier noch anlocken, zumal wenn die Beworbene nicht allein eine stattliche, verständige Frau, sondern auch Besitzerin einer Nahrung und Wirtschaft ist, in die es manchem Mann gut dünken möchte, auf bequeme Weise sich einzunisten. Frau Hedwig aber mochte von keinem Manne wieder etwas wissen und setzte eine Art Ehre darein, nun auf eigenen Füßen sicher und fest in der Welt zu stehen ohne die Stütze eines Mannes. An die Tage, die sie an der Seite des ihrigen verlebt, dachte sie stets mit inniger Rührung zurück und treu und unverwischt blieb sein Bild ihrem Herzen eingegraben, aber sie beklagte nur seinen persönlichen Verlust; darüber, daß sie nun allein im Leben stand, daß sie darauf angewiesen war, für sich selbst zu sorgen, fühlte sie sich zu keiner Klage veranlaßt; alles, was Kraftanstrengung und Tätigkeit von ihr forderte, war ihr willkommen.

21
Die Schwestern
[DIE IDEALISTEN]

Agathens Bildung ging nicht viel über das hinaus, was zur Führung des Hauswesens erforderlich war. Was sie früher etwa noch mehr davon besessen, das verlor sich allgemach in Küche und Kinderstube und an der Seite eines Mannes, der von einer Frau nichts verlangte, als daß sie von früh bis abends auf den Füßen sei und sich in allen Stücken allein nach dem Willen ihres Mannes richte. Die Anregungen, die von Euryanthens Interesse für Literatur und Kunst ausgingen, fehlten, seitdem diese das Haus verlassen und so verlor sich bei Agathe auch allmählich die Empfänglichkeit dafür – wollte Euryanthe jetzt wie früher dergleichen berühren, so hörte Agathe kaum noch zu und unterbrach das Referat über ein neues Trauerspiel mit einer Frage

nach dem Marktpreis dieses oder jenes Gemüses, das ihr gerade einfiel, weil ihre Gedanken beim Entwurf des Küchenzettels zum folgenden Tage weilten. [...]
Denn das fühlte sie [Euryanthe] immer mehr, daß sie irgendeines Berufes, eines gewissen Zieles bedurfte, um ihr Leben, das man sogar als ein glückliches für sie ansah, nicht als das allerunglücklichste fortzusetzen. Daß ihr nicht nur das Haus der Schwester, sondern auch das der reichen Tante immer offenstand, daß eine Jugendfreundin immer bereit war, ihr Geschick mit ihr zu teilen, die Türen von Schloß und Palast für sie als für eine Freundin offen zu erhalten, daß durch die beiden letztern Frauen alle Genüsse des Lebens ihr mit zuteil werden konnten, alle Sorgen für immer aus ihrem Leben gestrichen waren –: daß sie auch gewiß war, von beiden nie einem verletzenden Gedanken, viel weniger einem solchen Wort zu begegnen, daß es nur aufrichtige Zuneigung war, die solch ein Los ihr bot und keinen andern Dank als die Erwiderung dieser Neigung für so viel unverdiente Güte forderte – das alles war ja so viel des Glückes, wie es nur wenig andern armen Mädchen geboten wird. Aber Euryanthe fühlte sich eines Glückes unwürdig, das nicht durch Arbeit verdient war. Eine Güte drückte sie zu Boden, die sie nie durch etwas vergelten konnte. Hätten Minna oder Linda bestimmte Arbeiten von ihr gefordert, durch die sie ihnen unentbehrlich geworden wäre, ja hätte Agathe eine Magd abgeschafft, um ihre Dienste von Euryanthe verrichten zu lassen, sie hätte gern jede Pflicht übernommen und dem Bewußtsein eine solche treu zu üben, auf einem Platz zu stehen, auf dem sie notwendig war, auch ihr Streben zum Reich des Schönen gern geopfert – aber sich überflüssig zu fühlen, sich nach vollbrachtem Tagewerk zu sagen, daß sie selten oder nie etwas anderes getan als nur etwas Überflüssiges – das zu ertragen war ihr schwer.

Der beigefügte Auszug aus Frauenleben im deutschen Reich *ist wohl der aufregendste, denn im letzten Teil dieses Werkes schilderte Louise Otto ihre Hoffnungen für die Zukunft. Diese* Zukunftshoffnungen *waren eher realistische Vorschläge als utopische Ziele. Vor allem in dieser Schrift hat Louise Otto ihre Überzeugung, daß das Frauenstimmrecht notwendig und richtig war, deutlich zum Ausdruck gebracht, zwar immer noch mit Vorsicht, doch unmißverständlich.*

22
Zukunftshoffnungen
(Auszüge)

Man will behaupten, das Alter mache konservativ, reaktionär, es sei dem Fortschritt und dem Neuen feindlich, leugne, daß es mit der Menschheit vorwärts gehe, verliere den Glauben an sie –: ich meinerseits finde, je älter man wird, je öfter ist einem ja der Glaube schon, – es mit einer Alltagsredensart zu bezeichnen – in die Hände gekommen: daß es *vorwärts* geht, trotz aller Hemmungen, daß *möglich* wird, was *unmöglich* schien und aus dem *Wunderbaren* ein *Alltägliches.*

Wir brauchen uns doch nur daran zu erinnern, welche Umwandlungen wir selbst erlebt haben – und dazu sollten meine Blicke in eine selbsterlebte Vergangenheit anregen.

Wer vor fünfzig bis sechzig Jahren gesagt hätte, daß jedes Kind mittels eines kleinen Hölzchens Licht machen könnte, hätte nur Gelächter hervorgerufen.

Wer vor dreißig bis vierzig Jahren beim Anblick der ersten Lokomotive und des ersten Schraubendampfers die Behauptung aufgestellt, daß man mit beiden werde bald in achtzig bis neunzig Tagen um die Erde fahren können, hätte für einen Witzbold gegolten. Vergnügungsreisen von Damen ohne männlichen Schutz kamen nur als Ausnahmen vor.

Wer vor zwanzig bis dreißig Jahren gesagt, daß in unsern Wohnungen das Wasser in jede Etage gewissermaßen »von allein« heraufkomme und kein Dienstmädchen es mehr heraufzutragen brauche, daß wir kochen könnten bei Gas und Petroleum, ohne Holz und Kohlen usw., dem hätte man nachgesagt, daß er Märchen aus dem Schlaraffenland erzähle. –

Wer vor zehn und zwanzig Jahren an die Stelle des zierlichen Nähtischchens eine Nähmaschine setzte, eine Waschmaschine in das Waschhaus, ward dafür mit Achselzucken betrachtet. –

Es sind dies Reformen, Revolutionen auf wirtschaftlichem Gebiet, die unzählige kleinere und größere im Gefolge haben und – *so geht es weiter – immer weiter!*

[...]

Daß Mädchen turnen, schwimmen, Schlittschuhlaufen lernten,

wäre vor dreißig Jahren noch niemanden im Traum eingefallen, das blieb den Knaben und Männern überlassen. Überhaupt mußten die Mädchen hübsch zu Hause und fern von solchen Leibesübungen bleiben, sie galten für unweiblich, der Grazie und Anmut schädlich. Nur zu tanzen, in Tanzstunden und dann auf den Bällen ganze Nächte hindurch, war erlaubt. Dort war auch jede Freiheit des Verkehrs zwischen Mädchen und Männern gestattet – sie durften und dürfen noch heute sich von ihnen umfassen und im heißen Wirbel atemlos drehen lassen – aber mit Männern im Verkehr des Geschäftslebens oder des Reiselebens ohne eine Aufsicht zusammenzutreffen, ließ die Mädchen erröten und galt mindestens bei einer gewissen Sorte von Männern als gute Gelegenheit, wo nicht als Aufforderung, sich gegen sie alles erlauben zu dürfen. Wer da gesagt hätte, daß in Geschäften, auf Büros usw. auch junge Mädchen und Männer zusammenarbeiten würden, *ohne* zarte Interessen oder sinnliche Aufregungen damit zu verbinden, und wenn nicht die Moral *doch* die Schicklichkeit zu verletzen – der wäre über seine Begriffe von Sitte und Sittlichkeit schon arg verketzert worden.

[...]

Das Ziel ist *die Harmonie der Menschheit* und diese ist solange nicht hergestellt, *solange* noch ein Mensch daran gesetzlich oder gesellschaftlich gehindert ist, *sich selbst* mit *sich* und *seiner Umgebung* in Harmonie zu setzen und *er* ist daran gehindert, solange es ihm nicht möglich oder doch von andern Menschen erschwert wird, *sich selbst* und *seine Fähigkeiten zu entfalten* und zu *benutzen* im Interesse *seiner selbst* in *freier Selbstbestimmung*, wie des *Allgemeinen* in *freiwilliger* Unterordnung und Hingebung. [...]

Wer es in den Zeiten der schmachvollen Reaktion von 1850–1860 (man kann sagen: die große Schillerfeier vom November 1859 ward zum segensreichen Wendepunkt, wo die Nation an ihrem Dichter sich begeisternd, wieder an ideale Ziele glauben und danach ringen lernte) gesagt hätte, daß nach aber zehn Jahren Deutschland ein einziges Reich sein würde, verbunden mit Elsaß-Lothringen, ein Reich mit einem Reichstag, mit einer Heeresführung, mit Freizügigkeit und ohne Paß – und ähnliche Quälereien, ein Staat, der die Kirche überwunden, der die Klöster aufgehoben, die Jesuiten verjagt, die er erst gern gehegt, Roms Macht gebrochen, auf die er sich erst so lange gestützt, die Zivilehe *geboten*, die ihm erst als unchristlich, als Konkubinat gegolten – wer das prophezeit hätte: was anders wäre ihm als

Antwort geworden als Hohngelächter oder auch, je nach der Form der Prophezeiung, der Hochverratsprozeß mit Gefängnis?

[...]

Was kann uns denn den obigen Erfahrungen gegenüber das Achselzucken und Hohngelächter noch sonderlich kümmern, mit dem uns vielleicht jetzt geantwortet wird, wenn wir ganz ruhig und fest unsere Überzeugung dahin aussprechen, daß, und vielleicht nicht gar so fern als man glaubt, eine Zeit vor uns liegt, in welcher man es gar nicht mehr für möglich halten wird, daß man einst vom »Volk« gesprochen und »für das Volk« gearbeitet und sich gemüht, aber darunter nur die Männer verstanden hat? Wo man sich breit gemacht hat mit der Forderung und Erteilung eines »allgemeinen Stimmrechtes«, wie der Ausdruck lautete, und doch die eine Hälfte des Volkes dabei hat leer ausgehen lassen, ja, sich gar nicht einmal nur die Mühe genommen hat wie bei andern Gesetzesparagraphen beizufügen: »Frauen und Minderjährige« sind ausgeschlossen! Es war dies ja eben »selbstverständlich«. Jetzt erst, wo man in England und Amerika schon lange um dieses Recht seitens der Frauen kämpft, im letzteren Lande es in einzelnen Staaten bereits errungen, im ersteren bei einer immer kleiner werdenden Minorität des Parlaments der betreffenden Bill gegenüber, jedenfalls bald erringen wird – jetzt erst wird es auch in Deutschland, aber natürlich nur mit aller möglichen Reserve hier und da einmal – aber noch lange nicht etwa in einer gesetzgebenden Versammlung zur Sprache gebracht. Die sozialdemokratische Partei hat es mit in ihr Programm aufgenommen, aber unter allen andern Parteien sind es nur einzelne weitblickende und human gesinnte Männer, welche »eine Beleidigung des Jahrhunderts« darin erkennen, daß man die Frauen nicht gleichberechtigt neben die Männer stellt, aber noch steht in keinem ihrer Parteiprogramme dieser Satz. Natürlich! Es gibt eben doch der Männer so wenige, die ihn unterschreiben würden und darum schweigt man über eine Sache, welche die im übrigen einige Partei vielleicht dezimieren würde. Wir dürfen darüber nicht klagen, denn es ist dies auch die Taktik der für den weiblichen Fortschritt kämpfenden Frauenvereine. Auch sie setzten und setzen diese Frage noch nicht auf ihre Tagesordnung, um die nur für näher liegende Ziele mitwirkenden Frauen nicht zu beirren und andrerseits, um erst Bildung, Selbständigkeit und Unabhängigkeit unter den Frauen so weit zu fördern, daß sie dann ganz von selbst den Mut und die Einsicht gewinnen werden, welche erforderlich sind, um auch politische Rechte sich selbst zu erkämpfen und die damit zusammenhängenden Pflichten in würdiger Weise auszuüben. Es wird auch hierbei von den Frauen nach demselben Grundsatz gehandelt, der eben durch die niederdrückenden Verhältnisse, unter denen sie gelebt, in der Praxis sich eingeführt. Die Frau muß erst durch ihre Leistung und ihr ganzes Verhalten die *Beweise* beibringen, daß sie zur Übernahme dieser oder jener Arbeit, dieser Pflicht und dieses Rechtes *geeignet* ist, was alles beim Mann als selbstverständlich vorausgesetzt wird – leistet dann der Mann nicht, was er soll, so ist er mit seiner *persönlichen* Unfähigkeit dafür verantwortlich, bei der Frau aber kommt die persönliche Unfähigkeit auf Rechnung ihres ganzen Geschlechtes. Und daher die Angst und der Eifer und die Pflicht jeder Frau, in einem selten von Frauen ergriffenen Fach auch gut zu bestehen, weil man sonst – freilich für sie selbst bequem genug! – sagen würde: es ist kein Fach für eine Frau. Es steht eben von diesen vorwärtsstrebenden Frauen keine für sich, sondern: Jede für alle. –

Als jetzt, beim Kampf um die obligatorische Zivilehe, viele darin eine bedenkliche Neuerung sahen und viele Frauen besonders dieselbe für unchristlich nahmen und Christentum, Religion und Sitte dadurch beeinträchtigt wähnten, wurden sie meist beruhigt, wenn sie erfuhren, daß die kirchliche Einsegnung der Ehe in den ersten christlichen Zeiten nirgend stattfand, daß sie erst im achten Jahrhundert aufkam und es in Germanien noch viel länger währte, ehe sie für nötig erachtet ward, ja, daß nicht einmal Luther sie unbedingt forderte. Sollte denn nun nicht die Forderung des Frauenstimmrechts gerade in Deutschland um so berechtigter sein, wenn man erfährt, daß dies ein *uraltgermanisches Recht* war, das den Frauen nur im achten Jahrhundert *entzogen* ward und daß es nun nicht eben eine so ungeheure Forderung ist, wenn die Frauen des neunzehnten Jahrhunderts nur wieder haben wollen, was sie bis vor tausend Jahren besaßen? Bei den alten Germanen waren die Frauen nicht allein Priesterinnen und Seherinnen und Schlachtenjungfrauen und als solche geehrt – auch jede Frau und Hausfrau hatte das Recht, in den Gemeindeverhandlungen *mitzuerscheinen, mitzusprechen, mitzubestimmen.* Vor allem durfte kein Krieg beschlossen werden, ohne Zustimmung der Frauen. Nicht aus Germanien –: aus *Rom* stammt der alberne Spruch, den man auf Latein uns immer vorgehalten: »Das Weib schweige in der Gemeinde.« Kann der noch uns fortgesetzt aufgetischt werden in den Zeiten des Kulturkampfes? Es ist eine Beschimpfung deutscher Art und unsrer deutschen Vorfahren, wenn man es als modernes Gelüste bezeichnet, wenn einmal vom weiblichen Wahlrecht – und zwar vom aktiven wie vom passiven – die Rede ist. Denn auch vom letzteren weiß das deutsche Reich zu erzählen. Auf den deutschen Reichstagen hatte die gefürstete Äbtissin *Sitz und Stimme.* [Frauen hätten] befähigt sein müssen, ihren weiblichen Ansichten, ihren weiblichen *Willen* zur gesetzlichen Geltung zu bringen *neben* dem männlichen, das allein ist eines auf die Prinzipien des Menschheitsideals gegründeten Staates würdig. Wir sagen zur *gesetzlichen* Geltung, denn auf ungesetzliche Weise durch Beherrschung des Mannes mit den Mitteln der Heuchelei und Schmeichelei ihren Willen, besonders im persönlichen Interesse durchzusetzen, ist noch selten eine Frau in Verlegenheit gewesen. Dies letztre hat dann zu jenem unwürdigen Weiberregiment geführt, das von den *schlechteren* des Geschlechts geübt wird, die meist auch nur darum schlecht geworden, weil sie kein andres Mittel fanden, sich geltend zu machen – und dies Streben liegt so gut im Charakter des Weibes, wie in dem des Mannes.

Wie in den Gemeindeversammlungen werden in den gesetzgebenden Versammlungen Frauen neben den Männern tagen, je nachdem das Vertrauen ihrer Mitbürger und Mitbürgerinnen ihnen sich zuwendet. Verdienen sie dies nicht – nun so wird man sie nicht wählen!

Der von Frauen und neben den Männern beeinflußte Staat wird den Frauen gleiche *Rechte* und also gleiche *Bildungsmittel* gewähren wie den Männern. In den höheren Schulen, mag man sie nun Gymnasien und Universitäten oder wie man sonst will nennen, wird man solche Einrichtungen treffen, welche von *Frauen* für Frauen als die ersprießlichsten erachtet werden und so wenig wie je Frauen sich unterfangen möchten zu sagen: soweit geht die Lern- und Leistungsfähigkeit des Mannes und nicht weiter, sowenig werden Frauen sich künftig das Gleiche von den Männern ohne vorhergegangene *Probe* vorschreiben lassen können. Darüber werden eben erst *Versuche* entscheiden, wie sie bisher noch niemals gemacht worden sind. – In jenen Lehranstalten werden dann eben in der Anatomie, wie in allen jenen Punkten, welche das weibliche Zart- und Schamgefühl verletzen, sobald sie von und vor Männern ihnen auseinandergesetzt werden, *Frauen* den *Frauen* vorgetragen und weibliche Ärzte werden das künftige Frauengeschlecht allein behandeln.

So wird es wohl auch weibliche Rechtsanwälte geben, denen eine Frau sich ganz vertrauen kann, wenigstens in Ehesachen und mit ihren Mutterrechten – auch wo es sich um Verteidigung ihrer Vergehen und Fehltritte handelt – und auch weibliche Geschworene werden mit unter denen sein, die ihr Urteil sprechen. Durch dies alles werden Weiblichkeit und weibliche Würde ungleich besser gewahrt und ihnen Rechnung getragen sein als jetzt, wo man die Frauen von allen diesen Ämtern ausschließt.

[...]

Die Familie wird um so herrlicher dastehen in der Zukunft als ihre Glieder nur durch Liebe, nicht durch den Zwang der Verhältnisse aufeinander angewiesen sind und nicht ein Teil von dem andern sich durch das Herkommen unterdrückt und übervorteilt sieht. Das Verhältnis der Geschlechter zueinander wird ein um so reineres und edleres werden als sie nicht nur im geselligen Verkehr, wo jeder bestrebt ist, sich von der vorteilhaftesten Seite zu geben, sondern im gesellschaftlichen, im kollegialischen, im politischen Verkehr des öffentlichen Lebens einander kennenlernen. Es wird sich dann nicht bei jeder Gelegenheit das erotische Element einmischen, wenn weibliche und männliche Seelen in Wissenschaft oder Kunst, in Politik oder Religion miteinander harmonieren, sich in ihrer geistigen Entwicklung gegenseitig fördern oder nach einem gemeinsamen Ziele streben, und es wird auch das dazu beitragen, beide Geschlechter zu fördern und das Leben edler zu gestalten. Man wird dann auch nicht mehr begreifen, wie es einst eine Zeit gab, wo die meisten Männer die Frauen zu weiter nichts gut hielten, als zur Befriedigung ihrer Sinnlichkeit und die Mädchen teils selbst zitterten, wenn sie einmal einem Mann allein begegneten, teils sich verdächtigt sahen, wenn sie sich eifrig mit ihm unterhielten. Wieviel weniger Täuschungen aber wird es in Liebe und Ehe geben, wenn beide Geschlechter einander besser kennengelernt und wieviel ungesuchter und ungefälschter wird sich Seele zur Seele finden.

Nur gewinnen kann in der Zukunft das Leben in allen seinen Teilen! Das junge Mädchen verträumt die Zeit nicht mehr müßig, es hat seine Lern- und Vorbereitungsjahre, es macht sich nützlich und nur die Liebe führt es zum Traualtar und damit in einen neuen Pflichtenkreis, mit dem es oft auch noch den früheren Beruf verbinden kann, wie der Mann den seinen. Die Hausfrau, die auf eine genützte Jugend zurückblicken kann, macht nun ihr Haus zum Tempel der Zufriedenheit und des Schönen, die Mutter erzieht ihre Kinder für das Vaterland und die Menschheit und pflegt jedes Ideal in ihnen – die Unvermählte, die Witwe, die ältere Frau: sie alle sind nicht unbefriedigt; sie haben einen Wirkungskreis, entweder in einem Beruf, der sie zugleich ernährt oder doch in der Gemeinde, im Staatsleben. Unter allen Einwänden, welche man gegen die Beteiligung der Frauen, z. B. an den Wahlen und an sonstigen Gemeinde- oder politischen und sozialen Angelegenheiten vorbringt, ist nämlich der der allerlächerlichste: die Hausfrauen, die Mütter würden keine Zeit dazu finden! Als wenn nicht jetzt die bloßen *geselligen* Pflichten und Gewohnheiten, diese Besuche, Kaffees, Tees mit allem dazu nötigen Toilettenkram geradesoviel Zeit in Anspruch nähmen und die Frau gewisser Stände noch weit mehr aus dem Hause führten, als dies auch die eifrigste Beteiligung am Gemeindeleben mit sich bringen würde! Diese Beteiligung macht sie noch außerdem zur *Gefährtin* des Gatten, jene entfremdet sie ihm eher. [...] Genug, daß wir wissen: *Die Zukunft ist unser!*

[...]

Wie wenig auch bisher den Frauen Gelegenheit geboten, ihre Fähigkeiten zu entfalten, wie noch seltner einzelnen vergönnt war, aus den Verborgenheiten des Wirkens im Familienkreis herauszutreten auf einen größeren Schauplatz und wie immer nur von den wenigsten auf sie Rücksicht genommen und ihrer gedacht ward: die Geschichte hat uns dennoch den Namen vieler Frauen aufbewahrt, die Großes geleistet haben. Man hat sie wohl hoch gepriesen und bewundernd anerkannt: aber man hat sie als *Ausnahmen* ihres Geschlechtes betrachtet – man hat ihren »männlichen« Charakter, »männlichen« Geist usw. gerühmt.

Wir aber hoffen, daß wenn die Zukunft den Frauen die gleichen Rechte wie den Männern und Entwicklung und Vervollkommnung ihrer Anlagen und auf uneingeschränkte Betätigung derselben gewährt haben wird, sehr wohl was einstens »Ausnahme« war, sich verallgemeinern kann und dann das Beiwort »männlich« nicht mehr als das höchste Lob für weibliche Charakterstärke und Tatkraft gilt. Wir wagen nicht zu glauben, daß die Menschen jemals über alle Unvollkommenheiten und Mängel erhaben sein werden, – aber wir sind überzeugt, daß es dieselben künftig nicht nur den Frauen wird zuschreiben dürfen, daß vielmehr gerade *sie* berufen sein werden, ein neues Zeitalter heraufzuführen, darin sie als Hüterinnen und Priesterinnen des Ideals den Männern helfen, allen Bestrebungen, welche das Heil der Menschheit wecken.

So schließen wir mit der Wiederholung unsres [...] Spruches:

Verschieden teilt der Schöpfer seine Gaben –
Doch *was* der Mensch erreichen *will* und *kann*,
Das kommt ihm zu – sei er ein *Weib*, ein *Mann*.

Die zwei kurzen Erinnerungen an die Louise Otto dieser Epoche stammen bezeichnenderweise von Frauen aus dem Vereinsleben der organisierten bürgerlichen Frauenbewegung. Auguste Schmidts Schwester Clara schildert die oft übertrieben bewunderte Louise Otto mit einer gewissen Distanz und Humor. Mathilde Weber, ein Mitglied des Vereinsvorstands, bezeugt, wie der kleine Verein schon in seinen ersten Jahren weit bekannt wurde – trotz der Einstellung mancher Zweifler.

23
Vom Neckarstrande

Obgleich man schon im Jahre 1865 nur 14 bis 16 Stunden brauchte, um von Leipzig nach Stuttgart zu kommen, so erfuhr man doch dort nichts von der Gründung des Allgemeinen deutsch. Frauenvereins, und natürgemäß erfuhr ich ebensowenig in meiner Heimat Tübingen. Die Stürme des Jahres 1866 trennten die Süddeutschen durch die Mainlinie noch strenger von Norddeutschland, und ich betrachte es daher wie eine besondere Fügung, daß im Jahre 67 oder 68 einige Nummern der Neuen Bahnen in mein Haus flogen. Nachdem ich einige Aufsätze von Louise Otto gelesen hatte, war ich entschlossen, Mitglied des Allg. Deutsch. Frauenvereins zu werden, und schon 1869 besuchte ich dessen Generalversammlung in Kassel. [...] Ich besuchte Louise Otto, nachdem ich schon seit Jahren mit ihr in Briefwechsel gestanden hatte, in ihrem eigenen Heim, das mich so traulich anheimelte als die Wohnstätte einer Frau, der auch nicht eine einzige häusliche Neigung fehlte und welche sinnig die Räume zu schmücken verstand, in denen sie lebte. [...] Es gab damals keine kühnere Feder unter den deutschen Frauen, und ich hätte gern alle Welt zu Louise Otto geschickt, damit der beharrliche Trugschluß, daß hohes Geistesstreben mit den Vorzügen edler Weiblichkeit nicht vereinbar sei, in seiner Wurzel zerstört werde. Während ihre ganze Seele sich begeisterte für Freiheit und Fortschritt in der Politik und der Frauenfrage, war sie in ihren Lebensgewohnheiten entschieden konservativ.

[...]
Die hohe Einfachheit ihres Wesens fesselte jede Persönlichkeit, welche sich einigermaßen über die Mittelmäßigkeit erhob. Während ihres ganzen Lebens wurde sie von Gelehrten, Künstlern, Politikern und Männern des Volkes aufgesucht, und alle bewunderten an ihr den großen, sichern Blick und jene selbstlose Hingabe an ihre Ideale, die sie auch nie von den eigenen Werken sprechen ließ. [...] [Über einen Besuch bei Weber 1878:] Herzlich lachte sie, als ich ihr ein kleines Erlebnis aus Stuttgart erzählte. Dort hatte ich in einer Gesellschaft neben einem bekannten Schriftsteller gesessen und mich zuerst mit ihm: »Von allem Hohen, was Menschenherz erhebt« recht lebhaft unterhalten. Da kam durch ein Gedicht auch die Rede auf Louise Otto und ich gab meiner Begeisterung für dieselbe vollen Ausdruck. Da schaute der gute Mann fast entsetzt auf mich: »Ist es wirklich wahr, daß Sie eine Vereins- und Gesinnungsgenossin von dieser Revolutionärin und Emanzipierten sind?« »Mache ich Ihnen einen so philisterhaften, hausbackenen Eindruck, daß Sie mich eines idealen Strebens nicht für fähig halten?« lautete meine Gegenfrage. Seine Antwort, welche Louise Otto besondere Belustigung gewährte, war vom Standpunkt der Logik aus klassisch; er sagte: »O nein, das nicht! Aber ich stellte mir die für die Emanzipation kämpfenden Frauen und Fräulein verbittert, einseitig, grämlich und – sehr mager vor.« Man kann sich vorstellen, wie auf lange hinaus diese geistreiche Antwort uns erheiterte. [...]

Mathilde Weber

24
Vor dreißig Jahren

Als ich um die Mitte Februar des Jahres 1865 zum ersten Mal in einem großen Konzert auftrat und eine Reihe Schubertscher Lieder gesungen hatte, erschien einige Tage später in der »Mitteldeutschen Zeitung«, welche die Richtung der Achtundvierziger vertrat, eine mit L. O. unterzeichnete, sehr eingehende Besprechung meiner Leistung. Es war nicht allein die freundliche Anerkennung, welche mich so hoch erfreute, sondern noch mehr die Chiffre L. O., durch welche ich erfuhr, daß Louise Otto die Verfasserin dieser Kritik war. In unserer Familie wurde seit Jahren diese Schriftstellerin hochverehrt und die schweren Lebensschicksale derselben, die wir durch Freunde erfahren

hatten, steigerten diese Verehrung zur Bewunderung. Meine älteste Schwester Auguste hatte schon längst gewünscht, sich dieser großen Frau zu nähern und nach vielen Beratungen, bei denen unsere Mutter endlich den Ausschlag gab, beschlossen wir, am nächsten Sonntag Louise Otto aufzusuchen, um ihr für alles zu danken, was uns durch sie geworden war. Wir selbst waren ziemlich zaghaft, aber auch Louise Otto schien zurückhaltend, so daß wir anfangs nicht wußten, ob sie nicht doch unsern Besuch als eine Zudringlichkeit empfand. Plötzlich aber sagte sie uns: »Wollen Sie nicht Donnerstag Abend zu mir kommen? Meine Freunde haben meine Donnerstagabende Unschuldsbund getauft, weil an diesen die Herren ausgeschlossen sind und ich fast nur ältere und jüngere Mädchen einlade.« Als wir dankend annahmen, hob sie zum ersten Mal die Augenlider und zwei große, klare, blaue Augen blickten prüfend auf uns. Beim Abschied reichte sie uns die Hand und sprach ein so freundliches »Auf Wiedersehen«, daß wir nicht zweifeln konnten, unser Besuch sei für Louise Otto eine Freude gewesen. Wir wurden von nun an eifrige Mitglieder des Unschuldbundes, denn die gastfreundliche Wirtin verstand es, eine wahrhaft edle Geselligkeit zu pflegen. Bei ihr traf man die ersten Künstlerinnen des Theaters, bedeutende Musikerinnen und Schriftstellerinnen. Die Frau meines verehrten Lehrers, des Musikschriftstellers Brendel, eine Russin, wirkte geradezu hinreißend in der Unterhaltung. Ich müßte eine lange Reihe von Namen nennen, wollte ich aller der klugen und edlen Frauen, der anmutigen Mädchen gedenken, die in den immerhin engen Räumen sich versammelten. Der erste Donnerstag, an dem wir uns dieses Kreises erfreuen durften, wurde bedeutungsvoll für die spätere Gründung des Allgemeinen Deutschen Frauen-Vereins. Louise Otto sagte zu meiner Schwester: »Es hat mich ein wunderlicher Heiliger besucht, der mit unserer Hilfe einen Frauenverein gründen will. Ich habe ihm versprochen, Sie auch zu einer demnächstigen Versammlung aufzufordern. Soll ich aber Moses sein, müssen Sie mein Aron werden.« Meine Schwester lachte, denn sie wollte damals von dieser Mission gar nichts wissen; ich wurde natürlich wegen meiner Jugend ganz aus dem Spiel gelassen. Später habe ich mich oft unsrer alten, hochverehrten Freundin gegenüber gerühmt, daß ich doch eigentlich die erste Veranlassung gegeben für die vereinte Wirksamkeit von Louise Otto und meiner Schwester.
Überraschend schnell entwickelte sich zwischen der großen Frau und allen Gliedern unsrer Familie die innigste Freundschaft, ja

Vertraulichkeit. Durch fast drei Jahrzehnte hindurch hat dann Louise Otto jeden Freitag in unserm Hause verbracht, und uns Töchter beglückte es sehr, daß auch unsre Mutter sich voll und ganz mit ihr verstand. Während sie meinen beiden Schwestern gegenüber fast immer ernst war, neckte sie sich mit mir gar zu gern, dafür aber durfte ich sie beim Fortgehen in ihre Mäntel und Shawls hüllen, und sie behauptete, daß niemand auf der weiten Welt es so gut verstände. Am schönsten waren jedoch die Tage, die wir nach Aufgabe unsrer Pension mit unsrer Freundin verlebten, denn nun war Stille um uns geworden. Ihr Körper alterte, aber der Feuergeist war lebendig und wir lauschten oft andachtsvoll den Worten dieser großen und guten Frau.
Am Tage ihres Todes war mir das Glück beschieden, einen Augenblick des Bewußtseins zu erleben, ihr letztes Wort zu mir war: »Die Neuen Bahnen sind fertig.« Die große Traurigkeit, welche der Gedanke, daß sie nicht mehr unter uns weilt, hervorruft, wird verklärt durch die dankbare Erinnerung alles dessen, was uns durch sie geworden ist.

Clara Claus[-Schmidt]

DIE LETZTEN JAHRE: 1891–1895

LUISE OTTO-PETERS

Louise Otto-Peters
(*aus: Heinrich Groß*, Deutsche Dichterinnen)

1891 27.–29. September: 16. Generalversammlung des ADFVs, Dresden: Louise Otto verpaßte die Versammlung zum 1. Mal, dichtete aber dazu *Ernte und Saat*

1892 Niederlegung Louise Ottos des Vorsitzes des Leipziger Frauenbildungsvereins

1893 MEIN LEBENSGANG, Gedichte

21.–23. Oktober: 17. Generalversammlung des ADFVs, Nürnberg: Louise Otto nicht anwesend, schickte aber einen Gruß und wurde wiederum als 1. Vorsitzende gewählt

5. Dezember: Gründung einer Leipziger Ortsgruppe des ADFVs; bis September 1894 war Louise Otto im Vorstand

1894 16. Februar: Käthe Windscheidt bestand in Heidelberg das Doktorexamen und wurde die erste weibliche deutsche Dr. phil. im 19. Jahrhundert

Ostern: Einweihung der Gymnasialkurse für Mädchen, Leipzig, an der Louise Otto teilnahm; es war ihre letzte Teilnahme an einem öffentlichen Akt

3. April: Beginn des Unterrichts in den von dem ADFV gegründeten Gymnasialkursen, Leipzig; Dr. phil. Käthe Windscheid, Leiterin

Sommer: Tod des letzten Neffen (Sohn von Franziska), Chemnitz; Übergabe eines großen Teils der Leitung des ADFVs an Auguste Schmidt

Gründung des Bundes deutscher Frauenvereine, mit Auguste Schmidt als 1. Vorsitzenden; politische, d. h. proletarische Frauenvereine wurden ausgeschlossen

1895 13. März, 16.30 Uhr: Tod von Louise Otto; anwesend: Dr. Anna Kuhnow, Leipzigs 1. Ärztin

Begräbnis neben dem Gatten auf dem Johannisfriedhof, Leipzig; die Gräber, auch das von der daneben begrabenen Auguste Schmidt, wurden später aufgelöst.

EINLEITUNG

Es wird behauptet, daß Louise Otto am Tag ihres Todes mit einer befreundeten Sängerin sprach und daß ihre letzten Worte an diese gewesen seien: »Die Neuen Bahnen sind fertig.« (*NB* XXXI, 6 [15. März 1896], S. 50) Es wäre Anmaßung, diese Worte symbolisch aufzufassen. Louise Otto war und blieb trotz ihrer utopischen Ideale eine Frau mit Realitätssinn, die pflichtbewußt handelte und deshalb selbstverständlich auf Termine achtete. Daß sie sich bis zu ihrem Ende mit ihrer Zeitschrift beschäftigte, war eigentlich zu erwarten; denn obwohl ihre Energie immer mehr nachließ, obwohl sie seit Beginn der neunziger Jahre auf Grund ihrer Hinfälligkeit nicht mehr in der Lage war, an den Generalversammlungen des Allgemeinen deutschen Frauenvereins teilzunehmen, obwohl sie seit 1894 auch im Frauenbildungsverein nicht mehr mitwirkte, blieb sie geistig stark, unbeirrbar in ihrer Beharrlichkeit, erfüllt von Ideen und Plänen wie eh und je. Sie schrieb noch fleißig weiter, wenn auch der Umfang des Geschriebenen nachließ; sie interessierte sich nach wie vor für die Tätigkeiten des Vereins; vor allem lag ihr das Schicksal der vielen Bittschriften an die Regierung am Herzen, Petitionen für eine Ausweitung des Frauenstudiums an den Universitäten, besonders in den Fächern der Medizin, der Pädagogik, des Rechtes. Daß sie nach dem Erscheinen der *Nachtigall von Werawag* im Jahr 1887 keine Romane mehr verfaßte, ist wohl verständlich; eine Autobiographie wäre jetzt an der Reihe gewesen. Daß sie jedoch nie dazu kam, eine ausführliche Schilderung ihres bewegten Lebens zu schreiben, wird seitdem bitter beklagt. Statt dessen aber erschien der letzte Gedichtband; im Grunde genommen war es für sie sehr bezeichnend, daß sie auf diese Weise die Öffentlichkeit über ihre Person aufklären wollte. Gedichte standen ja auch am Anfang ihres öffentlichen Wirkens; damals wie jetzt konnte sie damit ihren Gefühlen und Meinungen am besten Ausdruck verleihen.

Wie bei den anderen Gedichtsammlungen ist der Erfolg dieses Bandes gemischt; die Idee triumphiert, nicht die Form. Der Band vermittelt einen Überblick über ihr Leben, man spürt die Aufregungen und Sorgen, erlebt die Begeisterung sowie die

Entmutigung; was aber fehlt, ist die Spontaneität der frühen Bände. Daß sie, wie sie im Vorwort sagt, die meisten auf die Frauenfrage bezogenen Gedichte sowie die meisten Tendenzgedichte ausgelassen hat, scheint aus heutiger Sicht eher ein Fehler zu sein; ihr Leben war ja vor allem von diesen Leitlinien bestimmt. Der stärkste und der bleibende Eindruck ist der einer objektivierten, etwas distanzierten Erinnerung, ein Versuch, das Leben als Ganzes zu betrachten und die hier und da auftauchenden geringfügigen Streitigkeiten aus der richtigen Perspektive zu beurteilen. Die Begeisterung der *Lieder eines deutschen Mädchens*, die ganze Frische vieler der gefühlvollen Gedichte in dem Band von 1868 fehlen, und – wohl veranlaßt durch die formale chronologische Anordnung – spürbar ist vor allem das zunehmende Alter, die Verlangsamung der Schritte, die Bedachtsamkeit im Ausdruck, aber auch der Wunsch, einen zusammenfassenden Kommentar zu geben, ein Lebensresümee zu schreiben.

Daß sie jedoch neben der Arbeit an den *Neuen Bahnen* auch einen lebhaften und höchst interessanten Aufsatz über die gegenwärtige Stellung der unverheirateten und verheirateten Frauen verfaßte, ist bezeichnend. Hier zeigt sich ihr Engagement nochmals ungebrochen, genauso gegenwartsbezogen und informiert wie immer. Die Leitmotive ihres Lebens klingen abermals an: die Änderungen, die die Industrialisierung Deutschlands mit sich brachte; die wichtigen Unterschiede zwischen den Rechten und Pflichten der ledigen und verheirateten Frauen; vor allem das Erfordernis der Selbsthilfe, die existentielle Notwendigkeit für alle Frauen, Freiheit und Selbständigkeit zu erobern und zu bewahren. Sie spricht aus langjähriger Erfahrung; sie spricht hier als alleinstehende, aber gleichzeitig als völlig selbständige Frau, die gelernt hat, selbst für ihren Unterhalt zu sorgen, die sogar oft behauptet, sie sei sehr gerne allein und auf sich selbst angewiesen. Die Unfreiheit der Jugendjahre ist verschwunden, und obwohl sie alt ist, beinahe am Ende ihres Lebens, fühlt man nicht nur die aus den bewältigten Verlusten der Kindheitsjahre erlangte Stärke, sondern auch die überzeugende Selbstsicherheit, die im Laufe dieser sechsundsiebzig Jahre mit Beharrlichkeit und Mühe errungen wurde.

Das Haus in der Schützenstraße 4, Leipzig, Louise Ottos letzter Wohnsitz (Foto: Erhard F. Joeres)

Gedenktafel am Haus in der Schützenstraße, Leipzig
(Foto: Erhard F. Joeres)

Wie am Anfang, so am Ende. In den letzten fünf Jahren ihres Lebens blieb Louise Otto genauso engagiert wie immer, schrieb weiterhin Aufsätze für die Neuen Bahnen *und andere Zeitschriften, korrespondierte, dichtete. Ein später Aufsatz aus ihrer Vereinszeitschrift ist beigefügt, sein Thema: die internationale Arbeiterschutzkonferenz. Louise Ottos Anteilnahme an dem Los der Arbeiterinnen erlahmte eigentlich nie, sogar nicht in den Jahren, in denen sie mit zunehmendem Alter ihre Tätigkeiten stark einschränken mußte. Der Aufsatz über die Stellung der Frau faßt ihre Lebensphilosophie zusammen und beweist vor allem ihre konsequente Haltung. Und der schon in der Einleitung erwähnte Essay über Agnes Franz bezeugt Louise Ottos anhaltendes Interesse für andere Schriftstellerinnen.*

1
Agnes Franz

In diesem Lenz ziemt es uns, einer deutschen Schriftstellerin zu gedenken, da er für sie ein doppeltes Jubiläum bringt.

Sie ward vor hundert Jahren geboren – am 8. März 1794 – und starb vor 50 Jahren – am 13. Mai 1843.

Sie war mir persönlich unbekannt – als sie aber starb in eben dem Jahr, als ich mich auf die schriftstellerische Laufbahn »wagte«, wie man zu jener Zeit noch sagte, während jetzt dieselbe Laufbahn als eine sehr gebräuchliche, empfehlenswerte und mit mehr oder weniger Glück von den Frauen betretene gilt – ging mir ihr Tod sehr nahe. Hatte ich doch – mit Ausnahme ihrer Kinderschriften – da ich überhaupt nicht las, was die Firma »für Kinder« oder »für die weibliche Jugend« trug, ihre andern Schriften und Gedichte sehr gern gelesen, für manche derselben, namentlich in erster Jugend auch für ihren Roman »Angela« geschwärmt, und manche »schöne« Stellen daraus in mein »Kollektantenbuch« eingetragen. Besonders empfand ich die wärmste Sympathie für ihre patriotische Gesinnung und die wärmste Anerkennung ihres selbstlosen Lebens, das sie auch für die Entbehrung mancher Jugendfreuden und schönen Liebesglückes Ersatz finden ließ nach außen in ihrem schriftstellerischen Beruf, in dem erzieherischen, den ihre Familienverhältnisse ihr zuwiesen. Und somit gehört sie nach ihren Leistungen und ihrer Vorurteilslosigkeit ganz und gar mit zu den Vorläuferinnen unsrer jetzigen Frauenbewegung und hat jedes Recht darauf, daß die »Neuen Bahnen« ihrer gedenken – nicht allein als Talent, sondern als edles, nachahmungswertes Beispiel. [...]

2
Zur internationalen Arbeiterschutzkonferenz

»Im Hochland fiel der erste Schuß!«, so sang einst vor länger als 40 Jahren *F. Freiligrath*, als die Lawine der allgemeinen Völkererhebung ins Rollen kam. So hat die Schweiz auch jetzt im Interesse des Volkswohls die Initiative ergriffen, ohne kriegerischen Schuß, mit einem friedlichen Weck- und Mahnruf des Alpenhorns.

Am 15. März 1889 erließ der schweizerische Bundesrat in Bern eine Einladung eben dahin zu einer internationalen Konferenz zur Beratung von Maßnahmen zur Besserung der Verhältnisse der Arbeiter, welche im Frühling 1890 abgehalten werden solle.

Noch ehe diese Zeit herankam, überraschte der *deutsche Kaiser* seinerseits das deutsche Volk und die Nachbarländer durch einen, ihn selbst wie seine Zeit ehrenden Aufruf mit dem würdigen Vorschlag zu einer ebenfalls internationalen Konferenz in *Berlin* zusammenzutreten. Die Antworten ließen nicht lange auf sich warten. Der Schweizer Bundesrat verzichtete auf die Berner Konferenz zu Gunsten der Berliner. Die eingeladenen Regierungen stimmten zu und sandten ihre Vertreter zu der nun bereits im März in Berlin zusammengetretenen Konferenz.

Uns interessiert natürlich dies ganze Friedenswerk im Dienste des Volkswohls, aber wir können es in diesem Blatt nur so weit beleuchten, als es sich mit den Frauen und Kindern beschäftigt.

Das Programm für die Beratung der internationalen Konferenz, betreffend Regelung der Arbeit in industriellen Anlagen und Bergwerken lautet im Auszug:

I. *Regelung der Arbeit in den Bergwerken.* 1) Ist die Arbeit unter Tage zu verbieten: a. Für Kinder unter einem bestimmten Lebensalter?
b. Für weibliche Personen?

II. *Regelung der Sonntagsarbeit.* 1) Ist die Arbeit an Sonntagen der Regel nach und, Notfälle vorbehalten, zu verbieten?

III. *Regelung der Kinderarbeit.* 1) Sollen Kinder bis zu einem gewissen Lebensalter von der industriellen Arbeit ausgeschlossen werden? 2) Wie ist das Lebensalter, bis zu welchem die Ausschließung stattfinden soll, zu bestimmen? 3) Welche Beschränkungen der Arbeitszeit und der Beschäftigungsart sind für die zur industriellen Arbeit zugelassenen Kinder vorzusehen?

IV. *Regelung der Arbeit junger Leute.*

V. *Regelung der Arbeit weiblicher Personen.* 1) Soll die Arbeit verheirateter Frauen bei Tage oder bei Nacht eingeschränkt werden? 2) Soll die industrielle Arbeit aller weiblichen Personen (Frauen und Mädchen) gewissen Beschränkungen unterworfen werden? 3) Welche Beschränkungen empfehlen sich in dem Falle? 4) Sind für einzelne Industriezweige Abweichungen von den allgemeinen Bestimmungen vorzusehen und für welche?

VI. *Ausführung der vereinbarten Bestimmungen.*

Zur näheren Orientierung über die jetzt herrschenden Bestimmungen in den europäischen Staaten über Frauenarbeit teilen wir folgendes mit:

In *Deutschland* dürfen Wöchnerinnen nicht vor Ablauf von drei Wochen nach der Entbindung beschäftigt werden. Für den Bergbau ist die Beschäftigung von Arbeiterinnen unter Tage generell untersagt. Aus gesundheitlichen Gründen und solchen der Sittlichkeit kann der Bundesrat für gewisse Betriebszweige die Verwendung von Arbeiterinnen verbieten oder aber an einschränkende Bedingungen knüpfen; insbesondere kann Nachtarbeit von Arbeiterinnen für gewisse Fabrikationszweige untersagt werden. Für Zigarrenfabriken ist vorgeschrieben, daß Arbeiterinnen in unmittelbarem Arbeitsverhältnis zum Betriebsunternehmer stehen müssen, weshalb das Annehmen und Ablehnen derselben durch andere Arbeiter oder für deren Rechnung untersagt ist, soweit nicht die Arbeiter untereinander in ehelichen, geschwisterlichen oder elterlichen Beziehungen stehen.

[...]

Die soziale Frage und ihre ersehnte Lösung beschäftigt jetzt die Gemüter mehr als je – aber sie war immer da, der Unterschied ist nur, daß man jetzt eingesehen hat, wie es nicht mehr möglich ist, sie zu ignorieren, noch sie gewaltsam aus der Welt zu schaffen. In meiner Jugend nannte man sie »Das rote Gespenst«. Bei der Erhebung von 1848 begann man auch in den gesetzgebenden und parlamentarischen Kreisen mit ihr zu rechnen. Was man jetzt »*Arbeiterschutz*« nennt, nannte man damals »*Organisation der Arbeit*«. Nicht nur Frankreich ging an diese Aufgabe (Errichtung von Nationalwerkstätten usw.), auch in den deutschen Staaten errichtete man Arbeitsministerien und setzte Kommissionen ein »zur *Organisation der Arbeit*«, in welcher auch die Arbeiter selbst mit vertreten waren; das geschah z. B. auch in Sachsen unter dem Ministerium Oberländer im Frühling 1848. Aber leider war damals immer nur von der *Männerarbeit* die Rede und von vielen Seiten ward verlangt, die *Frauenarbeit* ganz zu verbieten, die Frauen aus den Fabriken zu vertreiben usw. Ich war damals noch nicht in der glücklichen Lage wie jetzt, mit gleichgesinnten Frauen vereint beraten und wirken zu können – aber ich tat allein, was ich nicht lassen konnte: Ich ließ einen Aufruf drucken und sandte ihn an das vorerwähnte sächsische Ministerium und die Arbeiterkommission. Er enthielt unter anderem die Worte: »Glauben Sie nicht, daß Sie die Arbeit jemals organisieren können, wenn Sie nur die der Männer und nicht auch die der *Frauen mit organisieren wollen.*« Daß mir ein Teil der Arbeiter und Abgeordneten, die meine Stellung zur Arbeitsbewegung schon durch frühere Schriften kannten, zustimmen würde, durfte ich hoffen – aber es geschah nicht nur dies, sondern der Minister kam selbst zu mir und gab mir Gelegenheit, mich über manches gegen ihn auszusprechen. Diese Zeiten sind vorüber und welche schlimmen ihnen auch folgen, *jetzt* ist im Punkte der Frauenarbeit doch alles im Lauf der Jahre und der wachsenden Humanität, ja, auch der wachsenden Notwendigkeit tausendmal besser geworden.

Aber darum ist es deshalb noch nicht gut und noch lange nicht, wie es sein sollte. Und immer wieder taucht fast in jedem Programm, das sich mit den Arbeits- und Erwerbsverhältnissen beschäftigt, der aller Humanität spottende Paragraph auf: »*Beschränkung der Frauenarbeit!*«

Und was das Schlimmste ist: Früher verschaffte man ihm Geltung nach brutalen Anschauungen der alten Zeit, daß die Frau eben überall von Rechts wegen dem Manne nachzustehen habe – jetzt will man ihn zur Geltung bringen unter der schönen Maske der Humanität: Die schwache Frau soll geschont werden, soll nur süßen Familienpflichten leben, die ihr doch nur selten zuteil werden können und nennt es noch »*Frauenschutz*«, wenn man sie durch Arbeits- und Erwerbslosigkeit dem Elend und der Willkür überliefert! –

Wir haben das Vertrauen zu der wirklichen Humanität und Erfahrungsweisheit der jetzt zusammengetretenen internationalen Konferenz, daß sie nicht vergessen wird, auch der Frauenarbeit sich anzunehmen und hoffen, davon bald Segensreiches mitteilen zu können!

3
Zur Stellung der deutschen verheirateten und unverheirateten Frauen im Hause, in der Gesellschaft und in der Öffentlichkeit

Wie langsam immerhin, es hat sich doch auch in Deutschland im Lauf der Jahrzehnte in den Ansichten und Tatsachen bezüglich der Verschiedenheit der Stellung der verheirateten und unverheirateten Frauen ein großer Umschwung vollzogen; vorzüglich ist der Fortschritt darin gerade den *unverheirateten* zugute gekommen. Natürlich genug, denn sie waren es, die früher unter Vorurteilen und Schranken, die eine spätere Zeit nicht nur ganz unhaltbar, sondern sehr lächerlich finden wird, ungleich mehr zu leiden hatten, als die verheirateten.

In früheren Zeiten, als die Lebensansprüche geringer und die Eheschließungen in allen Ständen leichter waren, als im Hause selbst weibliche Arbeitskräfte mehr gebraucht wurden wie jetzt und die Statistik noch nicht ausgerechnet hatte, daß es bei der größeren Zahl von Frauen – die auch jetzt eine viel bemerklichere ist als früher – nicht möglich ist, daß sich alle verheiraten, galt es als unglückliche Ausnahme, wenn Mädchen *nicht* zur Ehe gelangten. Aber das Leben in Haus und Familie war ein anderes – diese übriggebliebenen Mädchen *blieben* dann (in den Mittel- und höheren Ständen, die ich allein hier ins Auge fasse) auch wirklich im *Haus* von Eltern oder Geschwistern und waren da auch im anderen Sinne *gar nicht übrig,* denn sie teilten die Arbeiten der Hausfrau, die sonst viel größere als jetzt waren, ersparten in Küche und Kinderstube bezahlte Helferinnen. Sie hatten neben diesem Bewußtsein das befriedigende, daß sie auch ohne Kontrakt von Leistung und Gegenleistung ihren Unterhalt reichlich quitt machten, zumeist durch die moralische Verlaßbarkeit und die Bildung, die sie oft zum Segen des Hauses werden ließ. Aber trotz dessen war die Stellung dieser Unverheirateten, auch wenn die Hausfrau ihre Schwester war, meist eine *gedrückte* im Haus und noch mehr in der Gesellschaft. Die

Dienstboten und die Kinder fühlten sich weniger verpflichtet ihr zu gehorchen, als der Hausherrin – und auch gesellschaftlich betrachtete man sie meist nur als Anhängsel an diese. Man lud sie mit ein – aber meist nicht einmal mit Nennung ihres Namens, sondern als »Fräulein«, »Mademoiselle« oder »Schwester« und immer mußte sie gegen diese, auch wenn sie die ältere war, zurückstehen – und so *jede* Unverheiratete vor der Verheirateten. Das Sofa und andere Ehrenplätze gebührten immer nur dieser, war sie auch noch so jung, und so auch das Amt einer Ehrendame. Als es überhaupt noch anstößig gefunden ward, wenn junge Mädchen allein spazieren- oder in Gesellschaft gingen, mußte eine *verheiratete* Frau, wenn die Mutter es einmal nicht selbst konnte, die Begleiterin sein, eine *solche,* und wenn sie noch so jung oder oberflächlich war, genügte, aber nicht etwa eine ältere Unverheiratete – auch *nicht* die würdigste alte Tante, die Schwester der Mutter! Das Wörtchen »Frau«, das den Besitz eines Ehemannes verbürgte, gab der Frau, auch der verwitweten noch, die Garantie, ein junges Mädchen »beschützen zu können«, sicherte ihr überhaupt Ansehen und Respekt.

In diesem Vorurteil ward auch nichts geändert, als – das *Gesetz* auf die Seite der Mädchen trat und sie mit 21 bzw. 24 Jahren *völlig mündig* sprach, indes die verheiratete Frau immer unter der Vormundschaft ihres Mannes stand.

Als nämlich zu Anfang der 1830er Jahre ein großer Umschwung durch größere und kleinere Volksbewegungen hervorgebracht ward, führten auch viele deutsche Staaten eine Verfassung ein – mit Ausnahme Preußens und einiger kleiner Regierungen, die erst 1848 dazu gezwungen wurden. Durch diese Verfassungen – zuerst in Baden und Sachsen – wurden auch die Mädchen mit 21 mündig erklärt und die Geschlechtsvormundschaft abgeschafft. Bis dahin hatte *kein* weibliches Wesen vor Gericht usw. eine gültige Unterschrift abgeben können, noch über ihr eignes Hab und Gut verfügen, *ohne* den Rechtsbeistand eines Mannes – bei der verheirateten Frau war es und ist es *noch jetzt* der eigne Mann –, aber die Mädchen und die Witwen wurden erlöst von jener Schmach der lebenslänglichen Gleichstellung mit Kindern und Blödsinnigen! – Dadurch hätten sie wie im Staat auch im Haus und in der Gesellschaft mit einem Schlage höher angesehen werden müssen als die Ehefrau, aber davon war keine Rede und erst langsam hat sich da eine Wandlung zum Besseren, wenn auch kaum vollständige Gleichstellung vollzogen, und zwar mehr durch die Fortschritte der Zeit und die Kraft und das Selbst-

bewußtsein einzelner, als durch Erkennen der früheren Ungerechtigkeit und verdrehten Anschauungen.
Die Fortschritte der Industrie brachten es mit, daß in Haus und Familie viele weibliche Gehilfinnen nicht mehr zu beschäftigen waren und daß sie aus der Not des Erwerbens nach einem angemessenen Wirkungskreis strebten. So haben ihn, besonders nach der immer mehr zum Bewußtsein gebrachten Erkenntnis von den vielseitigen Fähigkeiten der Frauen, auch Tausende gefunden. Unter diesen sind viele, die – ob sie nun jung oder alt seien – ihren eigenen Kräften Selbständigkeit, Ansehen, hochgeachtete Stellungen und die Gelegenheit verdanken, für andere – für Eltern und Geschwister, für ihre Umgebung und für das Allgemeine so segensreich zu wirken, daß sie als »Fräulein« und mit ihrem Familiennamen doch wahrlich nicht mehr zurückgesetzt werden können vor »Frauen«, die vielleicht kein Verdienst weiter haben, als daß ihnen ein Mann seinen Namen gegeben. So sehen wir denn jetzt allmählich, wie man den Wert edler Weiblichkeit und Menschlichkeit auch da herausfindet und ihm vertraut, wo die natürliche und traditionelle Würde der Gattin und Mutter nicht dabei ist. Wie einst im Mittelalter die Klosterjungfrauen und zuhöchst die Äbtissinnen geehrt und über die der verheirateten Frauen gestellt wurden, so wird man auch jetzt, je nach Verdienst, die selbständigen und alleinstehenden, im Dienst der Humanität, im Weltleben segensreicher wirkenden Unvermählten, als jene im Dienst der Kirche, nicht mehr irgendwie und -wo zurückzusetzen wagen. Man wird mit gerechterem Maße als bisher die Verdienste einer jeden messen, sei die betreffende ledig oder verheiratet. – Nach dem Entwurf des neuen bürgerlichen Gesetzbuches für das deutsche Reich hat die Unvermählte jedes persönliche Verfügungsrecht und nur die Verheiratete steht in vielen Stücken unter der gesetzlichen Gewalt des Mannes. –
[...]
Auch die verheiratete Frau muß lernen und lernt es mehr und mehr, auch ohne diesen »Schutz« oder den Nimbus, der von ihrem Ehemann ausgeht, in der Gesellschaft und im öffentlichen Leben sich selbst zu beschützen, ihr Tun und Reden zu vertreten und für ihre Würde einzustehen. So vor Gericht, wenn sie z. B. in Differenzen mit Professionisten und Dienstmädchen von diesen verklagt worden ist, oder ehe es noch so weit gekommen, denn sie zeigt sich selbst als unmündiges Kind statt als mündige Frau, wenn sie ihren Mann zu Hilfe ruft. Und ebenso ist es, wenn sonst irgendwie und – wo ihr eine Beleidigung zugefügt wird und sie

keine bessere Antwort hat als die Drohung: Ich werde es meinem Mann sagen usw. Solche Armutszeugnisse sich selbst zu geben, muß eine Frau vermeiden.

Ebenso gibt sich jede Verheiratete wie jede Unverheiratete ein schlechtes Zeugnis in anderer Beziehung, wenn sie in Verlegenheit kommt, sobald sie allein ist und den Besuch eines und mehrerer Herren empfängt oder sonst in ähnlichen Situationen sich mit ihnen zusammenfindet. Für unverdorbene, anständige, wahrhaft sittliche und gebildete weibliche Wesen muß es doch ganz gleich sein, sich mit anständigen Männern allein zu unterhalten oder in Gegenwart anderer. Und so ist es auch eines der für das weibliche Geschlecht beleidigendsten Bedenken, daß man gegen manche neuere weibliche Berufszweige geltend macht, daß sie dieselbe in steten oder öfteren Verkehr mit Männern brächten! Als ob damit immer eine Gefahr oder mindestens ein rücksichtsloses oder gar unanständiges Betragen verbunden sein müßte.

Aber auch der Fortschritt der Moral und die immer neu gegebenen besseren Beispiele im gesellschaftlichen wie im geschäftlichen Leben strafen diese Vorurteile Lügen und verwandeln die alten Anschauungen in zeitgemäße, so daß man allmählich aufgibt, das weibliche Geschlecht durch unwürdige Voraussetzungen in scheinbar guter Absicht zu beleidigen.

Die wahrhafte, edelste Weiblichkeit zeigt sich eben darin, daß sie ihrer selbst sicher und gewiß ist, gerade weil sie frei, ohne Stütze dasteht, auch *fest* zu stehen gelernt hat, und weil sie eben ohne jedes Gängelband einherschreitet, auch ihres Weges sicher zu sein und der Schritte, die sie tut.

Nach dem Bewußtsein solcher Würde und Selbständigkeit im Innern wie im Äußern zu gelangen und sichern Muts damit den einzelnen wie einer Welt gegenüberzustehen, ist mit eine der Hauptaufgaben der jetzigen Frauenbewegung. In dieser Beziehung können gerade die Damen der Salons oft viel lernen von denen, die arbeitend, erwerbend darauf angewiesen sind, allein und sich selbst bewachend im Leben zu stehen.

Louise-Otto-Denkmal, Leipzig (Fotos: Erhard F. Joeres)

NACHWORT

Kehren wir jetzt zu den in der Einleitung angeschnittenen Fragen zurück. Was war es, das Louise Otto den Erfolg brachte? Warum war es ausgerechnet ihr vergönnt, die deutsche Frauenbewegung zu begründen und sie über längere Zeit zu prägen? Warum konnte z. B. ihre Frauenzeitung trotz der allenthalben wirkenden Reaktion sich vier Jahre am Leben halten, wogegen Louise Astons *Freischärler* sowie Mathilde Franziska Annekes zwei Frauenzeitungen und Luise Dittmars *Soziale Reform* nach weniger als einem Jahr ihr Erscheinen einstellen mußten? Warum konnte dieser Verein nach seinem unbedeutenden Anfang als kleine Gruppe, die sich zunächst eher großspurig und ungerechtfertigt als nationaler Frauenverein verstand, so an Umfang und Bedeutung gewinnen? Warum konnte der Verein allen Anfeindungen und Spötteleien, dem ständigen Geldmangel und der fehlenden offiziellen Hilfestellung trotzen und über eine lange Zeit hin die gesamte bürgerliche Frauenbewegung unter seiner Obhut halten? Warum, mit anderen Worten, gingen Louise Ottos Ideen und Pläne in Erfüllung, wogegen beinahe alle anderen fehlschlugen?

Es ist sicher gefährlich, einfache Antworten zu suchen und dieses uns jetzt bekanntere Leben zu sehr zu kategorisieren, abzukapseln, in ein vielleicht gar nicht gültiges Muster zu pressen und Louise Otto dabei abzufertigen, indem man sie trivialisiert, verallgemeinert, typisiert. Wenn sich im Rückblick ein Muster bemerken und identifizieren läßt, dann müssen diese Kennzeichen objektiv betrachtet und gleichzeitig muß im Sinn behalten werden, daß kein Leben völlig abgerundet und in sich geschlossen ist; immer gibt es lose Fäden, nichts ist vollständig erklärbar. Wie dem auch sei, einige Schlußfolgerungen sind möglich, ja notwendig; denn daß die organisierte bürgerliche deutsche Frauenbewegung durch eine einzige Frau geformt wurde, ist für die Jahre zwischen 1865 und 1894, also bis zur Gründung des Bundes deutscher Frauenvereine, woran sie keinen Anteil hatte, eindeutig und unbezweifelbar. Und daß sie und nicht Louise Aston oder Fanny Lewald oder Luise Dittmar oder Mathilde Franziska Anneke großen Erfolg hatte, und dies über viele Jahre hinweg, ist eine auch nicht zu widerlegende Tatsache.

Obwohl der umfangreichste Abschnitt dieses Bandes sich mit der Zeit von 1840 bis 1852 befaßt, muß man eigentlich weiter zurückgehen, wenn man Louise Otto verstehen will: in die wohlbehütete Kindheit mit den aufgeklärten Eltern, den aufgeweckten Geschwistern, eine mit Lesen, mit politischen Gesprächen, mit Annehmlichkeiten erfüllte Zeit. Die frühen Jahre also in einer Kleinstadt, in der die schlimmsten Ereignisse des Tages von ihr entfernt bzw. in objektivierender Distanz blieben: die Karlsbader Beschlüsse zum Beispiel und die Schritte gegen die damals als liberal geltenden Burschenschaften; die wenn auch willkommene, nichtsdestoweniger erschreckende Umwälzung der Pariser Julirevolution von 1830 gleichermaßen wie die aufregendsten Begebenheiten, beispielsweise die Einführung des Zollvereins 1834 oder die Exzesse der jungdeutschen literarischen Bewegung. Eine gewisse Offenheit, vielleicht auch dadurch die Fähigkeit, eine Meinung auszudrücken, sich selber als wertvoll zu empfinden, wurden schon in der Kindheit vermittelt, und es war für sie eben deswegen später nicht schwierig, objektiv, vorurteilslos, offen zu sein. Ein guter Anfang also, ungeachtet der vielen Verluste am Ende dieser Zeit.

Daß sie dann den Sprung in die wirkliche Welt wagte, hatte seinen Anlaß im frühen Verlust der Eltern sowie im darauf folgenden Tod des Verlobten, der sonst für sie die Verantwortung übernommen hätte. Als Frau ohne Ausbildung, die plötzlich stellungslos war und mit einer nur dürftigen Schulung versehen, konnte sie sich allerdings vorerst auf das kleine von ihrem Vater ererbte Vermögen stützen, mußte also nicht gleich an Erwerb denken und wurde auch durch das Ausbleiben eines derartigen Traumas wohl geprägt, denn sie beteuerte ihr Leben lang, sie habe nicht nur des Geldes wegen gearbeitet, sie wolle auch nicht, daß die Frauenbewegung nur an den Broterwerb denke. Auch wenn sie Geld geerbt hatte, so war sie schließlich sehr früh allein auf der Welt und kam vielleicht deshalb darauf zu schreiben, also doch eine Betätigung aufzunehmen, denn als kleines Kind hatte sie bereits eine schriftstellerische Begabung unter Beweis gestellt. Daß sie sich entschloß, beinahe sofort Politisches zu schreiben, hängt wohl mit den frühen Ereignissen ihres Lebens zusammen. Ihr Vater hatte sie auf jeden Fall darauf vorbereitet, politisch bewußt zu denken und zu handeln. Daß die zwei Themen *Frauen* und *Arbeiter* schon früh in ihrem Denken einen Zusammenhang gewannen, kann man daran erkennen, daß sie sich sehr bald mit den Problemen der Arbeiterinnen befaßte, eine Verbindung, die mal stärker, mal weniger stark, aber immer gegenwärtig blieb, sogar in den späteren Jahren. Sie eignete sich also schon frühzeitig eine liberale Weltanschauung an; schon als junge Frau war sie davon überzeugt, daß die Arbeiter und die Frauen vom allgemeinen Fortschritt der Welt nicht profitiert hatten.

Der Optimismus aber, der Idealismus, den in der Kindheit u. a. die Lektüre Schillers gefördert hatte, blieb wohl der stärkste Einfluß auf ihr Leben; und dieser Optimismus, der sich so stark auf eine bessere Zukunft richtete, war ein Zeichen ihres Jahrhunderts. Der technische Fortschritt durch Maschinen, die Immer-nach-vorne-Mentalität, die These, sobald Deutschland einig sei, würde alles andere gleich folgen: in dieser Beziehung war sie ein getreuer Spiegel ihrer Zeit, was auch einen Teil ihres Erfolgsbildes ausmacht.

Louise Otto nannte sich früh ein bürgerliches/sächsisches/deutsches Mädchen. Das Wort Mädchen, wohlgemerkt, umschreibt bei ihr eine unverheiratete Frau und nicht nur ein kleines Kind, ist also nie als Beleidigung zu verstehen – und in dieser Selbstbezeichnung findet man wohl auch einen Grund für ihren Erfolg: Sie war eben nicht verheiratet, war also von der ganzen spezifischen Last einer Familie, von den Sorgen um Mann und Kind und Haushalt befreit, war ohne Verantwortung für irgend jemand anders auf der Welt außer für sich selbst. Man könnte sagen, daß sie auch in ihren Ehejahren eine Ausnahme war, denn sie und August Peters halfen sich gegenseitig im Beruf, um sich weiterzubilden und vorwärtszubringen.

Außerdem darf man die Zeit und den Ort ihres beruflichen Beginns nicht vergessen. Die vierziger Jahre waren eine Zeit der Liberalisierung, in der sogar die Frauen nicht völlig außer acht gelassen wurden, und Sachsen war als ein demokratisches Land zu betrachten, vor allem Leipzig, wo Louise Otto immer mehr Zeit verbrachte und wo sie ihre wichtigsten persönlichen Verbindungen hatte. Es waren also durchaus günstige Bedingungen gegeben. In ihrem anscheinend angeborenen Sinn für Ordnung – sie spottete zwar immer über den Terminus *Ruhe und Ordnung* als Paraphrase für Konservatismus, war aber selber in ihrem persönlichen Leben so ordentlich wie möglich – mit einem instinktiven Verständnis für Organisation, wußte sie schon lange vor der Gründung der Vereine, wie sie vorgehen wollte, organisierte ihre Frauenzeitung mit genausoviel Vorsicht wie Eingebung, ohne den Sinn fürs Praktische jemals zu verlieren, wohl auch ohne zu oft daran zu denken, daß sie dabei war, eine revolutionäre Tat zu initiieren, nämlich die Gründung einer von einer Frau herausgegebenen Zeitung.

Ein praktischer Sinn für das Mögliche spielte auch eine Rolle, obwohl sie in ihrem Leben immer den Idealismus über den Realismus stellte; daß sie nur behutsam und stets innerhalb der Grenzen ihrer Möglichkeiten vorging, war mit Sicherheit ein klarer Vorteil. Sie war im Grunde beinahe immer ein Echo ihrer Zeit, eine Republikanerin in den Jahren, in denen sogar das bedächtige und behutsame Deutschland revolutionär handelte, eine Schweigende, wenn Schweigen geboten war, ein Vereinsmensch in den Jahrzehnten des Vereins; sie hielt sich also in von der Öffentlichkeit annehmbaren Bahnen, sogar wenn manche sie immer noch zu radikal oder zu konservativ fanden. Daß ihre Romane nur selten in reaktionären Zeiten zensiert oder konfisziert wurden, ist ebenfalls bezeichnend. Sie schrieb zwar manches, das den Autoritäten nicht gefiel, blieb aber meistens innerhalb vorsichtig gezogener Grenzen. Mit zunehmender literarischer Produktivität entwickelte sie auch einen persönlichen Stil, der kennzeichnend für sie war, von einem Erzählvorgang ausgehend, der vorhersehbar oder zumindest ohne Überraschungen war, wobei ihre vielen Leser und Leserinnen sich bestätigt und zugleich unbehelligt fühlen konnten. Sie schrieb immer für die Menge, für eine breitere Öffentlichkeit, die sie verstehen und begreifen konnte. Daß sie Erwartetes sagte, daß die Geschichten und Erzählungen einem bestimmten Muster folgten, schließt aber nicht aus, daß auch die engagierte Darstellung von Idealen zu finden war, was ihren Schriften nicht nur Ideenreichtum, sondern auch einen entschiedenen Optimismus verlieh, der zeitweilig übertrieben, ja manchmal sogar ärgerlich war, der aber einen gewissen Trost mit sich brachte. Die Tatsache, daß etliche ihrer Romane in mehreren Auflagen erschienen, daß besonders seit den sechziger Jahren viele ins Holländische, manche auch ins Englische übersetzt wurden, bestätigt ihre Anziehungskraft. Gleichzeitig war sie keine Marlitt, auch keine Luise Mühlbach, die in der Hauptsache Bestseller schrieben und aber Tausende anzogen; ihr Erfolg kam mindestens zum Teil aus diesem alldurchdringenden Idealismus, der ihre Leserinnen und Leser zu ihren Werken hinzog und immer mehr festhielt.

Louise Otto gab auch nie auf – sie gab nur manchmal nach. Ihre Beharrlichkeit muß immer wieder betont werden, zum Beispiel für den Verlauf der schwierigen fünfziger Jahre oder nach den vielen Todesfällen, die sie erleben mußte. Es gab Schaffenspausen, aber eigentlich nicht viele. Ihre Interessensbereiche waren ausgedehnt, sie konnte sich deshalb anderen Gegenständen zuwenden, wenn eine bestimmte Frage heikel wurde, wenn z.B. die *Frauenzeitung* nicht mehr erscheinen konnte. Aber sie gab solange nicht auf, bis die Unmöglichkeit einer Situation bewiesen wurde. Deshalb erschien die *Frauenzeitung* noch zwei Jahre nach dem ersten Schock des neuen sächsischen Pressegesetzes aus dem Jahr 1850, deshalb sollte man die letzten zwei Jahrgänge beileibe nicht ignorieren, denn die Kunst des Nach- und nicht Aufgebens wurde da sehr einleuchtend praktiziert, der Gebrauch von Metaphern, der »Ideenschmuggel«, das Nachgeben, wo es nicht wichtig war, die Beharrlichkeit, wo es darauf ankam, ehrlich und konsequent zu bleiben: Diese Zähigkeit bezeugt ihre Stärke.
Daß sie Ehrgeiz besaß, ist selbstverständlich; daß dieser Ehrgeiz aber selten zum Vorschein kam, ist auch wahr. Sie war nach der Meinung aller eine bescheidene Frau, was bestimmt für sie hilfreich war; denn die Bescheidenheit wurde und wird immer noch als Haupttugend der Menschen, vor allem der Frauen betrachtet. Sie war auch »weiblich« in dem damals allgemein verstandenen Sinn des Wortes; daß sie nicht schön war, war wohl auch ein Vorteil, denn sie bot keine »Gefahr«; aber sie war nett angezogen, ruhig, völlig bereit, in der Anwesenheit von Männern aufmerksam zuzuhören, sie wußte, wie eine Frau sich benehmen sollte, und sie fügte sich ein. Als Figur eines persönlichen Kultus wollte sie nie angesehen werden, und diese echte Bescheidenheit half wohl dabei, ihre Ideen statt sie selber zu fördern, denn sie betonte vor allem und über alles ihre Pläne anstelle ihrer eigenen Individualität.
Nach einer gewissen Zeit jedoch, als der Allgemeine deutsche Frauenverein problemlos arbeitete und es hauptsächlich an ihr lag, Impulse zu geben, kam doch von seiten der Anhänger eine gewisse Ehrfurcht auf, und das muß auch als Teil des Erfolgs betrachtet werden. Nach Louise Ottos Tod war eigentlich das Gefühl des Verlassenseins, der Hilflosigkeit aufgrund der Abwesenheit einer großen Persönlichkeit am stärksten ausgeprägt, man spürt es auch in zunehmendem Maße in den Seiten

der *Neuen Bahnen.* Die Mischung aus Bescheidenheit der Führerin einerseits und Bewunderung, ja Ehrfurcht der Anhängerinnen andererseits war ganz bestimmt ein weiteres Element ihres Erfolgs.

Diejenigen Umstände, die außerhalb ihrer Kontrolle lagen, d.h. ihre bürgerliche Herkunft, die aufgeklärten, wohlbemittelten Eltern, ihre Selbständigkeit nach dem Tod von Eltern und Verlobtem, die Gunst der Zeit und des Ortes, machen nur einen Teil ihres Erfolgs aus. Was ging aus ihr selber hervor, wie hat sie sich selbst und mit Bewußtsein entwickelt, so daß sie so erfolgreich war und blieb? Daß der Aufbau einer Bewegung vor allem schwere Arbeit und weniger Genie verlangt, ist sicher; daß dabei aber eine gewisse Inspiration dringend vonnöten ist, trifft gleichermaßen zu, und sie hatte diese Inspiration. Man kann diese Behauptung am Beispiel ihrer Einstellung den Männern gegenüber belegen. Obwohl sie beharrlich darauf bestand, daß Männer nur als beratende Mitglieder im Allgemeinen deutschen Frauenverein erscheinen durften, daß die Frau vor allem Hilfe zur Selbsthilfe benötigte, bezog sie Männer ein, wann und wo deren Einsatz notwendig wurde, nicht nur beim Aufbau des Vereins, sondern auch früher, als Mitarbeiter an der *Frauenzeitung*, als Verleger für ihre ersten Arbeiten, als Berater und Helfer in jenen Fällen, in denen sie näher an der Macht, d.h. einflußreicher waren als Louise Otto selbst. Es ist eigentlich eine Frage der Realpolitik, des Verständnisses der Spielregeln: Wenn man Macht oder Wissen nicht selbst besitzt, dann wendet man sich eben dorthin, wo Hilfe zu erwarten ist. Ihre männlichen Helfer in früheren und späteren Zeiten blieben standhaft und hilfsbereit, und, was genauso wichtig ist, Louise Otto blieb ihrerseits bereit, sowohl zuzuhören als auch Hilfe anzunehmen.

Zu erwähnen wäre noch ihre Bereitwilligkeit, sich einem bestimmten Publikum anzupassen; insofern waren ihre Romanhandlungen voraussehbar, deshalb bewahrte sie ihre radikalsten Gedanken für den geeigneten Augenblick auf, z.B. in dem erstaunlich offenen Aufsatz für Luise Dittmar, in dem Louise Otto für sie so untypische Sätze schrieb, daß ernsthafte Zweifel an ihrer Autorenschaft entstanden, die erst nach längerer Zeit und intensiver Suche nach deren Bestätigung ausgeräumt werden konnten. Im Grunde genommen aber drückte sie in diesem Aufsatz ihre eigenen Ideen nur unvermittelter als sonst aus; da waren eigentlich keine Neuigkeiten zu entdekken, alles hörte sich jedoch anders an als sonst. Oder ihr Plädoyer für das allgemeine Stimmrecht in einem Abschnitt mit dem Titel *Zukunftshoffnungen*, das so selbstverständlich formuliert war, daß irgendwelche Bedenken schnell beiseitegeschoben werden mußten.

Um zusammenzufassen: Louise Otto hatte das große Glück, in gute Verhältnisse hineingeboren zu werden – sie konnte also mehr oder weniger sorgenfrei aufwachsen, wurde aber zugleich von aufgeklärten Eltern unterstützt und gefördert. Sie blieb lange Zeit unverheiratet, hatte also die Freiheit, auf sich selbst angewiesen zu sein, sich selbst zu entwickeln. Die bürgerlichen Ideale ihrer Jugend – die Pflicht und die Heiligkeit der Arbeit, die Macht des Wissens und der Bildung, der fortschrittliche Optimismus, der das neue industrielle Zeitalter unbeschränkt begrüßen konnte, die Vaterlandsliebe – prägten sie von Anfang an. Ihre isolierte Existenz brachte ihr zudem einen von den Alltagsproblemen des Familienlebens unbelasteten Sinn für Ordnung, der ihr in den Tagen der Vereinsorganisation zugute kam.

Aber dazu gesellte sich noch die allerwichtigste Eigenschaft, die Fähigkeit, meistens die richtigen Schritte als notwendig zu erkennen, und auch die Ausdauer, Trauer und Verlust zu ertragen, schlechte Zeiten zu erdulden, auf eine bessere Zukunft, wenn nicht gerade zu warten, dann wenigstens zu hoffen. Überdies konnte sie mit der Feder umgehen, und nach jahrelanger Erfahrung mit ihr entstand daraus eine echte Begabung für das Wort. Genauso wesentlich war die Tatsache, daß sie die Grenzen erkennen konnte, innerhalb deren sie bleiben mußte, wenn sie ihr Ziel, viele Menschen zu überzeugen, erreichen wollte. Es kann nicht geleugnet werden, daß sie durch die Beachtung der von ihr bewußt gezogenen Grenzen etwas verlor; denn obwohl ihre Anteilnahme am Los der arbeitenden Klasse unverändert stark blieb, wurde ihre Vorstellung von den Problemen immer verschwommener, und die Betonung der Bildung als umfassende Lösung für alles wurde ein zusehends schwächeres Argument. Das Vorbild eines gebildeten Arbeiters, jemand wie ihr eigener Ehemann August Peters, war wohl nie absolut gültig und kennzeichnet den Hauptirrtum ihres sonst so erfolgreichen Lebens.

Innerhalb bürgerlicher Kreise aber war sie erfolgreich. Sie war keine Louise Aston, die nach den vierziger Jahren aufgab und sogar während ihrer Wirkenszeit vor allem als »Schockfigur«

fungierte; sie war weder eine Mathilde F. Anneke, die Freischärlerin wurde und dann ins Ausland gehen mußte, wo ihr Erfolg als deutsche Feministin notwendigerweise beschränkt blieb, noch war sie eine Fanny Lewald, die sich wohl als Schriftstellerin etwas zu sehr abkapselte und besonders nach der Reichsgründung bereit war, etliches in der Politik im Interesse ihres apolitischen Lebens zu verzeihen. Unter den anderen progressiven Schriftstellerinnen jener Tage, die sie selbst erwähnte und die sie zum Teil auch kannte, war also Louise Otto die einzige, die innerhalb der frühen deutschen bürgerlichen Frauenbewegung erfolgreich war und blieb. Und daß sogar eine so heftige Kritikerin wie Clara Zetkin immerhin zusammenfassend ihr Andenken in Ehren hielt, war zu erwarten; denn selbst von linker Seite mußten Louise Ottos Bemühungen anerkannt werden. Sie war ein einzigartiges Phänomen, und die bürgerliche Frauenbewegung verdankt ihr nicht nur ihren Anfang, sondern auch ihr Weiterbestehen. Wer Louise Otto vorwirft, sie sei dem Kleinbürgertum verhaftet geblieben, hat sie niemals aufmerksam gelesen, hat nie zum Beispiel das ganze *Frauenleben im deutschen Reich* studiert, nicht nur die schönen und oft zitierten Stellen über die Jugendzeit und die Erinnerungen an die erste große Reise, sondern auch die späteren Abschnitte, die auf einmal nicht nur das Frauenstimmrecht behandeln, sondern zu einer Zeit, in der man selten darüber sprach, es bejahen und betonen. Ob ihr die Art ihres »Ideenschmuggels« bewußt war, ist eigentlich unwichtig. Louise Otto blieb ihren Grundsätzen und ihrem Geschlecht treu; sie wußte instinktiv, wie sie ein Publikum gewinnen und behalten konnte, nicht so sehr als Leserinnen ihrer Werke sondern vor allem als Gefolgsleute ihrer Ideale. Der Persönlichkeitskult war ihr verhaßt; sie wollte statt dessen Menschen um sich, die mit ihr für die Gleichberechtigung aller Deutschen arbeiteten: Gleichberechtigung, nicht nur für Frauen, sondern auch und trotz aller Verschwommenheit für die Arbeiter.

Sie war im Grunde genommen ihrer Zeit nicht so sehr voraus als vielmehr ihr verhaftet. Sie wußte aber, wie sie diese ihre Zeit am besten gestalten konnte, und in ihrer festen Entschlossenheit, in ihrer Zähigkeit und ihrem zweckmäßigen Gebrauch des Gegebenen lag wohl ihr großer und andauernder Erfolg.

ANHANG

ZWANZIG ANSICHTEN

Die folgende Zusammenstellung ist eine persönliche Auswahl, die auf keinen Fall vollständig ist, die vielmehr eine Teilübersicht über die Kommentare und Urteile bietet, auf die man bei einer Untersuchung Louise Ottos stößt. Zeitgenossen sowie spätere Generationen sind vertreten, Frauen wie Männer, Anhänger sowie bewußte und unbewußte Gegner. Dies soll als Kommentar dienen – und wenn auch nur, um die Schwierigkeiten der Beurteilung einer Frau offenzulegen.

1. Heinrich Groß:
Luise Otto-Peters (Otto Stern), Tochter eines Juristen, seit 1858 vermählt mit dem 1864 verstorbenen Dichter A. Peters [...]

2. Gertrud Bäumer:
Louise Otto ist 1819 geboren und in einer selten reinen Weise das Kind ihrer Zeit, ihrer Heimat und ihrer bürgerlichen Schicht. Sie ist nicht genial, nicht einzigartig, nicht in einem höheren Sinne bedeutend – sie ist ein Stück Volk; es gibt viele ihrer Art um sie herum, in Sachsen und, ein wenig stammesmäßig abgewandelt, in Deutschland. Sie hat so viel darstellerische – man kann kaum sagen »dichterische« – Begabung, daß sie alles, was ihr Herz bewegt, ihre Phantasie beflügelt, ihren Geist erbaut und ihr Gewissen beschäftigt – und mit ihr Herz, Phantasie, Geist und Gewissen vieler – aussprechen kann: naiv, ergriffen, begeistert, ehrlich. So ist sie einfach Widerhall und Stimme für das, was in vielen irgendwie widerklang. Sie hatte nur eines, was sie aus vielen heraushob: Mut und eine vom Gewissen gedrängte Tatkraft. Dadurch wurde sie nicht nur »die Lerche des Völkerfrühlings« [...]; nicht nur Stimme eines Volkes, das anfing, *politisch* zu fühlen, zu denken und zu *wollen*. Sie *handelte*.

3. Anna Blos:
Ihr Unterricht war der damals übliche, ziemlich mangelhaft in einer Privatschule erteilt. Ihr umfassendes Wissen hat sie sich später selbst aneignen müssen.

4. Lily von Giżycki:
1849 [sic] begann sie mit der Herausgabe der »Neuen Bahnen«, welches noch jetzt Vereinsblatt des Allgemeinen deutschen Frauenvereins ist. [...] Dr. Peters war Redakteur der Mitteldeutschen Volkszeitung, Luise leitete den belletristischen Teil davon.

5. Lina Morgenstern:
Obgleich unbegrenzt freisinnig und den Sinn auf das Allgemeine gerichtet, blieb Luise Otto konservativ in ihren Gewohnheiten und in ihrem Lokalpatriotismus. Ihren sächsischen ausgeprägten Dialekt hat sie sich nie bemüht zu verleugnen, ebensowenig, wie ihren Preußenhaß, der sich vorurteilsvoll besonders auf alles erstreckte, was von Berlin kam. Dreizehn Jahre habe ich als Vorstandsmitglied des »Allgemeinen Frauenvereins« mit ihr zusammengewirkt, ohne daß sie je ihre Kälte mir gegenüber verleugnet hätte, und nichts kostete sie mehr Überwindung, als dem Letteverband zu gemeinsamen Beschlüssen und freundlicher Gegenseitigkeit die Hand zu reichen.

6. Heinrich Kurz:
Ihre zahlreichen Romane haben eine zu ausgesprochene Tendenz, als daß sie den Anforderungen der Kunst genügen können.

7. G. D. [Gustav Dahms?]:
Nur einige wenige Erleuchtete sahen schon damals den unabweisbaren Verlauf, den die Entwicklung der Dinge nehmen würde, voraus und erkannten den vollen Ernst und die umfassende Bedeutung der Frauenfrage, die nicht bloß die unverheirateten notleidenden Frauen, sondern im Grunde alle weiblichen Wesen ohne Unterschied der Lebensstellung und der finanziellen Lage angeht.

8. Prof. Dr. F. M. Wendt:
[...] Es kam freilich dadurch in ihr »Für und Wider« manchmal eine gewisse Schärfe; aber sie entsprang nicht bloßer Sympathie oder Antipathie, sie wurzelte in ihren *Grundsätzen,* oder wenigstens in den ihr augenblicklich für hinreichend geltenden *Gründen.* War man imstande, eine gefaßte Meinung Louise Ottos als hinfällig nachzuweisen, so stand sie nie an, der gewonnenen besseren Einsicht gemäß zu handeln. Dabei bewahrte sie aber vollkommen die Raschheit des weiblichen konkreten Blickes; sie ließ sich nicht lange täuschen. Es ging Louise Otto freilich das Weiche und Ausgleichende, das »süß Gewinnende« gewisser

Frauennaturen ab, welche die Herzen im Sturme erobern. Louise Otto gab dies willig zu, und da sie eine treue Freundin zur Seite hatte, so überließ Louise Otto dieser ihrer Freundin es mitunter gern, ein schwieriges Werk mit süßer Milde zu Ende zu führen, wo ihre eigene Energie die Sache vielleicht zu hart angefaßt hätte. Gerade dieser Zug im Wesen Louise Ottos hat der Frauensache unendlich genützt. Ich wünschte, daß sich bald eine Hand fände, die ein *ganz genaues Lebensbild* der teuren Verstorbenen zeichnete. Die geistigen, alles durchdringenden Röntgenstrahlen des *Psychologen* würden als schönstes Ergebnis die Photographie eines *idealen Charakters* liefern.

9. F. v. D.:
Was die Frauenvereine ihrem Wesen nach sind, das zeigt sich ja am deutlichsten an der Art ihrer entschiedenen Widersacher. Ihr Gegner ist nicht bloß die gedankenlose Trägheit und stumpfsinnige Bequemlichkeit, sondern auch aller wüste Emanzipationsschwindel, alle herausgeputzte Roheit platter Männer- und Weiberseelen, in erster Reihe aber die professionierte Frömmelei, welche die Frauen gern durch das Diakonissenwesen in den Dienst des finsteren Muckertums und der Inneren Mission ziehen, d. h. für ihre reaktionäre Propaganda dressieren will. Werden die Frauenvereine zu einem durchgreifenderen Aufschwunge befähigt, so wird damit diesem Beginnen des rauhhäuslerischen Pietismus ein starker Gegensatz geschaffen.

10. Zahlen:
Alice Salomon: Zunächst traten nur neunzehn Frauen [zum ADFV] bei, nach einem Jahr waren es sechzig.
Gertrud Bäumer: Mit 34 Mitgliedern wagte der »Allgemeine deutsche Frauenverein« ins Leben zu treten. 75 wurden es im ersten Jahr.
Lina Morgenstern: Mitglieder des Hauptvereins 300, mit allen Zweigvereinen gegen 3000.
Hannelore Schröder: [...] trotz schwerster Bedingungen – politisches Versammlungsverbot und Genehmigung des Ehemannes als Voraussetzung der Mitgliedschaft von Ehefrauen – gelang es ihr, in wenigen Jahren fünftausend Mitglieder zu gewinnen.

11. Helene Lange:
[...] Und in eben diesem Idealismus liegt auch ihre Bedeutung als Begründerin und Führerin des Allgemeinen Deutschen Frauen-

vereins. Daß sie und ihre Mitkämpferin nur auf diesem speziellen Gebiet stets das ideale Moment, die sittliche Bedeutung der Frauenbewegung betont haben, und daß sie langsam und unmerklich den Geist der Innerlichkeit überall gepflanzt haben, wohin ihre Wanderversammlungen sie führten, ist hochbedeutsam für die Entwicklung der Frauensache in Deutschland geworden. Wenn sie auch die praktischen Fragen nicht aus dem Auge verloren, sondern überall ihr Gewicht in die Wagschale warfen, wo es galt, sie zu fördern, so galt doch ihre erste Sorge überall der Förderung des idealen Sinnes, des Sinnes für die Gesamtheit, der auch äußeren Erfolgen gegenüber keine persönliche Überhebung kennt.
Und eben dieser Sinn droht manchmal in den modernen Frauenbestrebungen zurückzutreten. Da ist es Zeit, uns unsere schlichte Seniorin ins Gedächtnis zurückzurufen, die nie ein Prahlen mit äußeren Erfolgen gekannt hat, weil kein Gedanke an die Befriedigung eines persönlichen Ehrgeizes ihr jemals nahe gekommen. So schlicht wie ihr äußeres Leben, das sich zum Teil in Meißen abspielt, in demselben Haus, in dem sie geboren, so schlicht und bescheiden ist ihre Auffassung von dem, was sie geleistet. Um so weniger aber wollen wir es vergessen, daß sie die unbestrittene Bahnbrecherin der Frauensache in Deutschland ist; daß sie zu einer Zeit das Wort für unser Geschlecht geführt hat, in der in ganz anderer Weise wie heute persönlicher Mut dazu gehörte. [...]

12. Clara Zetkin:
Sie blieb ideologisch die Gefangene ihrer Klasse.

13. Anna Blos:
Ihr ist es zu danken, daß der soziale Gedanke an der Wiege der Frauenbewegung stand.

14. Margrit Twellmann:
Es war sicher kein »Sozialismus« im Sinne eines sozialistischen Parteiprogramms, aber es war ebensowenig ein »schöngeistiger Gefühlssozialismus«, denn Louise Otto-Peters sah die realen Verhältnisse und konnte dank ihres echten sozialen und politischen Verständnisses durchaus problemgerechte soziale und politische Lösungsvorschläge unterbreiten; daß sich angesichts des Massenelends auch ihre Gefühle empörten und engagierten, gereicht ihr zur Ehre; und wenn Louise Otto-Peters von »unseren armen Schwestern« sprach, so empfand sie diese auch als

solche, mögen andere im Sinne herablassender »Wohltätigkeit« diesen Ausdruck auch noch so häufig mißbraucht haben.

15. Helene Lange:
Aber bei Luise Otto kommt doch noch eine besondere Note dazu: das ist die ausgesprochen bürgerliche, man darf ruhig sagen: kleinbürgerliche Empfindung und Darstellungsweise, die oft in so seltsamem Gegensatz zu den großzügigen und kühnen Gedankengängen steht, die sie umhüllt. Das und ein romantisches Pathos, das wir nicht mehr recht ertragen. [...] Sie fiel dem zuerst auf, der die kleine, unscheinbare Frau in ihrer engen, einfachen Häuslichkeit sah, mit Kanarienvogel und Hauskatze, den Strickstrumpf in der Hand, an dem efeuumrankten oder blumengeschmückten Fenstern, dem, der ihr ganz unverfälschtes Sächsich hörte. Aber mit dem Strickstrumpf in der Hand und der Hauskatze auf dem Schoß studierte sie Hegel, und in diesem unverfälschten Meißner Dialekt leitete sie tadellos und mit unbeirrbarem parlamentarischen Instinkt große Versammlungen. [...] Die bequeme »Weiblichkeit«, die im Hörigkeitsverhältnis beharren möchte und die sich sogar heute noch zu regen wagt, wäre Luise Otto unverständlich gewesen. [...] Das war Luise Otto im bürgerlichen Leben: überrücksichtsvoll und bescheiden. Wo es sich aber darum handelte, die oft auch wie ein Paket in die Ecke gedrängten deutschen Frauen zu erlösen, da wußte sie den Mund aufzutun, von dem Jahre 1848 an [...]

16. Dr. Elisabeth Altmann-Gottheiner:
[...] Denn noch immer ist es Geist von ihrem Geist, der in unserem Verbande lebendig ist, und noch immer besteht die gleiche ungeschriebene Satzung, nach der die Schriftleitung der »*Neuen Bahnen*« dies Blatt zu leiten bemüht ist. Wenn *Luise Otto-Peters* kurz vor ihrem Hinscheiden ihrer Freundin und Nachfolgerin im *Allgemeinen deutschen Frauenverein, Auguste Schmidt,* die Worte schrieb: »Du mußt den Beweis liefern, daß man ungestraft die letzten Konsequenzen unserer Forderungen ziehen darf, wenn dies nur in maßvoller Ausdrucksweise und vollkommen ruhiger Haltung geschieht!«, so dürfen wir wohl behaupten, daß diese Mahnung nicht nur von *Auguste Schmidt* selber, sondern von all den Frauen beherzigt worden ist, die im *Allgemeinen deutschen Frauenverein* eine führende Rolle gespielt haben und noch spielen. Sie werden ihnen auch Richtschnur bleiben, wenn sie jetzt als gleichberechtigte Mitglieder

ihren Platz in den Parlamenten des Reichs, der Einzelstaaten und der Städte einnehmen.

17. Alfred Leicht:
Sie gab sich, wie sie selbst sagt, allen Zeitfragen und Bewegungen mit der ganzen Begeisterung eines Herzens hin, das in sich selbst alle Pulsschläge der Zeit fühlte und dabei – vielleicht echt weiblich! – in nervöse Zuckungen geriet, die bald in Liedern, bald in Romanen nachzitterten und sie fast alle 2 Jahre in einem Fieber aufs Krankenbett warfen.

18. Anna Plothow:
Äußerlich war die Erscheinung dieses einzigen Paares nicht so harmonisch. Peters war lang aufgeschossen, hager und bleich von den Entbehrungen der langen Kerkerhaft, und wo er öffentlich erschien, hing an seinem Arm wie ein wohlgefüllter Pompadour die kleine, rundliche Gattin, eingehüllt nach der Mode jener Tage in einen weiten Beduinenmantel. Aber niemandem kam ein Lächeln bei diesem grotesken Anblick – wo sie sich zeigten, schritt die höchste Achtung vor ihnen her.

19. Franz Brümmer:
Während seiner Gefangenschaft lebte unsere Dichterin nur für ihn [...]

20. Ika Freudenberg:
So trat er [der ADFV] auf den Plan und warf der öffentlichen Meinung den Fehdehandschuh hin mit einer Kühnheit, die wir Epigonen ihm ewig zu danken haben. Denn was bedeutet aller Mut, den wir heute aufbringen müssen, gegen die verzweifelte Entschlossenheit, mit der sich jene Ersten dem Befremden, dem Hohn der ganzen Welt preisgaben?

QUELLENVERZEICHNIS

GEDRUCKTE QUELLEN

(Da diese Werke ohne Ausnahme in vollständiger bibliographischer Form in der Bibliographie angegeben werden, sind sie hier meistens nur mit Titeln stichwortartig identifiziert.)

Motto:
»Karl Gutzkow und sein ›Zauberer von Rom‹«, Anregungen für Kunst, Leben und Wissenschaft, 5. Band (Jg. 1860), S. 202.

Kindheitsjahre:
1. *Der Genius des Hauses*, S. 4–5.
2. *Frauenleben im deutschen Reich*, S. 4, 6–7, 15, 24–27, 36–39, 97–98, 102–3.
3. *Neue Bahnen* (in Zukunft als *NB* bezeichnet) XXIII, 19 (1888), S. 145–49.
4. *NB* XXI, 12 (1886), S. 89.
5. *Mein Lebensgang*, S. 3–4.

Revolutionsjahre:
1. *NB* XXXI, 6 (15. März 1896), S. 44–45.
2. *NB* XIII, 9 (1878), S. 65–68.
3. *Lieder eines deutschen Mädchens*, S. 36.
4. *Lieder eines deutschen Mädchens*, S. 90–93.
5. *Frauenzeitung* (in Zukunft als *FZ* bezeichnet) 1 (11. Januar 1852), S. 1.
6. *Unser Planet* 27 (Februar 1843), S. 106–8.
7. *Unser Planet* 35 (Februar 1843), S. 138.
8. *Sächsische Vaterlandsblätter*, 3. Jg., 142 (5. September 1843), S. 633-34.
9. *Sächsische Vaterlandsblätter*, 3. Jg., 187 (23. November 1843), S. 811 bis 13; 188 (25. November 1843), S. 815–16.
10. *Sächsische Vaterlandsblätter*, 4. Jg., 26 (15. Februar 1844), S. 103–4.
11. *Sächsische Vaterlandsblätter*, 4. Jg., 174 (31. Oktober 1844), S. 705.
12. *Der Wandelstern* 6 (Februar 1845), S. 121; 7 (Februar 1845), S. 145.
13. *Der Wandelstern* 34 (August 1845), S. 715–16.
14. *Frauenleben im deutschen Reich*, S. 112–43.
15. *NB* XXXIV, 6 (15. März 1899), S. 66–67.
16. (Brief).
17. *Leipziger Arbeiter-Zeitung*, 6 (3. Juni 1848), S. 41–42.
18. *Leipziger Arbeiter-Zeitung*, 9 (24. Juni 1848), S. 65–66.
19. (Brief).
20. *FZ* 1 & 2 (5. Februar 1851), S. 1–2.

21. *FZ* 32 (16. August 1851), S. 217–18.
22. *FZ* 39 (12. Oktober 1851), S. 273–74; 40 (19. Oktober 1851), S. 281 bis 283; 41 (26. Oktober 1851), S. 289–90.
23. *FZ* 45 (23. November 1851), S. 323–26.
24. (Brief).
25. *Neue Zeitschrift für Musik*, 23. Band, 13 (12. August 1845), S. 49–52; 33 (21. Oktober 1845), S. 129–30.
26. *Die Freunde*, I. Band, S. 151–53.
27. *Buchenheim*, II. Band, S. 182–89.
28. (handgeschriebenes Blatt).
29. *NB* XXXI, 6 (15. März 1896), S. 45–48.

Reaktionsjahre:

1. *NB* XXVI, 5 (1891), S. 33–35.
2. *Gedichte*, S. 11–12.
3. *Mein Lebensgang*, S. 177.
4. *Die Mission der Kunst*, S. 209–10, 212, 246–47, 257.
5. *Mitteldeutsche Volkszeitung* 227 (30. September 1862).
6. *Mitteldeutsche Volkszeitung* 167 (22. Juli 1862).
7. *Mitteldeutsche Volkszeitung* 280 (3. Dezember 1862).
8. *Mein Lebensgang*, S. 164–65.
9. *Mein Lebensgang*, S. 237.
10. (Briefe).
11. *Nürnberg*, I. Band, S. 77-78.
12. *Neue Bahnen*, I. Band, S. 63–65.
13. *Aus der alten Zeit*, S. iii-iv.

Vereinsjahre:

1. (eigenhändiger Lebenslauf)
2. *Deutsche Blätter* 12 (1865), S. 47.
3. (Vereinsbittschriften).
4. *Deutsche Hausfrauen-Zeitung*, XXII. Jg., 13 (31. März 1895), S. 146.
5. Korn, P. A., Hrsg., *Die erste deutsche Frauenkonferenz in Leipzig...*, S. 4–5.
6. *NB* I, 1 (1866), S. 1.
7. *NB* I, 12 (1866), S. 89–90.
8. *NB* IV, 12 (1869), S. 95.
9. *NB* IV, 22 (1869), S. 170–71.
10. *NB* XXII, 16 (1887), S. 121–23.
11. *NB* XX, 14 (1885), S. 105–7.
12. *NB* XXV, 18 (1890), S. 137–40.
13. *NB* XXVI, 18 (1891), S. 137–39.
14. (Brief).
15. *NB* XXVII, 19 (1. Oktober 1892), S. 146–49.
16. *Einige deutsche Gesetzes-Paragraphen über die Stellung der Frau*, S. 2–5.
17. *Einflußreiche Frauen aus dem Volke*, S. 2–5, 8–12.
18. *Der Genius des Hauses*, S. 120–25, 130, 133-34.
19. (Brief).
20. *Drei verhängnisvolle Jahre*, I. Bd., S. 54–55.

21. *Die Idealisten,* II. Bd., S. 198–201.
22. *Frauenleben im deutschen Reich,* S. 250–54, 256–68.
23. *NB* XXXI, 6 (15. März 1896), S. 50–51.
24. *NB* XXXI, 6 (15. März 1896), S. 50.

Die letzten Jahre:
1. *NB* XXIX, 8 (1. April 1894), S. 59–61.
2. *NB* XXV, 8 (1890), S. 58–60.
3. *Zur Stellung der deutschen verheirateten und unverheirateten Frauen* [...], S. 19-23.

Anhang: Zwanzig Ansichten:
1. Groß, Heinrich, Hrsg., *Deutsche Dichterinnen und Schriftstellerinnen in Wort und Bild,* II. Bd., S. 159. Anfang der Lebensbeschreibung von Louise Otto.
2. Bäumer, Gertrud, *Gestalt und Wandel, Frauenbildnisse,* S. 315–16.
3. Blos, Anna, *Frauen der deutschen Revolution,* S. 9.
4. Giżycki, Lily von, Aus der Frauenbewegung, *Frauenbewegung,* 1. Jg., 7 (1. April 1895), S. 54.
5. Morgenstern, Lina, *Die Frauen des 19. Jahrhunderts,* III. Bd., S. 48.
6. Kurz, Heinrich, *Geschichte der deutschen Literatur* [...], 4. Bd., 3. Lfg., S. 61.
7. G. D., Nekrolog für Louise Otto-Peters, *Der Bazar,* Jg. 41, 15 (16. April 1895), S. 179.
8. Wendt, F. M., Der Charakter Louise Ottos, *NB* XXXI, 6 (15. März 1896), S. 52.
9. F. v. D., Die Frauenbewegung in Deutschland, *Gartenlaube* 49 (1871), S. 819.
10. Salomon, Alice, *Heroische Frauen,* S. 250.
    Bäumer, Gertrud, *Gestalt und Wandel,* S. 347.
    Morgenstern, Lina, *Frauenarbeit in Deutschland,* II. Bd. Adressbuch und Statistik der Frauenvereine in Deutschland, S. 95.
    Schröder, Hannelore, Hrsg., *Die Frau ist frei geboren,* S. 239.
11. Lange, Helene, Louise Otto, *NB* XXXI, 6 (15. März 1896), S. 52–53.
12. Zetkin, Clara, *Zur Geschichte der proletarischen Frauenbewegung Deutschlands,* S. 159.
13. Blos, Anna, Aus den Anfängen der Frauenbewegung, *Die Gleichheit,* 17. Jg., 23 (11. November 1907), S. 197.
14. Twellmann, Margrit, *Die deutsche Frauenbewegung* [...], 1. Bd., S. 174.
15. Lange, Helene, Luise Otto-Peters, Ein Gedenkblatt zum hundertsten Geburtstag, *Die Frau,* 26. Jg., Heft 6 (März 1919), S. 169–70.
16. Altmann-Gottheiner, Elisabeth, Luise Otto-Peters zum 100. Geburtstag [...], *NB,* 54. Jg., 7/8 (April 1919), S. 21.
17. Leicht, Alfred, *Lebensläufe verdienter Meißner, Louise Otto-Peters,* S. 257.
18. Plothow, Anna, *Die Begründerinnen der deutschen Frauenbewegung,* S. 26–27.
19. Brümmer, Franz, *Lexikon der deutschen Dichter des 19. Jahrhunderts,* S. 212.

20. Freudenberg, Ika, *Wie die Frauenbewegung entstanden und gewachsen ist*, S. 4.

QUELLEN FÜR HANDSCHRIFTEN

Baltimore, Maryland, The Johns Hopkins University, Milton S. Eisenhower Library, Baltimore, MD 21218, USA
Blätter *Zur Antwort:* Seite 132ff.

Dortmund, Stadt- und Landesbibliothek
Brief an einen Unbekannten: Seite 106f.

Dresden, Sächsische Landesbibliothek
Brief an Preusker: Seite 99f.
Lebenslauf: Seite 179ff.
Brief an einen Herrn: Seite 215f.
Brief an Ignaz Hub: Seite 234

Leipzig, Stadtarchiv
Vereinsbittschriften: Seite 185–191

Tübingen, Universitätsbibliothek
Brief an F. T. Vischer: Seite 188ff.

Wiesbaden, Hessische Landesbibliothek
Briefe an Kathinka Zitz: Seite 160–164

BIBLIOGRAPHIE

SCHRIFTEN VON LOUISE OTTO

1. Romane:
Ludwig der Kellner. 2 Bde. Leipzig: Wienbrack, 1843.
Kathinka. 2 Bde. Leipzig: Wienbrack, 1844.
Die Freunde. 3 Bde. Leipzig: Wienbrack, 1845.
Schloß und Fabrik. 3 Bde. Leipzig: Wienbrack, 1846.
Römisch und Deutsch. 4 Bde. Leipzig: Wienbrack, 1847.
Buchenheim. 3 Bde. Leipzig: Wienbrack, 1851.
Vier Geschwister. 2 Bde. Dessau: Moritz Katz, 1852.
Cäcilie Telville. 3 Bde. Leipzig: Bruno Hinze, 1852.
Andreas Halm. 3 Bde. Plauen: August Schröter, 1856.
Zwei Generationen. 3 Bde. Leipzig: Heinrich Hübner, 1856.
Eine Grafenkrone. 3 Bde. Leipzig: Heinrich Hübner, 1857.
Heimische und Fremde. Ein Gemälde aus der Schweiz. 3 Bde. Leipzig: Heinrich Hübner, 1858.
Nürnberg. Kulturhistorischer Roman. 3 Bde. Prag: Kober & Markgraf, 1859.
Die Erben von Schloß Ehrenfels. 3 Bde. Leipzig: Heinrich Hübner, 1860.
Die Schultheißentöchter von Nürnberg. Kulturhistorischer Roman. 3 Bde. Wien: H. Markgraf & Comp., 1861.
Neue Bahnen. 2 Bde. Wien: H. Markgraf, 1864.
Nebeneinander. 2 Bde. Duisburg: F. H. Nieten, 1864.
Zerstörter Friede. 2 Bde. Jena: Hermsdorf & Hoßfeld, 1866.
Die Idealisten. 4 Bde. Jena: H. Hermsdorf, 1867.
Drei verhängnisvolle Jahre. Zeitroman. 2 Bde. Altona: Verlags-Bureau, 1867.
Die Dioskuren. Altona: Verlags-Bureau, 1868.
Aus der Börsenwelt. Berlin: Gustav Behrend, 1869.
Rittersporn. 4 Bde. Leipzig: Rötschke, 1870.
Deutsche Wunden. Zeitroman. 4 Bde. (1. Bd.: Kleinstaatliches; 2. Bd.: Verbrüderungsfeste; 3. Bd.: Deutscher Bruderkrieg; 4. Bd.: Alldeutschland). Bremen: Kühtmann, 1872.
Die Stiftsherren von Straßburg. Historischer Roman aus dem dreizehnten Jahrhundert. 2 Bde. Leipzig: Bernhard Schlicke, 1872.
Rom in Deutschland. Zeit-Roman in drei Bänden. Bremen: J. Kühtmann, 1873.
Die Nachtigall von Werawag. Kulturhistorischer Roman in vier Bänden. Leipzig: Moritz Schäfer, 1887.

2. Novellen und Erzählungen:
Aus der neuen Zeit. Leipzig: Wienbrack, 1845.
Ein Bauernsohn. Eine Erzählung für das Volk aus der neuesten Zeit. Leipzig: Wienbrack, 1849.
Aus der alten Zeit. Historische Erzählungen. 2 Bde. Leipzig: Heinrich Hübner, 1860–61.
Kunst und Künstlerleben. Bromberg: Roskowski, 1863.
Mädchenbilder aus der Gegenwart. Leipzig: Colditz, 1864.
Victoria regia. Historische Novelle aus dem 18. Jahrhundert. Leipzig: Rötschke, 1869.
Musiker-Leiden und Freuden. Wien: A. Hartleben, 1871.
Zwischen den Bergen. 2 Bde. Bremen: J. Kühtmann, 1874.
Ein bedenkliches Geheimnis. Leipzig: C. G. Theile, 1875.
Aus vier Jahrhunderten. Historische Erzählungen in zwei Bänden. Norden: Hinricus Fischer Nachf., 1883.
Gräfin Lauretta. Historische Erzählung aus dem 14. Jahrhundert. Leipzig: Carl Reißner, 1884.

3. Gedichtbände:
Lieder eines deutschen Mädchens. Leipzig: Wienbrack, 1847.
Westwärts! Lieder. Meißen: Klinckicht & Sohn, 1850.
Gedichte. Leipzig: Rötschke, 1868.
Mein Lebensgang. Gedichte aus fünf Jahrzehnten. Leipzig: Moritz Schäfer, 1893.

4. Kunstschriften:
Die Kunst und unsere Zeit. Großenhain: Th. Haffner, 1852.
Die Mission der Kunst mit besonderer Rücksicht auf die Gegenwart. Leipzig: Heinrich Matthes, 1861.

5. Opernlibretti:
Die Nibelungen. Text zu einer großen heroischen Oper in 5 Akten. Manuskript. Gera: Hofmeister, 1852.
Theodor Körner. Vaterländische Oper in fünf Akten und einem Vorspiel: Des Königs Aufruf. München: C. Wolf & Sohn, 1872.

6. Historische Schriften:
Privatgeschichten der Weltgeschichte. 6 Bde. 1. Bd.: Geschichte mediatisierter deutscher Fürstenhäuser. Hannover, Kurhessen, Nassau, Thurn und Taxis, Hohenzollern-Sigmaringen, Hohenzollern-Hechingen, Ansbach, Baireuth und Arenberg. 1868; 2. Bd.: Merkwürdige und geheimnisvolle Frauen. 1868; 3. Bd.: Geistliche Fürsten und Herren in Deutschland bis zur Säkularisation 1803. 1869; 4. Bd.: Einflußreiche Frauen aus dem Volke. 1869; 5. Bd.: Neufranzösisches und Altdeutsches. Ein Beitrag zu den Ereignissen von 1870. 1871; 6. Bd.: Seltene Charaktere aus deutschen Adelsgeschlechtern. 1872. Leipzig: Heinrich Matthes.

7. Polemische, auf die Frauen bezogene Schriften:
»Mein Programm als Mitarbeiterin einer Frauenzeitung«, in Dittmar, Luise, Hrsg., Das Wesen der Ehe. Leipzig: Otto Wigand, 1849. S. 19–22.
Das Recht der Frauen auf Erwerb. Blicke auf das Frauenleben der Gegenwart. Hamburg: Hoffmann & Campe, 1866.

Der Genius des Hauses. Eine Gabe für Mädchen und Frauen. Pest, Wien, Leipzig: A. Hartleben, 1869.

Der Genius der Menschheit, Frauenwirken im Dienste der Humanität. Eine Gabe für Mädchen und Frauen. Pest, Wien, Leipzig: A. Hartleben, 1870.

Der Genius der Natur. Harmonien der Natur zu dem Frauenleben der Gegenwart. Eine Gabe für Mädchen und Frauen. Wien, Pest, Leipzig: A. Hartleben, 1871.

Weihe des Lebens. Ein Bild zur Erhebung und Erbauung des Geistes und Herzens. Leipzig: Moritz Schäfer, 1873.

Frauenleben im deutschen Reich. Erinnerungen aus der Vergangenheit mit Hinweis auf Gegenwart und Zukunft. Leipzig: Moritz Schäfer, 1876.

Einige deutsche Gesetzes-Paragraphen über die Stellung der Frau. Herausgegeben vom Allgemeinen deutschen Frauenverein. Leipzig: Moritz Schäfer (Selbstverlag des Vereins), 1876.

Das erste Vierteljahrhundert des Allgemeinen deutschen Frauenvereins gegründet am 18. Oktober 1865 in Leipzig. Aufgrund der Protokolle mitgeteilt von Louise Otto-Peters. Leipzig: Moritz Schäfer, 1890.

»Zur Stellung der deutschen verheirateten und unverheirateten Frauen im Hause, in der Gesellschaft und in der Öffentlichkeit«, Die Stellung der Frau im Leben. Kiel, Leipzig: Lipsius & Tischer, 1891. S. 19–23.

8. Herausgegebene Schriften:

mit Auguste Schmidt: Quellen des Vergnügens. Die sinnigsten Spiele, nützlichsten Beschäftigungen und angenehmsten Unterhaltungen zur Erholung des Körpers und Geistes. Leipzig: Moritz Schäfer, 1873.

Elfried von Taura. Erzählungen aus Sachsen- und Böhmerland. Sondershausen: Expedition des »Deutschen«, 1878. (2. Aufl.: Berlin: Theobald Grieben, 1880). Mit einem Vorwort von Louise Otto-Peters.

9. Zahlreiche Beiträge für u. a.:

(Ernst Keil) Unser Planet, Der Wandelstern, der Leuchtturm, Die Gartenlaube, Deutsche Blätter

(Robert Blum) Sächsische Vaterlandsblätter, Vorwärts!

Meißner Blätter

Typographia/Leipziger Arbeiterzeitung

Neue Zeitschrift für Musik

Veilchen

Anregungen für Kunst, Leben und Wissenschaft

Unterhaltungen am häuslichen Herd

Leipziger Illustrierte Zeitung

Frauenzeitung (1849–52)

Neue Bahnen (1866–95)

Mitteldeutsche Volkszeitung (1861–65)

Soziale Reform

lokale Zeitungen in Meißen, Leipzig und Dresden.

1. Dokumente:

Brinker-Gabler, Gisela, Hrsg. Deutsche Dichterinnen vom 16. Jahrhundert bis zur Gegenwart. Gedichte und Lebensläufe. Frankfurt a. M.: Fischer, 1978, S. 207–11.

Brinker-Gabler, Gisela, Hrsg. Frauenarbeit und Beruf. Frankfurt a. M.: Fischer, 1979. S. 111–23.

Enzensberger, Hans Magnus, u. a., Hrsg. Klassenbuch I. Ein Lesebuch zu den Klassenkämpfen in Deutschland 1756–1850. Darmstadt, Neuwied: Luchterhand, 1972. S. 213–14.

Feudel, Werner, Hrsg. Morgenruf. Vormärzlyrik 1840–1850. Leipzig: Reclam, 1974. S. 254–55, 293–95.

Gerhard, Ute, u. a., Hrsg. »Dem Reich der Freiheit werb' ich Bürgerinnen« Die Frauen-Zeitung von Louise Otto. Frankfurt: Syndikat, 1980.

Gerhard, Ute. Verhältnisse und Verhinderungen. Frauenarbeit, Familie und Rechte der Frauen im 19. Jahrhundert. Mit Dokumenten. Frankfurt a. M.: Suhrkamp, 1978. S. 257–60, 282–94.

Gosche, Agnes. Die organisierte Frauenbewegung. 1. Teil: Bis zur Gründung des Bundes deutscher Frauenvereine 1894. Berlin: F. A. Herbig, 1927. S. 5–6, 9–10.

Menschik, Jutta, Hrsg. Grundtexte zur Emanzipation der Frau. Köln: Pahl-Rugenstein, 1977. S. 25–28.

Möhrmann, Renate, Hrsg. Frauenemanzipation im deutschen Vormärz. Texte und Dokumente. Stuttgart: Reclam, 1978. S. 45–54, 59–62, 198 bis 205.

Schröder, Hannelore, Hrsg. Die Frau ist frei geboren. Texte zur Frauenemanzipation. Band I: 1789–1870. München: Beck, 1979. S. 218–39.

Twellmann, Margrit. Die deutsche Frauenbewegung. Ihre Anfänge und erste Entwicklung. Quellen 1843–1889. Meissenheim am Glan: Anton Hain, 1972. Marburger Abhandlungen zur Politischen Wissenschaft Band 17/II. Mehrere Seiten.

Underberg, Elfriede, Hrsg. Die Dichtung der ersten deutschen Revolution 1848–1849. Stuttgart: Reclam, 1930. S. 66-68.

2. Ausgewählte biographische Werke:

Bäumer, Gertrud. »Louise Otto-Peters«. Gestalt und Wandel. Frauenbildnisse. Berlin: F. A. Herbig, 1939. S. 312–348.

Blos, Anna, »Aus den Anfängen der Frauenbewegung«, Die Gleichheit, 17. Jg., 23 (11. November 1907), S. 197–98; 24 (25. November 1907). S. 208.

Blos, Anna. »Luise Otto-Peters«. Frauen der deutschen Revolution 1848. Zehn Lebensbilder. Dresden, o. J. S. 9–15.

Brookhagen, Renate, »Louise Otto-Peters«, Emma (Februar 1977), S. 50–51.

Brümmer, Franz. »Luise Otto-Peters«. Lexikon der deutschen Dichter des 19. Jahrhunderts, 5. Bd. Leipzig: Reclam, o. J. S. 212–13.

Fränkel, Ludwig, »Louise Otto-Peters«, *ADB* LII, Leipzig: Duncker & Humblot, 1900, S. 737–42.

Garland, Henry and Mary, »Luise Otto-Peters«, The Oxford Companion to German Literature, Oxford: Clarendon Press, 1976. S. 659.
Groß, Heinrich, Hrsg. Deutsche Dichterinnen und Schriftstellerinnen in Wort und Bild. II. Band. Berlin: Fr. Thiel, 1885. S. 159–67.
Groß, Heinrich. Deutschlands Dichterinnen und Schriftstellerinnen. Eine literarhistorische Skizze. 2. Ausg. Wien: Carl Gerold's Sohn, 1882. S. 189–90.
Große Frauen der Weltgeschichte. Tausend Biographien. Murnau, München, Innsbruck, Basel: Sebastian Lux, 1960. S. 368.
Kurz, Heinrich. Geschichte der deutschen Literatur mit ausgewählten Stücken aus den Werken der vorzüglichsten Schriftsteller. 4. Bd., 3. Lfg. Leipzig: B. G. Teubner, 1868. S. 61.
Leicht, Alfred, »Lebensläufe verdienter Meißner. 6. Louise Otto-Peters«, Mitteilungen des Vereins für Geschichte der Stadt Meißen, IV, 2 (1896), S. 242–71.
Morgenstern, Lina. Frauenarbeit in Deutschland. 2 Teile. Berlin: Verlag der »Deutschen Hausfrauen-Zeitung«, 1893.
Morgenstern, Lina. Die Frauen des 19. Jahrhunderts. Biographische und kulturhistorische Zeit- und Charaktergemälde. 3. Bd. Berlin: Verlag der »Deutschen Hausfrauen-Zeitung«, 1891. S. 41–48.
Plothow, Anna. Die Begründerinnen der deutschen Frauenbewegung. Leipzig: Friedrich Rothbarth, 1907.
Salomon, Alice. »Louise Otto-Peters«. Heroische Frauen. Lebensbilder sozialer Führerinnen. Zürich, Leipzig: Verlag für Recht und Gesellschaft, 1936. S. 223–60.
Schmidt, Auguste und Hugo Rösch. Louise Otto-Peters, die Dichterin und Vorkämpferin für Frauenrecht. Ein Lebensbild. Leipzig: R. Voigtländer, (1898).
Schmidt-Goßrau, Martha. Auguste Schmidt. Eine mütterliche Frau als Trägerin deutschen Volkstums. Leipzig: R. Voigtländer, 1933. Besonders S. 16–27.
Semmig, Jeanne Berta. Louise Otto-Peters. Lebensbild einer deutschen Kämpferin. Berlin: Union Verlag, o. J. (1957?).
Semmig, Jeanne Berta. Die Wege eines Deutschen. Ein Zeit- und Lebensbild. München: Beck, 1921.
Sieber, Siegfried. Ein Romantiker wird Revolutionär. Lebensgeschichte des Freiheitskämpfers August Peters und seiner Gemahlin Louise Otto-Peters, der Vorkämpferin deutscher Frauenrechte. Dresden: Louis Ehlermann, o. J. (nach 1945).
Strobl, Ingrid, »›Dem Reich der Freiheit werb' ich Bürgerinnen‹«, Emma 2 (Februar 1980).
Weber, R. »Luise Otto-Peters«. Biographisches Lexikon zur deutschen Geschichte. Von den Anfängen bis 1945. Berlin: VEB Deutscher Verlag der Wissenschaften, 1971. S. 517.

3. Zeitgenössische Kommentare:

Altmann-Gottheiner, Elisabeth, »Louise Otto-Peters zum 100. Geburtstag (26. März)«, *NB*, 54. Jg., 7/8 (April 1919), S. 21–23.
F. v. D., »Die Frauenbewegung in Deutschland«, Die Gartenlaube 49 (1871), S. 817–19.

G. D. (Gustav Dahms?), »Die Begründerin des Allgemeinen Deutschen Frauenvereins«, Der Bazar, 41. Jg., 15 (16. April 1895), S. 179.
Giźycki, Lily von, »Aus der Frauenbewegung«, Frauenbewegung, 1. Jg., 7 (1. April 1895), S. 54.
Goldschmidt, Henriette. Vortrag, gehalten im Frauenbildungsverein zu Leipzig am 15. Juni 1868 zum 25jährigen Schriftstellerjubiläum der Frau Louise Otto-Peters. Leipzig: Heinrich Matthes, (1868).
Korn, P. A., Hrsg. Die erste deutsche Frauen-Konferenz in Leipzig. Erste Versammlung den 15. Oktober 1865. Leipzig: Julius Werner, 1865.
Lange, Helene. Kampfzeiten. Aufsätze und Reden aus vier Jahrzehnten. 2. Bd. Berlin: F. A. Herbig, 1928. Besonders S. 192–98.
Lange, Helene, »Louise Otto und die erste deutsche Frauenzeitung«, Die Frau, 34. Jg., Heft 5 (Februar 1927), S. 257–67; Heft 6 (März 1927), S. 321–32.
Lange, Helene, »Luise Otto-Peters, Ein Gedenkblatt zum hundertsten Geburtstag«, Die Frau, 26. Jg., Heft 6 (März 1919), S. 169–70.
Ramann, L(ina), »Louise Otto-Peters, zu ihrem 70. Geburtstage«, Neue Zeitschrift für Musik, 85. Bd., 56. Jg., 9 (27. Februar 1889) S. 98–100.
Schmidt, Auguste, »Louise Otto-Peters«, *NB* XIX, 7 (1. April 1895), S. 50–56. (weiterverbreitet nachgedruckt u. a. in: Schrattenthal's Rundschau, II. Bd., 15 (1. Mai 1895), S. 125–27; 16 (15. Mai 1895), S. 133–34; 17 (1. Juni 1895), S. 142–44; 18 (15. Juni 1895), S. 152–53).

4. Fiktive Werke über Louise Otto:
Großmann, Max. Und weiter fließt der Strom. Historischer Roman. 2. Aufl. Berlin: Verlag der Nation, 1966.
Mallachow, Lore. »Das Lied der Lerche«. Im Morgenlicht. Halle (Saale): Mitteldeutscher Verlag, 1958. S. 189–221.
Zinner, Hedda. Nur eine Frau. Roman. Berlin: Henschelverlag, 1954.

5. Diskussionen:
Adler, Hans. Soziale Romane im Vormärz. Literatursemiotische Studie. München: Wilhelm Fink Verlag, 1980. Besonders S. 115–47.
Boetcher Joeres, Ruth-Ellen. »Louise Otto and her Journals: A Chapter in Nineteenth-Century German Feminism«. Internationales Archiv für Sozialgeschichte der deutschen Literatur, 4. Bd. (1979). S. 100–29.
Boetcher Joeres, Ruth-Ellen and William H. McClain, »Three Unpublished Letters from Robert Schweichel to Louise Otto«, Monatshefte 72, 1 (Winter 1980), S. 39–50.
Boetcher Joeres, Ruth-Ellen, »1848 From a Distance: German Women Writers on the Revolution«, Modern Language Notes 97, 1 (April 1982), S. 590–614.
Freudenberg, Ika. Wie die Frauenbewegung entstanden und gewachsen ist. Vortrag gehalten im Verein Frauenheil. Würzburg [...] Würzburg: Verlagsdruckerei, 1899.
Koepcke, Cordula. Louise Otto-Peters. Die rote Demokratin. Freiburg i. B.: Herder Verlag, 1981.
Lange, Helene und Gertrud Bäumer, Hrsg. Handbuch der Frauenbewegung. 1. Teil: Die Geschichte der Frauenbewegung in den Kulturländern. Berlin: W. Moeser, 1901. Besonders S. 34–38.

Magnus-Hansen, Frances. »Ziel und Weg in der deutschen Frauenbewegung des XIX. Jahrhunderts«. Wentzcke, Paul, Hrsg. Deutscher Staat und Deutsche Parteien. Friedrich Meinecke Festschrift. München, Berlin: R. Oldenbourg, 1922, S. 201–26.
Mallachow, Lore, »Biographische Erläuterungen zu dem literarischen Werk von Louise Otto-Peters«, Weimarer Beiträge 9, 1 (1963), S. 150–55.
Menschik, Jutta. Feminismus, Geschichte, Theorie, Praxis. Köln: Pahl-Rugenstein, 1977. Besonders S. 19–41.
Möhrmann, Renate. Die andere Frau. Emanzipationsansätze deutscher Schriftstellerinnen im Vorfeld der Achtundvierziger-Revolution. Stuttgart: Metzler, 1977.
Prelinger, Catherine, »Religious Dissent, Women's Rights, and the *Hamburger Hochschule für das weibliche Geschlecht* in Mid-Nineteenth-Century Germany«, Church History XXXV, 1 (March 1976), S. 1–14.
Riedel, Hildegard. Der Allgemeine Deutsche Frauenverein. Leipzig, 1955. Maschinenschrift.
Schneider, Hermann, »Die Widerspiegelung des Weberaufstandes von 1844 in der zeitgenössischen Prosaliteratur«, Weimarer Beiträge 7, 2 (1961), S. 255–77.
Twellmann, Margrit. Die deutsche Frauenbewegung. Ihre Anfänge und erste Entwicklung 1843–1889. Meisenheim am Glan: Anton Hain, 1972. Marburger Abhandlungen zur Politischen Wissenschaft, Bd. 17/I.
Wex, Else. Staatsbürgerliche Arbeit deutscher Frauen 1865–1928. Berlin: F. A. Herbig, 1929. Besonders S. 13–17.
Zetkin, Clara. Zur Geschichte der proletarischen Frauenbewegung Deutschlands. Frankfurt a. M.: Roter Stern Verlag, 1971 (Neudruck). Besonders S. 218–39.

NAMENREGISTER*

Albrecht, Karl 54, 62
Altmann-Gottheiner, Elisabeth 277, 281
Anneke, Mathilde Franziska 265, 272
Arnim, Bettina von 18, 113, 114
Aston, Louise 18, 19, 22, 115, 265

Bäumer, Gertrud 20, 25, 34, 73, 74, 273, 275, 281
Beck, Karl 40
Birch-Pfeiffer, Charlotte 201
Blos, Anna 273, 276, 281
Blum, Adelheid geb. Mey 107
Blum, Hans 24
Blum, Robert 20, 24, 30, 53, 54, 57, 58, 62, 74, 89, 98, 126, 285
Börne, Ludwig 218
Brendel, Franz 119, 120
Brümmer, Franz 142, 278, 281
Bulwer-Lytton, Edward 39, 231
Bußler, Katharina 157
Byron, Lord George 36, 136

Claus-Schmidt, Clara 244, 247
Cooper, James Fennimore 39, 231
Corday, Charlotte 229

Dittmar, Luise 18, 22, 30, 265, 284

Eckhardt, Ludwig 20, 217
Franz, Agnes 18, 256
Freiligrath, Ferdinand 71, 257
Freudenberg, Ika 278, 281

Gade, Niels 120
Gizycki, Lily (Braun) von 274, 281
Gleim, Johann Wilhelm Ludwig 44
Glümer, Claire von 157
Goldschmidt, Henriette 172
Groß, Heinrich 273, 281
Gutbier, Louise 198
Gutzkow, Karl 143, 218, 279

Hahn-Hahn, Ida Gräfin von 114, 115
Hammer, Julius 180
Hanke, Henriette 39
Hartmann, Moritz 135
Hauff, Wilhelm 39
Hegel, Georg Wilhelm Friedrich 63, 125
Heinrichs, Jenny 171, 194
Heinrichs, Joseph 215, 217
Herwegh, Georg 81
Hoffmann, Ernst Theodor Amadeus 81
Hub, Ignaz 233, 234

John, Eugenie (E. Marlitt) 200, 201, 202, 268

Keil, Ernst 20, 54, 57, 59, 71, 83, 85, 89, 97, 98, 99, 107, 200, 285
Klemm, Gustav 87, 88, 89
Klopstock, Friedrich Gottlieb 44
Korn, P. A. 171, 182, 192
Kleist, Heinrich von 152, 157
Kuhnow, Anna 251
Kurz, Heinrich 274, 281

Längin, Georg 147
Lamartine, Alphons 105
Lange, Helene 25, 27, 275, 277, 281
Leicht, Alfred 25, 27, 278, 281
Lenau, Nikolaus 136

* von Susan Wehner angefertigt

Leonardi, Hermann von 197
Lewald-Stahr, Fanny 18, 22, 265, 272
Liebknecht, Wilhelm 24
Lindner, Otto 33
Luther, Martin 240

Mahlmann, Siegfried August 44
Matthäi, Amalia 16, 53
Matthisson, Friedrich von 44
Meißner, Alfred 20, 54, 135, 180
Mendelssohn-Bartholdy, Felix 120
Mill, John Stuart 220
Morgenstern, Lina 192, 274, 275, 281
Mühlbach, Luise 268
Müller, Gustav 53, 61, 180
Müller, Moritz 184

Otto, Antonie 16, 17, 33, 56, 141, 173
Otto, Charlotte (Matthäi) 33
Otto, Franziska 16, 33, 53, 141
Otto, Fürchtegott Wilhelm 33
Otto, Clementine 16, 33, 44

Peters, August (Elfried von Taura) 20, 24, 54, 55, 60, 61, 107, 141, 142, 143, 144, 152, 158, 160, 161, 162, 180, 181, 267, 271, 273, 274, 285
Pichler, Caroline 39
Plothow, Anna 278, 281
Preusker (Rentamtmann) 99

Rellstab, Ludwig 39
Richter, Johann Paul Friedrich (Jean Paul) 39
Ronge, Johannes 53, 59

Salomon, Alice 275, 281
Sand, George 18, 113, 114, 136, 137
Schäfer, Moritz 174
Scheibe, Auguste 17, 134
Schiller, Friedrich Christoph 36, 39, 44, 45, 48, 63, 87, 89, 230, 231, 267
Schmidt, Auguste 17, 21, 171, 173, 176, 177, 194, 244, 246, 251, 277, 285
Schröder, Hannelore 275, 281
Schröder-Devrient, Wilhelmine 152, 157, 158
Schumann, Robert 118, 119, 120
Scott, Walter 39, 45, 231
Sealsfield, Charles 39
Semmig, Hermann 107
Skrobek, Oskar 99
Steyber, Ottilie von 171, 186
Stieglitz, Charlotte 18, 113

Tiedge, Christoph August 44
Twellmann, Margrit 24, 30, 58, 74, 276, 281

Varnhagen von Ense, Rahel Levin 18, 112, 113, 114
Vehse, Eduard 53, 58, 71, 72, 73
Victoria, Königin von England 77, 90
Vischer, Friedrich Theodor 119, 121, 124
Voigt, Anna 171

Wagner, Ernst 39
Wagner, Richard 118, 137, 152, 156
Weber, Mathilde 244, 245
Weißheimer, Wendelin 172
Wendt, F. M. 174, 274, 281
Windscheidt, Käthe 251

Zetkin, Clara 21, 25, 272, 276, 281
Zinner, Hedda 16
Zitz, Kathinka 18, 144, 158, 160, 162

Bitte umblättern:

auf den nächsten Seiten informieren wir Sie über weitere interessante Fischer Taschenbücher.

DIE FRAU IN DER GESELLSCHAFT
TEXTE UND LEBENSGESCHICHTEN
Herausgegeben von Gisela Brinker-Gabler

Die Reihe »Texte und Lebensgeschichten« veröffentlicht Materialien und Erfahrungsberichte zum Thema Frauenalltag und Frauenbewegung im 19. und 20. Jahrhundert. Sie stellt diese Aussagen über weibliches Leben, Arbeiten und Denken in den Zusammenhang mit den aktuellen Diskussionen in der Frauenbewegung heute.

Eine stumme Generation berichtet
Frauen der 30er und 40er Jahre
Herausgegeben von Gisela Dischner.
Band 3727

Fanny Lewald
Meine Lebensgeschichte
Herausgegeben von Gisela Brinker-Gabler
Band 2047

Toni Sender
Autobiographie einer deutschen Rebellin
Herausgegeben von Gisela Brinker-Gabler
Band 2044

Diana Orendi-Hinze
Rahel Sanzara
Eine Biographie. Band 2258

Mathilde Franziska Anneke
in Selbstzeugnissen und Dokumenten
Herausgegeben von Maria Wagner
Band 2051

Kämpferin für den Frieden
Bertha von Suttner
Lebenserinnerungen, Reden und Schriften
Eine Auswahl, herausgegeben und eingeleitet
von Gisela Brinker-Gabler
Band 2053

FISCHER TASCHENBUCH VERLAG

DIE FRAU IN DER GESELLSCHAFT TEXTE UND LEBENSGESCHICHTEN

Herausgegeben von Gisela Brinker-Gabler

Frauenarbeit und Beruf
Herausgegeben von Gisela Brinker-Gabler
Band 2046

Frauen gegen den Krieg
Herausgegeben von Gisela Brinker-Gabler
Band 2048

Zur Psychologie der Frau
Herausgegeben von Gisela Brinker-Gabler
Band 2045

Frau und Gewerkschaft
Herausgegeben von Gisela Losseff-Tillmanns
Band 2260

Frauenemanzipation und Sozialdemokratie
Mit zahlreichen Abbildungen
Herausgegeben von Heinz Niggemann
Band 2261

Frau und Sport
Mit vielen Bildern und Faksimiles
Herausgegeben von Gertrud Pfister
Band 2052

Frau und Musik
Mit vielen Bildern und Faksimiles
Herausgegeben von Eva Rieger
Band 2257

Frau und Religion
Gotteserfahrungen im Patriarchat
Herausgegeben von Elisabeth Moltmann-Wendel
Band 3738

FISCHER TASCHENBUCH VERLAG

2

Literatur für Frauen von Frauen

Verity Bargate
Nein Mama nein
Roman. Band 5196
Dieses Erstlingswerk berührt ein Tabu.
In der Geschichte über Jodie, Mutter zweier Söhne, findet die Legende einer glücklichen und erfüllten Mutterschaft keine Bestätigung. Eine Mutter »versagt«, es gelingt ihr nicht, den zweiten Sohn zu lieben. Im Aufstand der Phantasie rebelliert sie gegen ihre bisherige Rolle als Mutter, Hausfrau und Gattin.

Ingeborg Drewitz
Wer verteidigt Karin Lambert?
Roman. Band 1734
»Ein Frauenroman im besten Sinne dieses Wortes – ein Roman um eine Frau dieser Zeit, in deren Bild bezeichnend weibliche Momente und Verhaltensweisen erhellt werden, wie sie männliche Autoren den weiblichen Gestalten ihrer Phantasie so oft schuldig bleiben.
Daß Ingeborg Drewitz darüber hinaus auch noch ein sensibel erfaßtes, von aller Sentimentalität freies Porträt des heutigen und einstigen Berlin gezeichnet hat, vertieft noch die Eindringlichkeit ihres Plädoyers für eine Nonkonformistin.«
(Westermanns Monatshefte)

Elisabeth Opitz
Horch in das Dunkel
Ein Bericht über eine Depression
Band 5193
Dieses Buch erzählt von dem verzweifelten Kampf eines Menschen, der eines Tages fühlen muß, wie seine seelischen Kräfte versiegen und seine Person auseinanderbricht. Elisabeth Opitz hat ihr Buch mit der Schonungslosigkeit eines Menschen geschrieben, der bis an den äußersten Rand seiner Existenz gedrängt worden ist.

Fischer Taschenbuch Verlag

Literatur für Frauen von Frauen

Konstanze Radziwill
Eine Art von Verwandtschaft
Roman. Band 5019

Eine Art von Verwandtschaft empfindet Antonia zu zwei sehr unterschiedlichen Frauen.
Da ist Elfriede Schäfer, Mutter einer ihrer Schülerinnen, die Antonia aufsucht, um mit ihr über die Tochter Carmen zu sprechen und dabei ängstlich zu verschweigen, daß sie Carmen auf dem Babystrich gesehen hat. Und da ist Judith, schön, gepflegt und kultiviert, zu der sich Antonia flüchtet, wenn sie deprimiert ist und ihre trostlose Wohnung im Hinterhof nicht mehr erträgt. Doch auch hinter dieser gutbürgerlichen Fassade bröckelt es allenthalben, die vierzehnjährige Tochter wird schwanger, und der Sohn knackt Automaten.
Am Ende muß Antonia sich resignierend eingestehen, daß ihr Glaube, mit Worten die Wirklichkeit verändern und ihre Beziehungen zu anderen Menschen auf Worte gründen zu können, auf Sand gebaut war. Ihre Ehe, ihre Arbeit als Lehrerin scheitern an dieser Illusion.

Claudia Storz
Jessica mit Konstruktionsfehlern
Roman. Band 2172

Jessicas Konstruktionsfehler sind ihre Krankheit. Jessicas Geschichte ist die Geschichte der Autorin, ihr eigener Kampf gegen die vermutlich unheilbare Krankheit, der Versuch der jungen Studentin gegen die Krankheit anzuschreiben.

Hedda Zinner
Katja
Roman. Band 5192

Eine junge Frau hat sich umgebracht. Verzweifelt stellt sich Fini, die Mutter, die Frage nach ihrer Schuld. Sie geht den Spuren ihrer Tochter nach, spricht mit den Menschen, die sie gekannt haben und vollzieht so Katjas Weg von der Geburt nach bis zu dem Augenblick, wo der Gedanke, ihrem Leben ein Ende zu setzen, zum Entschluß geworden war.

Fischer Taschenbuch Verlag

2

Anaïs Nin

Die neue Empfindsamkeit
Über Frau und Mann. Band 5209
Der vorliegende Essayband enthält ein Spektrum von Fragen, mit denen sich diese ungewöhnliche Frau auf ihrem Weg der Selbstfindung beispielgebend auseinandergesetzt hat. Worüber Anaïs Nin auch schreibt, immer ruft sie die persönliche Betroffenheit des Lesers hervor.

Leitern ins Feuer
Roman. Band 5226

Sanftmut des Zorns
Was es heißt, Frau zu sein
Vorträge, Seminare, Interviews
Herausgegeben von Evelyn J. Hinz. Band 5242
Einfühlung ist das große Thema der Nin: vor allem Einfühlung in das Verhältnis zwischen Mann und Frau, das positiv nur zu lösen ist durch die Selbstverwirklichung der Partner.

Unter einer Glasglocke
Erzählungen. Band 5145

Die Tagebücher der Anaïs Nin. 1944–1947
Band 2184

Die Tagebücher der Anaïs Nin. 1947–1955
Band 2253

Die Tagebücher der Anaïs Nin. 1955–1966
Band 5100

Das Kindertagebuch. 1914–1919
Band 5740

Fischer Taschenbuch Verlag

Irmhild Richter-Dridi
Frauenbefreiung in einem islamischen Land – ein Widerspruch?
Das Beispiel Tunesien
Band 3717

Irmhild Richter-Dridi, Dr. phil., studierte in München Pädagogik, Psychologie, Romanistik und Psycholinguistik. Seit fünfzehn Jahren durch Heirat mit Tunesien verbunden, interessierte sie sich sehr intensiv für die Probleme der Entwicklungsländer und arbeitete in Dritte-Welt-Initiativgruppen mit.

Frauen in islamischen Ländern – sind das nicht besonders unterdrückte, geknechtete und rechtlose Frauen? Frauen, die abgeschlossen im Harem leben, die sich auf der Straße verschleiern müssen und deren einziger Lebenssinn im Gebären vieler Kinder, möglichst vieler Söhne, liegt? Stimmt das wirklich so? Ja und nein. Denn die Frauen in den islamischen Ländern haben nie lernen müssen, in anderen Frauen Feindinnen zu sehen, und für sie ist Frauensolidarität kein Fremdwort. Es ist auch nicht der Islam, der für die rechtlose Stellung der Frau verantwortlich zeichnet. Denn der Koran, richtig interpretiert, kann Grundlage für die rechtliche Befreiung der Frau sein – so geschehen in Tunesien, dem bis heute einzigen arabisch-islamischen Land, in dem das die Frau entrechtende religiöse Recht des institutionellen Islam nicht mehr gilt.
Wie es dazu kam, welche Erfolge (aber auch Mißerfolge) sich einstellten und wie die Frauen heute in einem armen Land der Dritten Welt leben, wie ihre Einstellung ist, zu sich selbst und den noch immer einengenden patriarchalischen Normen, mit welchen Schwierigkeiten sie zu kämpfen haben, auf dem Arbeitsmarkt, in der eigenen Familie – das zeigt dieses Buch exemplarisch vor dem Hintergrund der Geschichte Tunesiens.

Fischer Taschenbuch Verlag